Ex libris Bibliothecæ quam Illustrissimus Ecclesiæ Princeps D.
PETRUS DANIEL HUETIUS
Episc. Abrincensis Domui Professæ
Paris. PP. Soc. Jesu Integrâ vivens donavit
An. 1692.

XXXVI. D

Z. 3. 6.

DE LA CONNOISSANCE DES BONS LIVRES.

OU EXAMEN DE PLUSIEURS AUTHEURS.

A PARIS,
Chez ANDRE' PRALARD,
S. Jacques, à l'Occasion.

M. DC. LXXI.
Avec Privilege du Roy.

Ne extra hanc Bibliothecam efferatur

AVERTISSEMENT SUR CE LIVRE.

E Bien est si souvent joint au mal dans le Monde, qu'on a peine à chercher l'un sans rencontrer l'autre: Nostre dessein est de connoistre les bons Livres, mais nous en trouvons plusieurs qui ne valent gueres, avant que de parvenir à ceux qui n'ont que les deffauts que la foiblesse humaine y a laissez. Le dessein de faire aymer la lecture, & d'honorer nos Livres François, a fait passer sous silence jusques à cette heure, beaucoup de fautes com-

ã iij

AVERTISSEMENT SUR CE LIVRE.

E Bien est si souvent joint au mal dans le Monde, qu'on a peine à chercher l'un sans rencontrer l'autre: Nostre dessein est de connoistre les bons Livres, mais nous en trouvons plusieurs qui ne valent gueres, avant que de parvenir à ceux qui n'ont que les deffauts que la foiblesse humaine y a laissez. Le dessein de faire aymer la lecture, & d'honorer nos Livres François, a fait passer sous silence jusques à cette heure, beaucoup de fautes com-

AVERTISSEMENT

mises contre les regles de l'Art; mais pour les fautes qui blessent la conscience & les bonnes mœurs, ou les loix de la Politique, c'est ce qu'on ne doit point dissimuler. Toutes les Personnes Vertueuses font des plaintes contre les Livres qui sont ou scandaleux, ou inutiles; Il est juste d'exterminer, si l'on peut, ce nombre prodigieux de Fables & de Romans, qui font tant perdre de temps à la jeunesse, & qui la portent aux folles passions & au libertinage; Il a falu aussi condamner les Poësies trop licencieuses, & sur tout les Comedies, qui donnent l'exemple des choses dont les Romans ont fourny les preceptes; On n'a point crû qu'il y eust un plus grand Secret pour faire haïr ces amorces des Voluptez, que de montrer leurs absurditez & leurs impertinences, comme on a tasché de faire dans leur Censure. S'il y a quelques-uns de ces Ouvrages qui soient exempts de leurs imperfections ordinaires, on les peut estimer comme des Chefs-d'œuvres, & l'on croira que leur defense est tres-legitime ; Mais il est mal-aisé que ce qui n'a esté inventé que pour flatter les mauvaises inclinations des Hommes, soit entierement porté au Bien. Nous voyons donc que ce Livrecy n'a pas seulement esté fait pour nous apprendre quels sont les Livres qu'on estime fort polis ou fort eloquens, mais encore quels sont ceux qui se rendent utiles & loüables par leurs Sujets & par leurs Maximes. Pour accomplir le dessein de la Connoissance des bons Livres, on s'est persuadé aussi qu'il n'y avoit rien plus à propos que de composer

AVERTISSEMENT

un Traité de la Maniere de bien parler & de bien écrire, afin qu'on y voye ce qu'il faut suivre, & ce qu'il faut éviter en toute sorte d'Ouvrages. Ayant joint ce Traité à celuy de la Connoissance des Livres par euxmesmes, & leur appliquant les regles qui y sont données de leur ordre & de leur stile, on y apprendra à les connoistre parfaitement. On a attaché à cecy un Chapitre du Nouveau Langage, ou du Langage à la mode, pour détromper ceux qui croyent trop aux Nouveautés du Siecle. L'Histoire estant si importante, on s'étonneroit si on n'en trouvoit rien davantage que ce qu'on en voit icy : C'est un Sujet qui merite une application particuliere, & qui sans doute n'est pas oublié. Puisque l'on s'occupe icy particulierement à examiner les

Livres

SVR CE LIVRE.

Livres qui font à l'ufage de toutes les perfonnes d'efprit, & de condition libre & honnefte, on ne neglige rien de ce qui leur eft propre. De tout cecy les enfeignemens font fuccints pour eftre moins embaraffans ; Sur tout, la Critique en eft douce & agreable, afin qu'elle plaife mefme à ceux qu'on croiroit en devoir eftre touchez.

TABLE
DE CE VOLUME
DE LA
CONNOISSANCE
DES
BONS LIVRES.

DE la Connoissance des bons Livres de nostre Langue, premier Traité. Du jugement des Livres par les Titres, par les Noms des Autheurs, ou par leur credit, & par toutes les premieres apparences. Chap. I. 1

Iugement des Livres par eux-mesmes, & quels sont ceux qu'on peut lire selon les sujets. Chap. II. 41

Des Histoires & des Romans, Second Traité. Ce qu'on peut dire pour ou contre l'Histoire. Chap. I. 65

Censure des Fables & des Romans.

TABLE.

Censure des Fables des Poëtes; Des Romans de Chevalerie & de Bergerie; De nos derniers Romans & de leure absurditez; Que leur lecture est nuisible, & comment ils ont acquis du credit. Chap. II. 85. &c.

Defense des Fables & des Romans. Chap. III. 143

Conclusion de la Censure des Romans, & Plainte contre les Nouvelles, ou Historiettes de ce Siecle, libertines & scandaleuses. Chap. IV. 159

Preference de l'Histoire aux Fables & aux Romans, Suite de la Conclusion. Chap. V. 171

De la Poësie Françoise, de ses differentes especes, & principalement de la Comedie. Troisième Traité. 183

DE LA COMEDIE. *Discours particulier, où l'on voit les raisons de ceux qui ont écrit depuis peu pour la condamnation des Theatres, & pour leur defense, Avec quelques Avis pour leur reforme.* 232

De la Maniere de bien parler & de bien écrire en nostre Langue. Quatriéme Traité.

De la Maniere de bien parler en toute

TABLE.

sorte de sujets. Chap. I. 249
De la Maniere de bien écrire. Ch. II. 290
Du bon Stile, & de la vraye Eloquence. Chap. III. 323
Du Nouveau Langage François, ou du Langage à la Mode; Tiré de quelques Livres de noſtre Siecle, & principalement des ENTRETIENS D'ARISTE & D'EUGENE. Chap. IV. 349.

DE LA

DE LA CONNOISSANCE DES BONS LIVRES.

DE NOSTRE LANGUE.

PREMIER TRAITÉ.

Du Iugement des Livres par les Titres, par les noms des Autheurs, ou par leur credit, & par toutes les premieres aparences.

CHAPITRE I.

QUOYQUE la Critique soit assez ample sur plusieurs Livres, dans la Bibliotheque Françoise, & en d'autres lieux, je n'ay jamais douté qu'il

On demãde une Censure des Livres françois.

A

ne se trouvast des Gens qui n'en seroient pas encore satisfaits : N'ayans
pas une opinion fort avantageuse de
la plusparts des Livres de nostre Langue, ils voudroient qu'on en fist icy
une terrible Censure, & que ce fust
comme la Chambre ardente des Autheurs, pour condamner au feu sans
remission la pluspart de leurs ouvrages. Ne suffit-il pas d'aprendre à les
connoistre & de remarquer leurs de-
faux sans bruit, plustost que d'exercer tant de rigueur envers eux? Toutefois n'ayons point trop d'indulgence pour ceux qui ne le meritent pas :
Si je ne preten point arracher les
Plantes salutaires du Jardin des Muses, j'en veux oster les mauvaises her-
bes. Il y a justice de blâmer & de su-
primer si l'on peut quelques Livres
inutiles ou impertinents, en conser-
vant aux bons toute leur gloire. On
ne doit pas souffrir qu'aucun ouvrage de peu de merite surprenne les
Esprits par des Titres specieux, par
des sujets agreables, par de certains
noms d'Autheurs, ou par leur credit.
De vray ces aparences exterieures qui

font recherchées pour donner plus de cours aux Livres, ne font pas negligées par les meilleurs Autheurs, craignant que les Autheurs mediocres ne s'en prévalent; En cecy ils ont quelque raifon. Il en faut voir l'exemple par tout.

Nous pretendons toufiours parler des Livres François, puifqu'ils font noftre principal object. Il ne faudra point s'eftonner fi je ne touche pas beaucoup aux Livres de Theologie, de Philofophie, & des autres Sciences: les uns doivent eftre eftimez facrez, à caufe des matieres qu'ils traitent; les autres font laiffez à examiner aux Docteurs de leurs Facultez. Il faut parler principalement de nos Livres de Morale, de Politique, d'Hiftoire, & de ceux qui concernent la vie civile, & mefmes, qui font pour le Divertiffement affez utile dans noftre Police. C'eft là au moins que fe doit trouver le bon langage fi neceffaire au commerce des Villes & de la Cour. Les inftructions les plus communes & les plus agreables font tirées de ces endroits-là.

Voyons quels sont ces Livres dont les Hommes de toutes conditions s'entretiennent depuis quelques Siecles, & quel est le secret de leur origine.

Plusieurs livres sont faits à l'imitation les uns des autres, & sont semblables de Titre.

On remarque assez que pour rendre leur debit plus certain, on a observé cette methode de les faire à l'imitation de ceux qui ont desia rencontré heureusement ; Ainsi quantité de Livres donnent l'origine à d'autres, comme s'ils estoient remplis d'une semence fertile. On en a toûjours veu qui ayant eu de la reputation en ont fait naistre de semblables ou d'aprochans au moins par le Titre. Le Livre de *l'Honeste-Homme*, a esté cause qu'on a fait celuy de *L'Honeste-Femme*, & que depuis on a veu *l'Honeste-Garçon*, *l'Honeste Fille*, *l'Honeste-Mariage*, *l'Honeste-Veuve* ; les *Sentimens de l'Honeste-Homme*, la *Philosophie de l'Honeste-Homme* ; le *Licée, ou des connoissances, des actions, & des plaisirs d'un Honeste-Homme*, & plusieurs autres Livres avec des Titres pareils. Leur multitude n'estant pas au

L'Honeste Homme par M. Faret. L'Honeste-Femme par le Pere Dubosc L'Honeste-Garçon. L'Honeste Fille, L'Hone-

DES BONS LIVRES. Chap. I.
gré de chacun, on a commencé de s'en plaindre. Il est arrivé un jour qu'un Libraire, les ayant tous presentez l'un aprés l'autre à un Homme d'agreable Esprit afin qu'il les achetast, il luy repartit, Qu'il le remercioit de tant d'honestetez. L'Epithete d'Honeste n'avoit force autrefois qu'en disant, *Vn Honeste-Homme*, pour signifier un Homme accomply en toute sorte de perfections, & de vertus ; Et par *l'Honeste-Femme*, on entendoit seulement celle qui gardoit sa chasteté : mais depuis qu'il y a eu un Livre de ce nom, il a passé avec raison à des significations plus amples, la mesme force luy estant donnée pour les Femmes que pour les Hommes. Voila comment les Bons Autheurs se rendent Maistres de l'Vsage & sont suivis du reste du monde. En continuant les exemples de la conformité des Livres, nous remarquerons qu'on a veu *des Lettres des Dames*, en plusieurs Tomes & de diverses mains, avec *les Harangues des Dames*, *les Plaisirs des Dames*, *la Galerie des Femmes fortes*, *la Femme Heroïque*,

ste-Mariage par M. de Grenaille. L'Honeste-Veuve. par M. I. Les Sentimens de l'Honeste Homme, & la Philosophie de l'Honeste-Homme par M. Chorier ; Le Lycée par M. Bardin.

Lettres des Dames par le P. Dubosc, M. de Grenaille & autres. Harangues des Dames par M. de Scudery Plaisirs *des Dames par M. de Grenaille Galerie des Femmes fortes par le R. P. le Moine La Féme Heroïque par le P. Dubosc ; La Femme genereuse par un Inconnu.*

Le Ministre d'Estat par Silhon ; le Ministre fidele par J. Baudoin: les Vies des Ministres par le Comte d'Auteuil Portraits des Hommes Illustres par M. de la Co-

6 DE LA CONNOISSANCE

la Femme genereuse, & plusieurs autres Traitez à l'avantage de ce Sexe. Les Autheurs, & les Libraires, croyent qu'en se servant à peu prez des mesmes Noms & des mesmes sujets des Livres qui ont obtenu de l'estime, ils feront desirer leurs ouvrages, comme si c'estoit une suite de ce qu'on a desia veu. On fait encore des Livres selon les qualitez des personnes qui sont dans la haute fortune. Le nom de Ministre ayant esté mis en credit pour ces Hommes celebres qui soulagent les Princes dans leurs affaires, on a veu incontinent des Livres parez de ce beau Titre, comme *le Ministre d'Estat, le Ministre fidele, les Vies des Ministres de France*; Cecy a pû nous attirer le Livre *Des Portraits des Hommes illustres de la Galerie du Palais Cardinal*, parmy lesquels il y a quelques Ministres. Lors que les Cardinaux ont eu beaucoup de pouvoir, on a veu *les Vies du Cardinal Ximenes, du Cardinal Albornos, du Cardinal d'Amboise, du Cardinal de Ioyeuse*, & en general, *les Vies de tous les Cardinaux*, & puis celles *des Cardinaux François*. Il est juste de contenter nostre curiosité selon les occasions Depuis qu'on s'est apliqué à des Compilations d'Histoires, il n'y en a aucune dont on n'ait fait quelque Abregé ; On a fait aussi des Abregez de Philosophie & de Theologie, car plusieurs voudroient devenir sçavans en toutes choses par abreviation. Le titre *d'Eschole* a fait dresser plusieurs Escholes sur divers Sujets: Il y a *l'Eschole du Sage, & l'Eschole du Prince*; Je doute si cela n'est point trop entreprendre, d'envoyer le Sage & le Prince à l'Eschole, veu que l'un & l'autre doivent tout sçavoir par inspiration, ou par une prudence naturelle & infuse, ou par les instructions qu'ils ont eües de bonne heure. Je laisse les autres Escholes qui ont paru sur le Theatre, desquelles on a d'autres choses à dire. Quand les Romans de Chevalerie ont esté en estime avec leurs enchantemens & leurs exemples incroyables de force & de vertu militaire, il sembloit que toute la Noblesse deust former ses desseins sur les aventures bigea-

[marginalia:] lombiere Vies des Cardinaux par M. Auberi; des Card. François par M. Duchesne ; de quelques Cardinaux particuliers par divers Auteurs L'Escole du Sage par M. Chevreau l'Eschole du Prince par un Inconnu. l'Eschole des Marys, & l'Eschole des Femmes par M. de Moliere. Perceforest, Palmerin, d'Olive ; Amadis de Gau-

res de ces faux-Braves ; On a veu quantité de ces Livres merveilleux qui n'estoient remplis que d'Histoires de Princes & de Roys. Aprés on s'est ravallé tout d'un coup à l'une des plus basses conditions de la vie humaine, qui est celle de mener paistre les moutons aux champs. On a creû rendre l'Invention plus agreable, en ostant aux Bergers leur rusticité ordinaire & les faisant parler & agir à la mode de la Cour : mais pource que ces sortes de narrations ont paru aussi peu vray-semblables que celles des Chevaliers errans, on nous a enfin donné des Romans un peu mieux accommodez aux constumes ordinaires des Hommes, lesquels on a voulu faire passer pour des Images de l'Histoire. C'estoit la mode en ce temps là de ne leur pas donner à chacun moins de quatre Volumes, ou de les faire passer jusques à huit ou à douze Volumes, comme si c'eust esté des Chroniques. Cela n'a pas empesché qu'au mesme temps les petites Pieces n'ayent eu leur regne. Tant de personnes ont fait leurs Eloges propres & ceux

le, le Chevalier du Soleil, &c.

Diane de Montemajor, Astrée, Arcadie de Pembrok, &c

Polexantre, Ibrahim, Cyrus, Cassandre, Cleopatre, Mitridate, Clelie, &c.

de leurs Amis, sous le nom *de Portraits*, qu'on ne voyoit plus que de ces Peintres en discours, & leurs Ouvrages ont remply plusieurs Livres. Il y a eu un temps qu'il se trouvoit de si gros Volumes de Lettres, qu'on croyoit que la pluspart n'avoient jamais esté envoyées à personne, & qu'elles avoient esté composées exprez pour les faire imprimer. Apres les Lettres serieuses, il y en a eu d'enjoüées, afin que chacun en trouvast selon son humeur. Les Pieces galantes ont eu leur cours, & l'on en rencontre de fort diverses. La Poësie a tousiours eu la vogue pour les Tragedies & les Comedies, & pour les Poëmes & les Odes à la loüange des Princes; mais la Poësie amoureuse a regné plus que les autres, & a fait faire beaucoup de Sonnets & d'Elegies; puis celle-cy a fait place à la Poësie Burlesque & à la Satyrique, qui ont produit quantité de Madrigaux, d'Epigrammes, de Bouts-rimez, & mesmes de longs Poëmes de ce Stile. Nous avons eu si grand nombre de ces sor-

Recueil de Portraits par le sieur de L.

tes d'ouvrages, qu'on a eû raison d'en estre satisfaict. On a aussi égard à quelques Livres de Critique, qui estant faits les uns contre les autres monstrent qui sont ceux dont ils parlent, & comment il en faut juger. Il y a des Livres qui sont de toutes les saisons, comme ceux des Histoires & ceux qui traitent des Sciences; Encore sont-ils faits ordinairement à l'envy les uns des autres. On ne finiroit jamais, si on vouloit nommer tous ceux qui ont quelque raport ensemble.

Il suffit de sçavoir qu'entre ceux, que nous avons alleguez, il y en a qui selon l'avis des gens du Monde, sont assez bons dans leur espece: Leur imitation de titre & de sujet n'a pas esté trouvée mal à propos. Il a bien falu que quelques Originaux ayent donné commencement à de nouveaux ouvrages. Si quelques-uns n'ont pû les égaller, il y en a eû d'autres qui les ont surpassez. On peut donc croire que les Livres qui se ressemblent en quelque chose, ne sont pas toûjours semblables pour leur valeur, mais on ne sçauroit dire au vray ce qu'ils valent que par la consideration des bonnes & des mauvaises qualitez, qui sont en eux.

Outre que les ouvrages de la pluspart des Escrivains suivent quelque modelle particulier, on les rend conformes à ce qui est le plus en usage dans le Monde. Nous remarquons qu'il y a une mode pour les Livres, comme pour toutes les autres choses. On a eû raison de nous donner un Livre *de la Mode*, & un autre *de la Contre-Mode*, comme deux Autheurs modernes ont fait en mesme temps. On peut bien parler dans les Livres, de la Mode qui leur est si convenable ; On en a aussi fait un qui s'apelle *le Secretaire à la Mode*. On ne doit point blasmer ceux qui suivent l'humeur du Temps, pourvû qu'ils y reüssissent. Il faut observer qu'encore que tous les bons & anciens Livres François se vendent dans le Palais de Paris, on y en vend aussi plusieurs qui n'ont autre grace que leur nouveauté. Parce que c'est le principal endroit où se debitent les Modes, il s'y trouve une mode

Qu'il y a une mode pour les Livres, comme pour les autres choses, & à sçavoir si les Livres nouveaux sont les meilleurs. Livre de la Mode fait par M. de Grenaille; la Contremode par un Inconnu. Le Secretaire à la mode par M. de la Serre.

A vj

pour les Livres de mesme que pour les Esvantails, les Gans, les Rubans & les autres Merceries. Comme il y a des Peintres, des Brodeurs & d'autres Artisans qui ne travaillent que pour ce lieu-là, & pour remplir les Boutiques des Marchands; Aussi s'est-il rencontré des Autheurs qui n'ont travaillé, que pour fournir aux Libraires des Livres nouveaux, selon les Sujets qui plaisoient le plus & selon la mode qui avoit cours alors. Il auroit mieux valu qu'ils eussent escrit ce que leur dictoit leur Genie, ou les choses dont ils estoient capables : mais peut-estre n'estoient-ils capables que de peu de chose. Ils ne se soucioient point si ce qu'ils escrivoient estoit utile aux autres, pourveu qu'il fust utile à eux-mesmes, à l'égard du profit temporel, cela s'entend ; car pour d'autre, ils n'en reconnoissoient gueres : les biens Spirituels ne tenoient pas le principal lieu dans leur Esprit. Ils avoient soin seulement que ce qu'ils avoient fait se vendist bien, afin que la recompense leur en fust donnée de meilleur courage, & que cela asseurast leur credit pour l'avenir. Delà on peut penser que leurs ouvrages n'estoient pas tousiours des meilleurs & des plus solides, pource que ce qui est bon & instructif, n'est pas infailliblement ce qui se debite le mieux. Les Romans, les Comedies, les Proses galantes & les Vers licencieux estoient leurs aplications ordinaires, plustost que ce qui sert à nous rendre sçavans & sages. S'ils s'attachoient à des Pieces serieuses, ils s'en acquittoient legerement, comme d'un travail infructueux. Quelques-uns se voulans mettre au rang des Autheurs avec moins de peine, ne faisoient que changer quelques mots à des Livres anciens, & les donnoient comme nouveaux sous leur nom & sous de beaux Titres. Les mauvais Escriuains ont esté dignes de blame, s'ils ont entrepris ce qu'ils ne pouvoient executer; & pour ceux qui donnoient au public des ouvrages falsifiez, ils meritoient d'estre punis comme Larrons du bien d'autruy. On dira pour nous apaiser, Que la pluspart des mauvais Livres ne vivent gueres plus long-temps que leurs affiches; & qu'il en faudroit tous les jours de nouvelles pour faire qu'on pensast à eux; Que les feüilles de quelques Livres ne se trouvans plus propres qu'à servir d'envelopes aux Marchands, elles ont esté moins venduës imprimées, ou plutost barbouillées de tant de vains discours, que si elles fussent demeurées blanches. Mais on ne sçauroit nier, que de semblables Livres n'ayent eu souvent du bon-heur estant passez à trois ou quatre Editions, & que leurs Autheurs n'ayent esté comblez de loüanges, tant les Hommes de leur siecle avoient le goust depravé. Il est vray que ces chetifs ouvriers n'en devoient point tirer de vanité; Ils devoient sçavoir que plus leurs ouvrages se vendoient & s'imprimoient, plus leur deshonneur devoit estre public, & que s'il n'estoit connû alors, il le seroit à la posterité qui en pouvoit estre juge equitable. On avoit sujet de dire de ces Escrivains, Qu'au contraire de ce qu'on disoit d'Epaminondas, Que jamais Homme ne fut si

" Plutar-" que en la vie " d'Epam.

sçavant & parla moins que luy ; jamais aucun ne fut si ignorant & escrivit tant comme eux. C'est icy un coup de foudre qui tombe sur les Autheurs, mais il n'y a que les meschans Autheurs qui en soient touchez : les Bons sont couverts de leurs Lauriers qui les garentissent. On ne voudroit pas jurer, que ce qui est attribué icy à un ancien siecle ne se pust voir encore à present, &'qu'on ne se laisse souvent surprendre par des Livres frivoles & de peu de fruict.

Il faut faire une seconde distinction des Bons & des mauvais Autheurs ; des Livres utiles & des Livres nuisibles. Les Gens du Monde apellent de bons Livres ceux qui leur semblent bien escrits ; mais ils peuvent estre bien escrits, & contenir une doctrine perverse. Quelques-uns sont doublement mauvais, estant mal escrits, & contenans de tres-mauvaises maximes. Ils font croire par leurs titres qu'ils sont Livres de plaisir, & ils ne produisent que misere & douleur. Ils n'enseignent que les Voluptez & le libertinage qui nous menent à nostre ruine ; Mais si la nuict a ses phantosmes & ses illusions, le jour les fait dissiper. Les Magiciens de Pharaon vouloient contrefaire les miracles de Moyse par de fausses apparitions qui furent mises à neant: Ainsi les mauvais Livres perdront enfin leur credit, les Bons leur estant opposez. Nous sçavons que plusieurs Hommes se laissent gagner aux Modes nouvelles, quelque bigearrerie qu'elles ayent; mais il faut se moquer de l'aveugle affection qu'ils ont pour les Livres nouveaux, rejettãt tous ceux qu'on leur monstre quand ils ne sont point dattez de l'année courante: Ils doivent considerer que ce qu'ils estiment pour estre nouveau, deviendra quelque jour ancien, & qu'il est fort à propos de n'estimer les ouvrages que pour quelque chose qui demeure fixe en eux, & qui soit pour toute sorte de Temps. Si c'est une imprudence de ne faire cas des choses que pour leur ancienneté, le trop grand desir de la nouveauté n'est pas moins à censurer; les fruits verds sont une pire nourriture que ceux qui sont pourris de vieillesse. La cause de nostre abuz est que nous nous perſuadons que les ouvrages les plus nouveaux ſont les meilleurs, dans cette croyance que les Eſprits ſe raffinent tous les jours, & que ce qui ſe fait aujourd'huy doit eſtre plus accomply que ce qui ſe fit hier: Mais tous les Autheurs n'ont pas le don de ſurpaſſer leurs predeceſſeurs, quoy que leur preſomption leur en faſſe naiſtre l'eſperance. Reconnoiſſons pourtant une verité infaillible. Un ſiecle prend l'inſtruction d'vn autre ſiecle & en tire du profit: Les choſes qu'on void conformes à l'uſage qui court, doivent eſtre plus agreables que d'autres; Il ſe trouve d'excellens Genies qui ſçavent compoſer des livres, leſquels pour eſtre à la mode, ne laiſſent pas de ſuivre les bonnes & eternelles reigles du vray art d'eſcrire, & leur merite ſera touſiours diſtingué de l'impertinence des mauvais eſcrits.

S'il y a des Livres dont on doit faire peu d'eſtime, à cauſe qu'ils ſont eſcrits negligemment, ou qu'ils n'ont rien que de copié & de deſrobé; Il y en a d'autres fort exquis & dont la

Secrets pour faire valoir les Livres par les recomman-

dations & par les dignitez des Autheurs.

Apologie de M. de Balzac.

gloire doit estre attribuée toute entiere à ceux qui les ont composez. Ce sont veritablement des Autheurs, estant Createurs de leurs Ouvrages, comme on a dit d'un de nos plus fameux Escrivains ; Mais quelque avantage qu'ils s'attribuent, il faut avoüer qu'il y a tousiours de l'industrie & quelquefois du hazard, à donner cours à leurs Livres, & que les meilleurs peuvent avoir besoin de recommandation. Ces secrets sont communs aux grands Autheurs & aux moindres. Pour premier fondement, il faut que la matiere & le stile des Livres symbolisent aux humeurs du siecle, & que de plus l'adresse & la bonne fortune les assistent. Les Autheurs qui recherchent la gloire & le credit doivent estre des gens qui s'introduisent dans toute sorte de compagnies, & qui parlans à chacun de leurs ouvrages, les fassent desirer long-temps avant qu'on les voye. S'ils en lisent ou en recitent des fragmens, ce ne seront pas des pires, afin de donner bonne opinion de ce qui reste ; Ils auront aussi mandié l'aprobation de quelques Hommes d'autorité qui feront valoir tout ce qui partira de leurs mains. Quand leurs Livres sont des Poësies & autres œuvres galantes, il ne faut pas manquer de les monstrer aux Dames qui ayment ces sortes de choses, & ont accoustumé de leur donner le prix. Si l'autheur a pû acquerir leurs bonnes graces par ses soins & ses complaisances, elles le loüeront devant tous ceux qui leur rendront visite, afin qu'ils ayent desir de voir de si belles choses publiées, & qu'ils contribuent à enrichir le Libraire. Il y a d'autres circonstances qui servent pour l'estime des Livres, comme s'ils viennent d'un Homme qui se soit desia acquis de la reputation par des Ouvrages precedens. Si c'est un Homme qui parle en public, il a cet avantage que s'estant fait connoistre en un seul moment de plusieurs milliers de personnes qui l'ont escouté, lors qu'il fait imprimer quelque chose, cela est bien pluftost recherché, que ce que fait celuy dont on n'a jamais ouy parler, & de qui le nom commence à se faire connoistre par de simples affiches. On court foudain aux Ouvrages de ces hommes qui font remarquables par leurs dignitez & leur employ : Toute leur vie & toutes leurs actions eſtans en butte à chacun, ils font connûs fans peine de tout le Monde. Il n'y a perſonne qui ne vueille voir s'ils ſe font auſſi bien acquittez de la fonction d'Eſcrivain, comme de celle de Prelat ou de Magiſtrat, ou de quelques autres charges conſiderables. Nous avons veu des Ouvrages qui ont eu peu de credit lors qu'ils n'ont porté qu'un nom obſcur, leſquels ont eſté fort recherchez, depuis qu'ils ont eſté illuſtrez par les nouvelles qualitez des Autheurs. Qu'arrivera-t'il à un pauvre Autheur de condition particuliere, auprez de ces grands Prelats ou de ces Religieux venerables, dont les Livres font recommandez de maiſon en maiſon par les Gens de leur Robe ? Pour juger ſincerement de quelque Ouvrage, il ne faudroit eſtre préoccupé d'aucune choſe, ny des dignitez mondaines, ny des dignitez Eccleſiaſtiques, ny de quelques Ordres de Religieux pluſtoſt que d'autres, ou de ceux qui tiennent de certaines opinions, pluſtoſt que de ceux qui y ſont opoſez. Nous avons veu que malgré les recommandations des uns & des autres, certains Livres ont tant aimé les Magaſins des Libraires, qu'ils ont eu peine à en ſortir. Les Autheurs qui ſe ſont trouvez fort eſlevez, en ont eſté plus expoſez au meſpris, s'ils n'ont rien fait qui egallaſt noſtre attente ; On a veu auſſi quelquefois qu'il n'a falu qu'un ſeul Livre pour eſtablir la reputation d'un Homme.

Afin de ſçavoir toutes les manieres de faire valoir les Livres, il faut obſerver que diverſes Pieces ayans eſté publiées ſeparément ſe perdoient, comme les fueilles de la Sybille abandonnées aux vents ; mais qu'eſtans recueillies elles ſe ſont ſouſtenuës l'une l'autre. Quand les Sujets dont on eſcrit ſont plauſibles, comme ſi c'eſt une Queſtion du Temps, ou une Critique de quelque Ouvrage nouveau, cela eſt fort recherché, tant les Eſprits du ſiecle ayment à voir que les Perſonnes les plus remarquables ſoyent cenſurées. S'il s'y trouve quelque

Autres manieres de faire valoir les Livres

invective contre des Personnes de consequence, cela fait acheter le Livre plus cher, & la defense augmentera le desir de le voir. Les Libraires aident à sa reputation pour faire valoir leur marchandise, estimans beaucoup ce qui devroit estre fort commun, & ce qui n'est rare que pour avoir esté defendu. Admirons, encore le caprice du Siecle ; De certaines Boutiques de Marchands aisez, font trouver meilleur tout ce qui en vient, desorte que de tres-bons Livres achetez ailleurs, sont estimez contrefaits ou sont accusez de quelque deffaut. Je ne m'arresteray point à ce que la jalousie & la malice exercées quelquefois entre les Marchands, sont cause qu'ils descreditent tant qu'ils peuvent les Livres de leurs voisins pour vendre les leurs : Croyons que la reputation d'un bon Livre & celle de son Autheur surmontent enfin tous ces obstacles.

Que tous les Livres ont leur Temps.

Aprés tout, confessons qu'il y a des Livres qui auroient esté fort estimez autrefois, lesquels n'ont point eu de credit, parce qu'ils sont venus en mauvais temps; Qu'il y en a d'autres qui ne sont estimez qu'à cause qu'ils ont eu le bonheur de pareître lors qu'il n'y en avoit point de meilleurs, mais que s'ils venoient maintenant au monde on ne penseroit pas seulement à eux, & que l'honneur qu'on leur rend n'est que par préoccupation & par accoustumance. Cecy soit dit de quelques ouvrages qui ont usurpé ce qui peut-estre ne leur estoit pas dû legitimement. Pour les Ouvrages excellens, il est certain que le Temps passé leur a aussi donné plus de reputation qu'ils n'auroient eu dans un Siecle où la verité n'a pas tousiours le dessus, & où l'artifice ne manque point pour faire parestre plusieurs Livres qui ne sont que mediocres. Croyons nous certainement que si les Oeuvres de Montagne & de Charron s'imprimoient aujourd'huy pour la premiere fois, elles eussent les mesmes aplaudissemens qu'elles ont eu par le passé, & qu'elles fussent jamais imprimées autant de fois qu'elles ont desia esté ? Nous avons tant de Livres des Passions & des Vertus & de toute la Conduite humaine, que ceux-là auroient esté confondus parmy la multitude. Ces premiers ont des pensées fortes & hardies qu'il est malaisé d'egaller; mais nos derniers ont l'ordre & l'elegance avec d'autres bonnes qualitez qui plaisent maintenant aux Hommes & qui sont capables de les seduire s'il en est besoin. Ces reflexions meritent bien d'estre faites sur plusieurs autres sortes de Livres qu'une saison favorable a autorisez, principalement lors qu'il ne s'en trouvoit point de leur espece.

Des Noms des Autheurs, & des Titres de leurs Livres.

Prenons garde à l'estime qui est acquise par toutes ces voyes. Si les Livres sont faits sur un sujet agreable & bien receu; s'ils ont plusieurs suffrages obtenus avec soin; & si outre cela ils tirent avantage de leur propre merite, cela est fort avantageux pour eux. Il faut encore consulter les personnes judicieuses qui les ont lûs, pour sçavoir ce qu'on en doit croire. Auroit-on raison de se fonder sur leur reputation seule? le bruit commun est souvent trompeur, & mesme quand on n'adjousteroit foy
qu'à

qu'à ce que les sages disent, tout ce qui part d'un Homme ne respond pas à l'opinion qu'on a conceüe par ses premiers ouvrages; Les seconds ne sont que trop sujets à degenerer. Que pouvons-nous donc penser des Autheurs nouveaux & inconnûs qui se mettent sur les rangs? N'est ce pas une temerité de juger d'eux sur de legers indices, & sans avoir examiné attentivement leurs escrits. Le Poëte Theophile n'y vouloit pas faire tant de façon: Comme il prononçoit son avis librement & plaisamment sur tout ce qui se presentoit, ayant oüy parler d'un nouvel Autheur dont le nom estoit vil & desagreable, il dit, Qu'il n'avoit pas un nom à bien faire; mais une telle observation n'est pas recevable par tout. S'il y a des Mysteres dans les noms, ils sont fort malaisez à expliquer. Il est vray qu'ils s'en trouve quelques-uns de tresmauvais augure; Ce Poëte mesme qui s'apelloit *Theophile Viau*, ayant un surnom assez laid le quita entierement, & ne prit que son nom propre qui estoit plus agreable, afin qu'on fist plus de cas

B

de luy à la Cour. Quelques personnes ont pris la hardiesse de dire, Que si Monsieur de Balzac, qui s'apelloit *Iean Guez*, n'eust point pris le nom de sa Terre de Balzac prez d'Angoulesme, son nom de famille estant mis à la teste de ses œuvres n'eust pas eu tant de succez dans le monde, & qu'en disant *les Lettres de Monsieur Guez*, on n'en eust pas conceu une si belle idée. On se persuade que ce nom de Balzac estant pris pour celuy d'une noble & ancienne Maison assez connuë, luy donnoit plus d'authorité, quoy qu'il s'escrivist d'autresorte: Mais ce sont icy des visions ; Sous quelque nom que ce soit, les œuvres de ce rare Homme, auroient tousiours esté estimées autant qu'elles sont aujourd'huy. Je preten qu'à la fin l'on s'accoustume aux Noms les plus extraordinaires, & que les Noms bas ont enfin reverez, quand ils apartiennent à des Hommes dignes de respect. Neantmoins il faut remarquer que soit par precaution, ou par la seule fantaisie de parestre, quelques-uns de nos Autheurs les plus celebres, venus de tres-bas lieu

C'est Balsac d'Entragues qui s'écrit avec une S. non pas avec un Z.

ont rendu leur surnom inconnu. Faute d'avoir des Noms de Seigneuries & de fiefs, ils ont pris un nom supposé, craignant que leur nom paternel & hereditaire, n'estant pas des plus relevez ne rendist leur reputation moindre: Toutefois si un nom bas ou de prononciation peu agreable nuit quelquefois, on ne void pas que les plus beaux Noms fassent tousiours grande impression sur les Esprits, & qu'il y faille asseoir son jugement, sur tout en ce qui est des Noms des faiseurs de Livres: Un galand-homme de ce Siecle, disoit à propos de la pensée de Theophile; Qu'il n'estoit pas « d'avis qu'on s'arrestast à ces preten- « dus Noms à bien faire, desquels on « concevoit une vaine imagination; « Que de vray la pluspart du temps, « on n'avoit pas besoin de lire les Li- « vres tous entiers pour les connoistre; « Qu'il ne faloit que voir leurs Titres « dans leurs affiches ou sur leurs pre- « mieres pages, parce que celuy qui « avoit fait un mauvais Livre, y don- « noit d'ordinaire un mauvais titre, « ne pouvant mieux reussir en l'un qu'en «

l'autre. Cela se rencontre veritable quand les Autheurs n'estans pas Maîtres de leur sujet, rendent leurs intitulations peu convenables, ou quand ils les reiglent si mal qu'ils pechent contre les Loix de la Grammaire & de la Raison, & ne se monstrent pas capables d'arrenger seulement quatre mots de suite. Par ce moyen nostre bonne fortune veut que leurs fautes soyent veües dez l'entrée de leurs Livres, afin de nous epargner une peine inutile, nous avertissant qu'il ne faut point s'embarrasser dans une plus longue lecture. On doit encore se desfier de ces Titres fastueux & bigearres qui sont ordinaires à plusieurs Autheurs mesmes de la derniere Classe, comme dans les Livres qui portent les Noms de *Lauriers*, de *Triomphes*, de *Trophées*, de *Trésors*, de *Tableaux*, d'*Ames*, d'*Esprits*, de *Genies*, & autres noms semblables, qui sont souvent mis audevant de quelques Ouvrages vains & confus. Cela ne fait rien contre les Livres qui avec juste raison portent de tels titres, & qui tirent leur principalle gloire d'eux mesmes. Entre les Livres de Devotion nous en avons beaucoup qui portent des Titres fort ampoullez, comme qui diroit *Le Soleil de l'Ame, Les Aisles du Cœur devot, La Main qui nous guide au Ciel, Le Brazier de l'Amour divin*, & autres pareils. Autrefois cela estoit plus commun qu'aujourd'huy, mais respectons ce qui est fait d'un grand zele & avec bonne intention. Quelques mauvais Livres sont embellis de figures en taille-douce, soit de Portraits ou de representations d'Histoires, afin de les rendre plus chers & plus considerables. Il y en a qui sont plûtost faits pour les images, que les images pour le Livre. On n'en reçoit gueres plus d'honneur que d'avoir fait des Vers au dessous de quelque Almanach. En ce qui est des bons Livres ausquels cet enrichissement est souvent necessaire pour l'intelligence du sujet, de quelque maniere que ce soit, on doit aprouver l'estat magnifique où l'on les a mis, & sans cela ils ne laisseroient pas de paroistre ce qu'ils sont ; mais pour les Livres mediocres s'ils avoient esté imprimez d'abord en gros papier, en caracteres usez & sans aucun ornement d'images, ils auroient eu une fortune assez douteuse.

De ceux qui font des Livres pour les dedier à quelque Grand, ou pour quelque autre profit.

Tout cecy fait connoistre que craignant d'estre abusé par les premieres aparences, si l'on veut estre certain du prix d'un Ouvrage, il faut sçavoir principalement qui en est l'ouvrier; C'est là que son nom peut servir effectivement, mais c'est alors qu'on aprend au mesme temps les qualitez de la personne qui le porte; Si c'est un Homme propre à travailler sur cette matiere, s'il le fait pour sa seule gloire & pour le profit du public, non point pour un interest particulier qui l'attache à des choses qui luy conviennent peu, lesquelles il acheve quelquefois avec precipitation pour la commodité de ses affaires. De tels Escrivains ne sont point en danger de laisser manger leurs papiers aux vers & à la poussiere; Ils ont peu de soin d'observer le precepte d'Horace, qui veut, Qu'on garde les Ouvrages neuf années dans le Cabinet avant que de

Horace en son Art Poetique.

les mettre au jour. Ceux qui ne travaillent qu'à mesure que des Imprimeurs les pressent, ne sont pas resolus de prendre le loisir de consulter long-temps leurs Amys ou leur propre Esprit, sur leurs erreurs & leurs incertitudes. On peut juger encore des uns & des autres par les Dedicaces frequentes de leurs Livres, qui font voir qu'ils ont dessein de plaire aux Grands du Monde, pluftoft qu'aux Sçavans & aux sages. Nous en avons connu quelques-uns qui durant toute leur vie, n'ont gueres laissé ecouler d'années, qu'il ne soit sorty deux ou trois Ouvrages de leur main grands ou petits, pour en faire present à quelque Seigneur ; & si on leur eust defendu de les dedier, ils eussent mieux aymé se passer d'escrire. Il y en a eu qui pour parvenir à leurs fins, apres avoir dedié des Livres aux grands Seigneurs en ont dedié à leurs Intendans, à leurs Secretaires & à leurs Maistres d'Hostel ; & s'ils n'eussent enfin obtenu une partie de ce qu'ils demandoient, ils estoient resolus d'en dedier jusques à leur Portier, quand ce n'eust esté qu'afin qu'il leur laissast l'entrée libre. Comme leur but n'estoit que d'acquerir la faveur de ceux qui leur pouvoient faire du bien, ils remplissoient leurs escrits de quantité de choses fausses & inutiles pour les flatter & les divertir ; mais les plus adroits resserroient cecy dans leurs Epistres dedicatoires où plusieurs tiennent que le mensonge est de bonne-grace. Si quelqu'un a voulu faire passer cette comparaison en proverbe, *Menteur comme un Panegyrique, ou comme une Oraison funebre*, on y pourroit adjouster, *& comme une Epistre dedicatoire* : Il en faut excepter ce qui est fait pour les Gens de tres-haute qualité & de veritable merite. C'est une chose estrange, quand on ne parle pas seulement de dédier un Livre à un Homme de mediocre condition, mais de luy consacrer comme à une Divinité. Les loüanges y sont en si grand nombre qu'il y a telle Epistre liminaire qui est un Panegyrique complet, & qui est presque aussi grande que le Livre. Or quand ces Escrivains n'accomplissoient leur travail qu'afin d'en tirer quelque profit, il faut croire que ce n'eſtoit pas toûjours les plus habiles d'entre les Gens d'eſtude qui prenoient la hardieſſe de faire imprimer leurs Ouvrages, mais ceux qui avoient le plus d'ambition & d'avarice, ou ceux qui ſe trouvoient le plus en neceſſité. Si quelques-uns n'ont attendu leur recompenſe que des Libraires, il faloit qu'ils fuſſent la miſere meſme, & l'on tient que qui leur euſt offert davantage pour ſuprimer un Livre que pour le mettre au jour, ils euſſent vendu pour moins d'un Eſcu tout l'honneur qu'ils y pretendoient : Que pouvions-nous eſperer de telles Gens., que des diſcours intereſſez, accommodez au Genie de ceux pour qui ils eſtoient faits, & qui n'eſtoient que des Bagatelles deguiſées ſous un air ſerieux ? Certainement il eſt honteux qu'on ſe ſoit ainſi accouſtumé à travailler pour le gain pluſtoſt que pour la gloire. Si cela ne s'eſtoit point pratiqué il y a quelque-temps, nous aurions eu à Paris moins d'une douzaine de mauvais Autheurs qui nous ont fort importunez de leurs Livres. Les Honestes Gens qui escrivent & qui ont de la capacité pour cecy, y auroient trouvé leur avantage; leurs Livres n'auroient pas esté confondus parmy d'autres ausquels on a fait un accueil qu'ils ne meritoient pas. Neantmoins persuadons-nous qu'aujourd'huy les Muses ne se rendent pas mercenaires autant qu'elles veulent: La misere du Siecle a fait beaucoup resserrer les liberalitez de toutes parts, en sorte que l'on n'a pas souvent occasion de croire que les Livres soient faits pour un Sujet si bas que pour de l'argent. Il faut avoüer que c'est une grande satisfaction à un Homme de se voir au dessus de ces choses & mesmes d'avoir fait plusieurs Volumes sans les dédier. C'est se monstrer indépendant. Les anciens Autheurs ne sçavoient gueres ce que c'estoit que cette maniere de Dédicace; Ils adressoient leurs Livres à leurs Amys en les nommant seulement, ou bien en leur disant quelques paroles familieres qui concernoient leur dessein, & qui estoient fort eloignées de nos loüanges hyper-

DES BONS LIVRES. Chap. I. 35
boliques. Senecque, Plutarque & quelques autres ont fait cecy ; il y a de l'honneur à les imiter. Il est vray que les plus honestes-Gens & les plus qualifiez peuvent dedier des Livres aux Grands selon leur inclination & selon leurs affaires, y mettant des Epistres telles qu'il leur plaist. Il ne faut point pour cela avoir mauvaise opinion ny des Autheurs ny des Livres. Les bons Esprits sont flexibles à toutes occasions ; Ils sçavent bien à quoy les Loix du Monde nous obligent envers ceux qui sont les Arbitres de la fortune des Hommes, qui donnent offices & pensions, ou qui les ostent à leur gré.

On nous remonstre, Qu'encore qu'un homme n'ait pas besoin de s'occuper à écrire pour en recevoir quelque profit, ce n'est pas toûjours une connoissance certaine de sa capacité qui le porte à ce travail, & que s'il y est excité par un desir de gloire, c'est un desir vain & injuste. N'y a-t-il pas des hommes riches & de condition relevée qui se sont mélez d'écrire par une fantaisie ridicule sans y estre propres, & pour n'avoir eu

Des Riches qui écrivent sans capacité ; Et deffense des Autheurs qui sont pauvres.

B vj

autour d'eux que des Parasites & des flatteurs qui ne leur ont pas voulu dire leurs veritez? Ces sortes de gens qui obsedent les riches, ne sont pas toûjours de l'humeur de Philoxene, bon Poëte & bon Philosophe, qui ayma mieux estre renvoyé aux carrieres, que d'estre contraint d'oüir les pitoyables Vers de Denys le Tyran. Martial se moque de Ligurinus, lequel donnant à manger chez luy à quelques gens, leur recitoit ses mauvaises Poësies à chaque service, & les fatiguoit de telle sorte, qu'encore qu'il leur fist bonne chere, il pouvoit bien desormais s'accoustumer à manger seul. Tous les grands Seigneurs ne doivent pas croire qu'il leur faille ceder en bel esprit de mesme qu'en autre chose, comme s'ils devoient estre les premiers par tout. Nous plaiderons la cause des pauvres en son rang; ceux d'entr'eux qui se meslent d'écrire ont leur honneur & leur avantage à part. Si on a trouvé mauvais que les Gens de lettres travaillassent pour le gain, & si on a reproché au dernier Siecle, qu'ayant souffert une telle coustume,

Plutarque en la Vie de Denys. Mart. l. 3. des Ep.

elle a esté cause de ce qu'il nous estoit venu quantité de mauvais Autheurs; il faut prendre garde que cela nous en a aussi fait naistre de bons, lesquels n'auroient jamais écrit s'ils n'y avoient esté contraints par le desordre de leurs affaires. Il ne se faut pas plaindre d'un mal qui produit un bien. La pauvreté a toûjours esté estimée la mere des arts ; c'est la faim & la necessité qui aiguisent l'esprit pour les belles inventions. Ceux qui écrivent pour le gain, doivent estre fort exaltez par des considerations si puissantes. On les croit souvent meilleurs Ecrivains que les riches, parce qu'on suppose que s'ils se sont adonnez à écrire plustost qu'à une autre Profession, c'est qu'ils ont la capacité requise, & que de plus ils employent une extreme diligence pour obtenir les choses dont ils ne se peuvent passer, au lieu que les riches n'ayant besoin de rien, travaillent avec moins de soin & moins d'attachement. Il est certain que ç'a esté un honneste & utile recours à plusieurs de s'estre arrestez à écrire : Ils sont loüables d'avoir bien employé le talent que Dieu leur a donné. N'ayant pas eu la voix assez bonne & la santé assez forte pour s'appliquer à la Predication ou à la Plaidoyrie, & à d'autres fonctions d'hommes de lettres, il restoit qu'ils s'occupassent à composer des Livres, & qu'ils employassent leur repos à ce travail sedentaire. On ne doit point s'estonner que quelques gens cherchent du profit par leurs veilles & par leurs estudes. Les diverses manieres de subsister sont approuvées estans legitimes. On a fait cas de ces deux Ecoliers de Philosophie, qui estudians dans Athenes, apres avoir esté aux Ecoles tout le jour, alloient la nuit travailler à un moulin pour gagner dequoy vivre. Ceux qui peuvent tirer du profit de leurs estudes mesmes, sont encore plus heureux : Ils font connoistre que l'application des Muses n'est pas si ingratte que plusieurs pensent ; ils ont esté honorez de pensions à cause de leur doctrine, mais veritablement beaucoup d'autres en murmurent, croyans les meriter aussi bien qu'eux, & se trouvans dans l'incommodité quand ceux-là se trouvent dans l'opulence. Ils se consoleront s'ils sont habiles gens, & n'abandonneront point leurs premieres entreprises. Sans penser aux grandes fortunes, on sçait que d'un autre costé la vraye gloire est un excellent motif pour tascher d'accomplir de beaux Ouvrages; tellement qu'il se peut rencontrer de bons Ecrivains de toutes conditions. Pour en bien juger, il ne faut pas prendre garde seulement à leur naissance, à leur education, à leurs facultez, ou à leur façon d'agir pour l'adresse de leurs Livres, soit à leurs amis & égaux, soit aux personnes qui sont au dessus d'eux, desquelles ils esperent quelque recompense. Leurs noms ou surnoms avec les titres de leurs Livres, leurs sujets à la mode, leur reputation, & plusieurs autres observations ont encore peu d'effet, puisque tout cela est attribué de mesme sorte aux bons & aux méchans Autheurs. Ce ne sont que de petits prejugez ausquels on ne s'arrestera que selon les occasions. Ce que nous avons veu dans ce premier Chapitre, n'a esté que pour nous détromper des choses par lesquelles on pense quelquefois connoiſtre les bons Livres. Afin d'achever d'en découvrir le ſecret, je concluray en un mot que ce qui empeſche qu'on ne connoiſſe un Livre parfaitement, c'eſt quand on s'arreſte aux premieres apparences, ſur tout à celle qui éclatte le plus, qui eſt, Qu'un Livre ſe vend bien ; Sçachons que de ſe vendre bien, ce ne fut jamais la marque infaillible de la bonté d'un Livre. On a pû nous le faire prendre pour un autre, & nous enchanter par les diverſes qualitez qui ont accouſtumé de nous plaire. Il les faut examiner toutes, & ne ſe fier qu'aux qualitez les plus avantageuſes ; car s'il ſe trouve qu'un Livre ſoit fait ſur un Sujet excellent ; Qu'un homme de ſçavoir & de reputation y ait long-temps travaillé, & pour ſa ſeule gloire, il faut ſe perſuader qu'il peut contenir quelque choſe de bon ; mais ſi quelqu'une de ces circonſtances luy manque, on peut douter de la bonté de l'Ouvrage, juſques à ce qu'on en ait veu des marques certaines. Apres avoir jetté les yeux ſur ce qui paroiſt d'abord, il faut donc paſſer juſqu'à l'eſſence des choſes.

Comment on connoiſt les bons Livres.

Jugement des Livres par eux-mesmes, & quels sont ceux que l'on peut lire selon les sujets.

Chapitre II.

POur juger sincerement des Ouvrages par eux-mesmes, sans avoir égard à la personne de leurs Autheurs, ny à leur condition & à toutes les choses externes, on doit s'arrester à de certaines regles qui ne sçauroient manquer quand on en use prudemment. Il faut s'informer premierement si le Livre dont il s'agist est sur un sujet legitime & permis, & s'il n'est point capable de troubler la bonne croyance par des propositions dangereuses. S'il n'est question que d'un Livre de plaisir, il faut voir si le poison n'y est point caché sous de douces amorces, & si tout cela ne corrompt point les mœurs par de mauvais principes. Il y a des Livres dont on ne se deffie point, parce qu'ils sont pleins de railleries innocentes ; mais s'ils n'ont que la seule qualité

Du sujet des Livres.

d'agreables, ils n'obtiennent le nom d'utiles qu'avec difficulté, n'eſtans propres que pour le divertiſſement. Leur prix eſt encore plus abaiſſé quand ils n'ont que des bouffonneries niaiſes & peu ingenieuſes. Pour leurs diſcours trop licentieux ils ſont abſolument condamnez. Dans les Livres ſerieux la bonté du Sujet n'eſt gueres en conteſtation; mais il faut ſçavoir ſi les matieres y ſont traitées pertinemment, ſi le corps de l'Ouvrage répond bien au titre, & le titre à l'Ouvrage. Il y a des titres auſſi menteurs que ces écriteaux des boëtes d'Apoticaire, qui portent le nom des drogues rares & excellentes, & n'en contiennent que de mauvaiſes & de corrompuës. Il faut meſmes conſiderer ſi les choſes qu'on debite ne ſont point trop communes, & n'ont point eſté redites une infinité de fois; ſi le ſens y eſt clair & net, ſi le bon ordre & la ſuite naturelle ſe rencontrent par tout, ſans que rien ſe desjoigne ou ſe montre confus; ſi les digreſſions n'y ſont point d'une ennuyeuſe & inutile longueur; Enfin ſi l'invention eſt nouvelle & exquiſe, & capable de donner

DES BONS LIVRES. Chap. II.

de la gloire à son Autheur, & de l'instruction ou du divertissement aux Lecteurs. Dans ce mesme temps on peut avoir égard au langage, qui doit estre le plus conforme au sujet que l'on traite, & à l'usage qui a cours, afin que les paroles expriment naïvement ce que l'on desire, & qu'elles ne fassent point horreur par leur barbarie. Voila ce qu'on doit observer pour juger des Livres qu'on a déja veus; il faut sçavoir si ceux qu'on a dessein de lire portent les mesmes caracteres, & si on en doit esperer quelque chose de semblable.

Quand on parle des Livres en general, on peut dire qu'ils sont bons presque tous; pource que c'est une bonne chose que de lire, & que l'occupation en est toûjours meilleure que le jeu ou l'oisiveté. Il y a des Livres qui ne traitent que de matieres frivoles, & qui n'occupent point l'esprit à des choses utiles; neantmoins quand on est dans un lieu où l'on n'en trouve point de meilleurs, il est permis de les lire pour un simple divertissement, & pour contenter la curiosité qu'on a de sçavoir

Presque tous les Livres sõt bons, au moins pour le divertissement.

quels ils sont, afin d'en parler dans l'occasion ; S'il y en a de fort dangereux, un honneste homme qui a autant de sagesse & de capacité qu'il en est besoin pour s'en deffendre, peut bien en prendre connoissance pour ne rien ignorer, & mesmes afin de pouvoir avertir ses amis de se garder de leur malice. De plus, la maxime n'est point fausse, qu'il n'y a si méchant Livre dont on ne puisse tirer quelque chose de bon : Aux uns on loüe la doctrine, aux autres les expressions. S'il n'y a rien de bon de l'Autheur, il rapporte possible quelque chose de rare qu'il a pris d'ailleurs. Si cela ne se rencontre point effectivement dans un tel lieu, on en tire l'imagination & les consequences: Un petit nombre de belles pensées en font naître beaucoup d'autres selon la capacité du Lecteur : Toutefois quand on se restreint à un certain nombre de Livres il faut que ce soit des meilleurs ; La lecture seule des Livres licentieux ou mal-faits, causeroit trop de dommage à ceux qui ne s'y connoissent pas, & ne pourroit apporter gueres de profit aux personnes habiles. Lors qu'on fait profession de voir des Livres de toutes les sortes, le danger n'y est pas si grand, pource que dans quelques-uns on trouve du remede au mal qui est causé par les autres. Cette diversité sert aussi grandement à l'instruction.

Il y a des gens qui mettent en question quel Livre on devroit retenir si on estoit reduit à n'en garder qu'un. Les grands Devots diront, qu'ils retiendroient *la sainte Bible*, comme le seul Livre absolument necessaire à nôtre salut : Mais il faut le tirer du pair, & se le reserver toûjours avec les autres. Si l'on y peut joindre quelque autre Livre de pieté, les uns prendront *Les œuvres de S. Augustin*, les autres *Les œuvres de Grenade*. Ceux qui s'arrestent aux Livres des anciens Payens qu'on estime prophanes, & qui y cherchent pourtant la correction des mœurs, disent qu'ils se contenteroient *des œuvres de Seneque*; les autres qui ayment une plus grande varieté de doctrine, souhaiteroient *les œuvres de Plutarque*. Il est vray que dans ses Opuscules on apprend la Philosophie naturelle avec la Morale & la Politi-

De n'avoir qu'un seul Livre, ou fort peu.

que: Les Vies de ses Hommes illustres donnent aussi d'excellentes instructions; mais cela ne sçauroit nous instruire avec methode. Si on veut sçavoir un peu de toutes choses, il faut au moins consulter les Maistres de chaque Science. C'est ce que conseille M. de la Motte le Vayer dans son avis pour dresser une Bibliotheque de cent Volumes ou environ, en prenant plus ou moins de chaque discipline selon qu'ils se rencontrent.

Des Livres de Grammaire & de Rhetorique, des Romans, & des Livres galands.

Pour suivre le bon ordre d'une Bibliotheque, on peut dire premierement, Que les Dictionnaires & les Grammaires sont jugez fort recevables, lors qu'ils ont tous les termes necessaires, & qu'ils les expliquent avec autant de politesse que de doctrine. Pour les Livres qui traitent du bon ou du mauvais usage des paroles & des phrases entieres, les plus anciens ne doivent estre veus que par curiosité, & avec precaution à cause des changemens qu'on y a apportez. Tous les Livres en general où les Autheurs tiennent trop pour l'Antiquité, n'ont pas des instructions certaines. Il faut avoüer d'autre-part qu'entre ceux qui ne publient que leur bel usage, & leur usage moderne, il s'en trouve qui condamnent par un pur caprice des façons de parler qui ne sont pas tout à fait hors de la mode, & qui meritent bien d'estre soustenuës. Par exemple en ce qui est des Remarques sur la Langue Françoise, il ne faut pas croire en tout Vaugelas, sans consulter les Traitez de La Motte le Vayer sur le mesme sujet. Entre les Livres d'Eloquence on peut faire choix des Modernes s'ils suivent les bonnes & anciennes regles qui ne changent point, & s'ils s'accordent en mesme temps aux choses qui plaisent en ce siecle. Le divers prix de ces sortes de Livres est assez publié par tout. Les Romans ou Livres fabuleux, & les Ouvrages Poëtiques sont leûs quelquefois par les plus sçavans hommes, à cause qu'ils trouvent en quelques-uns des marques de doctrine, & qu'ils se récréent dans les autres apres des études plus serieuses. Il semble au contraire qu'on devroit deffendre de tels Livres à des gens qni n'en ont jamais leu d'autres, & qui voudroient commencer par là leurs lectures. Il est à craindre qu'ils n'en soient tellement charmez qu'ils ne les veüillent jamais quitter ; neantmoins il arrive quelquefois que les femmes & les hommes sans estude prennent en ce lieu quelque teinture des lettres, & s'accoustument ainsi à donner de l'attention aux Relations historiques, & aux preceptes serieux. On souffre donc qu'on s'arreste à cecy, on peut estre attiré en suite à quelque chose de meilleur. Je ne suis point si scrupuleux que je ne croye aussi qu'on peut lire innocemment toutes les gayetez que les Autheurs composent. Et pour les Livres qui paroissent tous les jours sur diverses questions, & sous divers styles, je ne doute point que la satisfaction des Curieux ne s'y trouve toute entiere. La nouveauté est à estimer aux Ouvrages par écrit, à cause que plus nous allons en avant, plus les esprits se polissent ; & si tous ceux qui écrivent de nouveau, ne s'en trouvent pas capables, il faut considerer qu'entre les choses mesmes qui sont produites par le hazard, il y en a qui ne laissent

pas

pas d'avoir leur beauté; Qu'entre les cailloux formez des mains de la Nature, on void ceux qu'on appelle des Gamahez ou Camayeux, qui repreſentent naïvemeut des animaux, des plantes, & d'autres objets de meſme que ſi un excellent Peintre les avoit tracez; Ainſi entre des écrits faits avec peu d'art, il s'en rencontre aſſez ſouvent qui repreſentent fort bien tous les accidens de la vie humaine. En general, les Ouvrages qu'on voit ordinairement entre les mains de la jeuneſſe & des perſonnes de la Cour, ſont les Poëſies, les Romans, les Lettres, les Harangues, & quelques Diſcours galands que ceux qu'on met au rang des beaux Eſprits ont faits par une eſpece de vanité, pour acquerir l'eſtime des Grands, ou l'approbation des Dames. Je croy qu'on feroit bien de n'en voir qu'un ou deux de chaque ſorte, & meſme de choiſir les meilleurs entre tous, & choiſir encore ce qu'il y a de meilleur & de plus utile dans chacun pour s'en reſſouvenir. Il y en a pluſieurs pour qui ce feroit bien aſſez de paſſer ſimplement par deſſus, ſans ſe charger

C

l'esprit de tant de lecture ; La pluspart de ces Livres contiennent plus de paroles que de choses, & ont plus de faste que d'utilité ; & mesmes ils ne sont pas tous exempts du blasme de dereglement, & de trop de licence.

Des Livres de Science.

En ce qui est des Livres qui concernent les Sciences il se faut fier aux Avis des personnes qui ont reputation de s'y connoistre. S'il nous tombe des Livres entre les mains où l'on rencontre quelques opinions nouvelles, qui d'abord nous paroissent monstrueuses & bigearres, il ne faut pas laisser de les lire, non seulement pour se divertir, mais afin d'acquerir la faculté de concevoir les choses plus facilement. Si on veut donc estre fort habile, il les faut voir tous, car on n'en trouve gueres qui n'aportent quelque profit ; il y a du plaisir à voir comment les uns tiennent pour les anciennes sectes, les autres pour les nouvelles, & avec quelles raisons ils defendent chacun leur party ; surquoy il est permis de suivre ce qu'on croid le plus vray-semblable, pourveu que ce soient des choses indifferentes: Neantmoins il est bon de s'attacher toûjours aux opinions les plus saines & les plus autorisées; Il y a des Cours de Philosophie en François qu'on peut estimer fort reguliers, ayans esté dressez sur les meilleurs qu'on trouve en Latin; mais les Traitez particuliers sont tres-necessaires avec cecy pour sçavoir les choses plus certainement. Par exemple touchant les pierres, le cristal & les autres corps mêlés, quelques Livres ont esté nommez lesquels semblent fort aprocher de la verité. Or à quelque lecture qu'on s'aplique touchant la connoissance des choses naturelles, il faut considerer que ce qui en a esté dit par les Philosophes vulgaires n'est apuyé que sur des supositions & sur des Imaginations simples; au lieu qu'il nous est besoin de raisonnemens fondez sur les experiences pour ce qui est des choses sensibles. Les Livres qui suivent cette methodes sont ceux qu'il nous faut choisir. En ce qui est des Novateurs, il est vray qu'ils disputent pluftost des Noms que des choses. Voyez ce qui a esté

C ij

dit de Telesius, de Patritius, de Cardan, de Ramus, de Descartes & d'autres. Plusieurs pour avoir l'honneur d'estre estimez Autheurs d'une nouvelle Secte, ont parlé contre leur conscience & contre leur croyance en contredisant à tous les Articles de l'ancienne Philosophie, sans distinguer ceux où il n'y a rien à reprendre. Taschons de trouver quelque Autheur qui ait philosophé de meilleure foy.

Des Livres de devotion & de Moralle.

On peut parler maintenant des Livres qui concernent les Mysteres de la Religion & le Salut des Hommes. Entre ceux qui sont escrits en François, il y en a qui n'ont pas tant de force que les autres, & pourtant on ne les doit voir qu'avec respect quand on pense à leur sujet. Si quelques Livres de devotion, & de Morale Chrestienne, ne sont remplis que de Metaphores & d'autres figures trop frequentes avec des citations hors de propos, prises des Autheurs prophanes, & le tout avec des paroles rudes, antiques & peu intelligibles, il est certain que ces Livres-là ne sont pas tels qu'on les souhaiteroit ; Mais il faut les excuser pour le temps qu'ils ont esté faits, & mesmes puis que les pensées tres-devotes & tres-spirituelles dont ils sont remplis, sont prises en bonne part de toutes les Ames pieuses qui y trouvent beaucoup de consolation, on peut continuer de s'en servir. Cela vaut encore mieux que des discours plus ornez, & plus à la mode des Gens du Monde: Neantmoins si l'on composoit de nouveau de tels Ouvrages, il faudroit que la pureté du langage y accompagnast les pensées devotes, afin que les plus simples Personnes en eussent une intelligence facile. On dira la mesme chose de tout ce qui sert à la conduite de la vie. Quand les Autheurs ont voulu plaire & profiter tout ensemble, & attirer chacun à la lecture, ils y ont employé quelques ornemens d'Eloquence qu'on a trouvez assez recevables, estant mesnagez adroitement : Mais s'ils les ont rendus trop communs, ou s'ils ne les ont point placez en leur vray lieu, ils n'ont pas donné à leurs Ouvrages les qualitez necessaires pour les rendre accomplis. Tous ceux qui ont escrit de Moralle & de Politique ont esté obligez à de pareilles maximes. Outre la netteté & l'elegance des paroles, il a falu avoir egard à leur ordre, au choix des raisonnemens & à leurs forces, & à tout ce qui met les Livres au rang des Bons. Quelques Autheurs de nostre temps qui ont escrit des Passions, des Vertus & des Vices, ayans un stile tres-affecté n'ont fait que de vaines amplifications; Ce sont des discriptions superficielles, lesquelles ne representent point le naturel & l'essence des choses. D'autres qui ont escrit de Politique, & qui ont donné des instructions pour les Princes & pour leurs Ministres, n'ont point atteint aux veritables secrets de l'Estat; ce sont des Panegiriques plustost que de vrays enseignemens. Les maximes qu'ils ont prises des anciens Autheurs ne servent de rien, si elles ne sont accommodées à nostre usage. Pour peu qu'on ayt de connoissance de nos Livres, on remarquera bien qui sont ceux dont j'entens parler. Je ne pretens point les nommer icy, parce que s'il s'y trouve du

DES BONS LIVRES. Chap. II. 55
mal, je ne veux point scandaliser les Autheurs ny leurs amys. Contentez vous, Lecteurs, vous pourrez apliquer mes reigles à ceux que vous voudrez, & peut-estre y reussirez-vous ; Sans cela les Avertissemens ne laissent pas d'estre utiles. Entre les Dialogues, les Lettres, & les harangues, on en trouve aussi qui participent de tous les mauvais stiles, & ne sont point propres à leur sujet ; il y a des Romans & des Histoires qui sont de mesme, & dont les bonnes & les mauvaises qualitez ont esté assez representées en des discours faits à cette occasion.

Il nous reste de voir quels sont les Livres meslez. Il s'en trouve quelques-uns desquels si on avoit osté ce qui est de Plutarque & de Seneque ou d'autres semblables Autheurs, il ne resteroit presque rien qu'on leur pust attribuer. Ces Ouvrages sont des amas de plusieurs choses qu'on apelle à bon droit *des lieux communs*, pource qu'ils sont communs à tout le Monde. L'Auteur de l'Examen des Esprits dit fort à propos, que dans les Estats bien policez

Des Livres meslez.

B iiij

on devroit defendre d'escrire à ces Gens qui abondent en memoire, sans avoir l'imagination assez forte pour inventer quelque chose d'eux mêmes, ny du Jugement pour le bien regler: Il pretend que ces Escrivains ne faisans que des Recueils de ce qu'ils ont leu, c'est abuser du loisir de ceux à qui ils veulent donner leurs Livres à lire, ne leur faisant voir que ce qu'on void en d'autres lieux. Quand ces faiseurs de Recueils ont esté assez adroits pour mettre une excellente liaison à leurs discours, & qu'ils y ont adjouté de nouvelles reflexions de leur Invention propre, alors on en peut faire de l'estime. Nous ne nommons ny les uns ny les autres de ces Ouvrages, pource que c'est assez de leur prescrire leurs bonnes ou mauvaises qualitez.

De l'utilité de plusieurs Livres

On connoist bien les Livres qui ont quelque aprobation & pour quel sujet on les aprouve; Mais encore qu'on les tienne pour bien-faits dans leur genre, c'est à sçavoir s'ils sont utiles. Ceux dont nous avons parlé estant françois sont propres à toutes les personnes qui entendent noſtre langue, & principalement aux bons Eſprits qui veulent avoir connoiſſance de toute ſorte de Sciences & d'Arts. Les Livres de la pureté de la langue Françoiſe n'ont garde d'eſtre mepriſez, eſtans le fondement des autres, puiſque le langage eſt la clef des Sciences. Les Livres qui enſeignent à parler elegamment ſont encore fort neceſſaires, car les Hommes de bonne condition, ayans pluſieurs affaires à traiter dans le Monde, ont beſoin de ſçavoir les ornemens du diſcours pour plaire à ceux avec qui ils ont quelque habitude. Ayant apris la Logique & la Rhetorique, ils donneront de l'accompliſſement à leur art naturel de raiſonner & de perſuader : Ils ſcauront comment il faut parler avec raiſon & verité de toutes choſes, & meſmes avec eloquence. Les Cours de la Philoſophie vulgaire leur feront voir ce que ſçavent les autres ; & dans quelques Traitez particuliers des plus curieux, ils aprendront ce qu'ils doivent croire eux-meſmes, & quels ſujets il y a de douter ou d'affirmer. Les Livres de

Theologie, ou de Devotion & de Morale, sont tous bons pour leur sujet; Si de plus ils sont aprouvez par les Puissances spirituelles, ils peuvent estre leûs avec seureté. En ce qui est des Livres meslez, la lecture en est utile, estant jointe à celle des Livres reguliers; Or il y a difference entre les Recueils de plusieurs discours parfaits & ceux qui ne sont que des lieux communs : Les discours parfaits sont leus avec beaucoup de fruit ; mais les amas de sentences & d'exemples sont des corps sans pieds & sans teste, lesquels ne sont bons qu'aux Gens qui s'en servent comme de materiaux pour bastir. De plus ny les uns ny les autres estans leus seuls ne sçauroient rendre un Homme veritablement scavant, parce que les choses generalles n'y sont point mises dans leur ordre, & qu'on n'y trouve que des choses particullieres. En cela s'abusoit une Societé de Libraires qui choisissant des Livres pour imprimer, lors qu'on leur eut proposé *la Science universelle*, ils choisirent plustost *Les conferences du Bureau d'adresse*, parce qu'il leur sembloit que la varieté y eſtoit plus grande. Ils ne conſideroient pas que parmy ces diverſitez l'ordre des Sciences ne ſe trouve point, & qu'il y en manque beaucoup de Parties. Cela nous doit montrer qu'encore qu'on aprenne quantité de choſes dans les Recueils & dans les diſcours meſlez, il faut encore s'adreſſer à des Encychopædies, ou à quelques Cours de Philoſophie des plus parfaits, pource que ſans cela on ne ſçauroit jamais rien avec methode. Les Ouvrages accomplis eſtant compoſez ſelon les regles des Sciences, les premiers ſont ceux qui contiennent les Sciences meſmes, apres leſquels on void ceux qui mettent en uſage ce que les Dogmatiques enſeignent. Ce ſont les Dialogues, les Harangues, les Lettres & les narrations : On en rencontre de pluſieurs ſortes qui ſervent d'exemples aux perſonnes qui en ont beſoin dans le commerce de la vie. Ce ne ſeroit pas aſſez de ne voir qu'un ſeul Livre de chaque façon, comme propoſent quelques-uns pour epargner noſtre loiſir : il en faut chercher de pluſieurs caracteres, pour connoiſtre la force des uns & la foiblesse des autres. Les Ouvrages qui paroissent plus beaux, plus ils sont à la Mode, sont les Romans & les autres Livres de plaisir; ils emportent souvent le prix pour le langage, à cause qu'ils ont la liberté d'avoir un langage doux & tendre qu'ils accommodent à l'humeur du temps present, mais la recherche de ce qui est plus solide, fait encore consulter les Ouvrages anciens.

Des traductions. Entre les traductions des Livres estrangers, il n'y a point de doute que nous pouvons lire avec fruict, celles dont on a prouvé les originaux : S'il y en a d'anciennes & de nouvelles, & que les anciennes soyent plus exactes & plus fidelles que celles de nostre temps, elles meritent qu'on les considere encore. Les attraits d'un langage moderne, ne sçauroient nous plaire sans nous surprendre: On y aura égard pour les traductions & pour les imitations, autant que pour les discours de pure invention. Il faut esperer de bien juger de leur langage & de la bonne structure de leurs discours, lors que nous en aurons obfervé les veritables reigles dans quelque Traicté particulier.

Pour ce qui eft des bons Livres en general, on en a nommé precifément quelques-uns dans la Bibliotheque Françoife, dont tout cecy eft un petit commentaire. Il vaut mieux vous apprendre que les Livres font bons eftant faits de telle & de telle maniere, que de vous nommer fimplement ceux qu'on eftime bons fans rendre raifon de leur bonté. Ayant mefme fait pareftre les mauvaifes qualitez de quelques-uns, cela vous fait juger que ceux qui ne les ont pas, meritent d'eftre au rang des bons, ou au moins des mediocres. Voyla de quelle façon vous pouvez toûjours parvenir à leur connoiffance. Vous direz là-deffus que vous n'en connoiffez gueres qui n'ayent leur part des deffaux que nous marquons. Il s'en trouve pourtant de bons en leur genre & vous en defcouvrirez affez pour voftre utilité.

Nous avons veu quels font les Livres qui font bons par eux-mefmes &

Des Livres propres à chaque personne. pour les personnes qui se veulent apliquer à quelque Science ou profession particuliere: il en faut faire une autre consideration pour les personnes du Monde. Les Livres de Grammaire & de Rhetorique ont esté aprouvez comme ceux de Logique, de Physique, & de toutes les parties de la Philosophie; mais on peut dire que cela n'est bon que pour les studieux & contemplatifs, & pour ceux qui jouïssent d'un grand loisir; il n'est pas besoin que les Gens de finance, les Gens de pratique les Marchands, les Artisans, & en general tous les Gens de mesnage, s'embarassent de ces choses qui ne feroient que leur troubler l'esprit, si mesmes ils n'ont jamais receû aucuns principes de doctrine. Quant aux Livres de Devotion & de la conduite de la vie, on les peut apeller les Livres de tous les Hommes: leur lecture est permise à toute sorte de Gens, lors qu'ils sont reduits aux termes les plus intelligibles & les plus instructifs. Quelques Livres meslez sont encore de cette nature; Les Dialogues & les Lettres ont ordinairement un caracte-

DES BONS LIVRES. Chap. II. 63
e aſſez familier pour toutes les perſonnes qui tiennent rang dans la vie civile ; les Harengues & les Panegyriques & toutes les Pieces d'Eſtat ſont pour les Eſprits curieux, mais qui eſt ce qui n'eſt point curieux ? Les Hommes ſans eſtude ſe veulent aujourd'huy meſler de toutes choſes, au moins ceux qui ſont de qualité un peu relevée. La Pratique du Monde leur a plus ſervy que le College n'a ſervy aux autres.

Les Romans, les Poëſies & tous les Ouvrages de plaiſir peuvent corrompre la jeuneſſe, ou la mettre au danger de perdre ſon temps. On peut parler de toute ſorte de Livres ou de diſcours faits exprez ; mais il ne ſemble pas que cela ſoit ſi neceſſaire que pour les narrations vrayes ou fauſſes, c'eſt à dire pour les Hiſtoires & pour les Romans dont la lecture eſt fort commune, car chacun ſe croid capables de les lire & d'en juger. Puis que nous avons des Diſſertations ſur ce ſujet, & qu'elles viennent à propos, nous en faiſons part au public. Nous allons examiner premierement s'il y

Des Hiſtoires & des Romans.

a quelque chose à dire contre l'Histoire, & si les bonnes qualitez qu'on a accoustumé de luy attribuer, peuvent estre revoquées en doute ; puis nous verrons de quelle maniere les Fables & les Romans sont censurez.

DES HISTOIRES ET DES ROMANS.
SECOND TRAITÉ.

Ce qu'on peut dire Pour ou Contre l'Histoire.

CHAPITRE I.

ANS parler icy en particu- *De la di-*
lier des Dialogues, des *versité des*
Lettres & des Harangues, *Narra-*
il faut s'entretenir d'une *tions.*
certaine maniere d'Ouvra-
ge qui les comprend tous, qui est la
Narration vraye ou fausse, dans laquelle il entre des Discours de toutes les

sortes selon l'occasion. Quelques-uns de ces Discours sont inventez entierement, les autres sont seulement amplifiez ou embellis, & ont leur fondement dans la verité de la chose. Il se trouve mesmes des Narrations ou Histoires, dont non seulement les Harangues & les autres Discours sont inventez exprés, mais encore tous les evenemens, lesquels n'ont esté décrits que pour exercer l'esprit de l'Autheur, & divertir celuy des Lecteurs. Quelques Livres qui contiennent des remarques curieuses & des enseignemens Politiques & Moraux, passent pour des Histoires, ou pour des Livres historiques qui sont utiles, selon l'opinion de quantité de gens; mais ce n'est pas encore de ces sortes d'Ouvrages que je veux parler. Quand on nomme *l'Histoire* absolument, l'on entend la Veritable, & celle qui a la vraye forme d'Histoire, laquelle recite les actions des hommes bonnes ou mauvaises, & le succez qu'elles ont pû avoir. C'est là que chacun aprend ce qu'il faut suivre ou fuïr. Comme il se trouve de ces sortes de Narrations accompagnées de reflexions & de maximes sur chaque sujet, ce sont des enseignemens tres-persuasifs pour nous faire quitter le mal, & nous porter au bien, voyant que les preceptes y sont utilement joints aux exemples; & pource que de tels Ouvrages sont fort en vogue, il faut declarer ce que plusieurs en pensent & en publient.

Ceux qui ont entrepris de loüer l'Histoire, ne se contentent pas de l'égaler aux principales Disciplines; ils la mettent au dessus de toutes; C'est elle à leur compte qui nous confirme dans la Foy & dans la Religion, & qui nous donne les bonnes regles des Mœurs, avec la connoissance des Merveilles de Dieu & de la Nature; & c'est d'elle qu'on apprend tous les Arts & toutes les Sciences, mieux que des autres Descriptions qu'on en peut faire. Plusieurs tiennent mesmes que les enseignemens de la Philosophie, soit de la naturelle, soit de la morale, ne sçauroient avoir aucun effet sans les exemples que l'Histoire fournit, d'autant que les propositions de l'Esprit ne sont qu'une semence sans fruit, si elles

Quelques-uns mettent l'Histoire au dessus de toutes les Sciences.

ne sont accompagnées de la Pratique, & qu'il n'y a aucune raison qui soit si asseurée, comme il est asseuré, Que ce qui s'est fait, s'est fait: Qu'entre toutes les Professions, il n'y en a point qui plaisent davantage que celle de l'Histoire qui se mesle de toutes choses, au lieu que chacune des autres n'ayant qu'un seul but elles doivent bien-tost ennuyer.

Des Réponses aux Eloges de l'Histoire.

De tels Eloges peuvent estre soustenus en ce que l'Histoire a l'avantage que les mysteres de nostre Religion sont exposez par elle dans les Livres sacrez; Que le recit de toutes les proprietez des choses est appellé une Histoire, comme l'Histoire des Animaux écrite par Aristote, l'Histoire naturelle de Pline, celles d'Aldrovandus, de Gesner, & autres, où l'on peut apprendre beaucoup de curiositez naturelles, & beaucoup de secrets de Philosophie. Pour ce qui est de la conduite generale des Hommes, on dit que la relation Historique de tout ce qui se fait & de tout ce qui arrive, peut servir de Morale & de Politique, & qu'il y peut mesme avoir des Histoires pour toutes les observations des Arts. Il faut répondre, que si l'on reçoit la connoissance des proprietez naturelles par vn simple recit, ce n'est que de celles qui sont fort évidentes, & sur lesquelles il n'y a aucune contestation; Que les disputes qui se font d'ailleurs sur les causes & sur les effets, sont déduites en des Traitez plus étendus que les Narrations communes, & doivent porter un autre nom que celuy de l'Histoire ; Que quand l'on fait des propositions de toutes les experiences des Arts, leurs instructions sont rapportées d'vne autre maniere qu'un Narré simple, & que si neantmoins l'on veut appeller cela une Histoire, ce n'est pas assez distinguer les choses ; Que la Morale mesme & la Politique ne sont pas toûjours confuses avec l'Histoire comme l'on pretend, quoy que dans l'une & dans l'autre il ne s'agisse que des mœurs des hommes & de leur Gouvernement ; Qu'elles ont leurs definitions & leurs divisions, & la distinction de toutes leurs regles qui font une Science à part, & qu'encore que l'on pûst bien mesler ainsi l'ordre des

Disciplines, il se faut garder de le faire, craignant de les broüiller, & qu'on doit laisser chaque Science & chaque Art dans leurs limites separez.

Sçavoir si les exemples de l'Histoire ont precedé les Sciences.

De dire que la Relation des choses faites, a precedé toute sorte de recherches, & d'observations de Science, & que les enseignemens Philosophiques se sont reglez sur les exemples de l'Histoire; cela peut estre vray en quelque façon. Mais pource qu'entre les exemples dont l'on parle, il y en a pû avoir autant de mauvais que de bons, il a falu necessairement que la Science & la Prudence ayent agy en cecy, pour faire connoistre les fautes & les mal-heurs des premiers hommes, afin de corriger leur posterité, & que de cecy l'on ait formé la Doctrine Morale & la Politique. Que si les observations de l'Histoire y ont servy en quelque sorte, on trouvera de mesme que sur les preceptes de ces Sciences, l'on s'est instruit à mieux regler les Histoires qui ont esté faites ensuite, si bien que l'Histoire & la Philosophie se sont rendu le change l'une à l'autre; Aussi pour dire vray, elles doivent marcher de mesme pied, & nous n'attribuons rien à l'Histoire que les autres Sciences n'ayent pareillement. Que si l'on pretend que l'Histoire soit capable de nous contenter toute seule, c'est donc lors qu'on luy veut faire comprendre tout ce qui peut estre observé dans l'Univers, ce que l'on peut pareillement faire venir en sujet dans les autres Professions. Nous ne voulons parler icy que de ce qu'on appelle vulgairement Histoire, qui est le recit veritable des actions des hommes, ou particulieres, ou publiques, & du changement des Royaumes, des Provinces & des Villes : Mais en cét estat on donne encore beaucoup de credit aux Narrations, puisqu'on dit qu'elles conservent la memoire de tout ce qui s'altere ou qui perit, & qu'elles semblent immortaliser par-là ce qui est sujet à la mort. En effet, les hommes meurent, les Empires finissent, les Edifices sont ruinez, & de tout cela on ne voit plus de marques icy bas que dans l'Histoire ; C'est là que les bonnes actions sont exaltées afin que les successeurs en reçoivent de l'honneur &

du profit, & qu'ils ayent de l'emulation pour égaler ceux qui les ont devancez; Et comme on void là aussi les mauvaises actions de quelques hommes & leurs punitions apparentes, ou le desordre de leur vie, on y doit prendre de l'aversion pour le vice qui est cause de tant de maux. Ces avantages qu'on attend de l'Histoire, semblent la devoir rendre recommandable envers tout le Monde: Mais les choses qui apportent le plus d'utilité ne sont pas toûjours connuës: Nonobstant de si belles fonctions que l'Histoire s'attribuë, elle ne laisse pas de trouver des adversaires. On met en doute son pouvoir & ses excellentes qualitez, & l'on le fait avec des raisons qui tiennent en suspens les Esprits de ceux qui en veulent juger, & qu'il nous faut examiner pour nostre satisfaction entiere.

Objections contre l'Histoire. On objecte à l'Histoire que la principale qualité que l'on luy souhaite, estant de se montrer veritable, elle n'a pas ordinairement toute l'excellence qu'on s'y figure; Qu'au lieu de la verité qu'elle devroit publier, elle ne contient la pluspart du temps que des mensonges;

DES HISTOIRES. Chap. I. 73
menſonges ; Que l'Hiſtorien eſt quelquefois intereſſé, & que favoriſant plus un party que l'autre, il releve des actions qu'il devroit abaiſſer, & en abaiſſe d'autres qu'il devroit eſlever ; Qu'il diminuë ou qu'il deſguiſe le mal, & que ſouvent il cache auſſi le bien ; Que quand meſme il auroit l'intention ſincere & fidelle, & la volonté de parler le plus veritablement qu'il luy eſt poſſible, il n'a pas pû eſtre par tout pour apprendre la verité de tout ce qui s'eſt paſſé & de tout ce qu'il a eſcrit ſur de faux memoires ; Qu'une meſme choſe eſtant raportée en trente façons, il n'a pas pû deviner ce qu'il devoit choiſir, & qu'il s'eſt arreſté à l'opinion la plus incertaine ; Que s'il eſt homme de guerre, il juge mal des affaires de Conſeil, & s'il eſt homme de Conſeil, il juge mal des affaires de la Guerre ; Bref que c'eſt un grand hazard ſi avec tous ces inconveniens, il ſe peut rencontrer quelque verité & quelque raiſonnement ſolide dans l'Hiſtoire, ſi ce n'eſt pour la ſurface des choſes, & pour des evenemens publics dont perſonne ne peut douter.

Responce pour l'Histoire.

Ce qu'il y a icy à respondre pour ne point abandonner au mespris une chose si recommandable que l'Histoire, c'est premierement que l'on entend que celle dont l'on veut faire cas, soit escrite avec le plus de verité & de sincerité qu'il est possible ; Que pour venir à bout de ce dessein, il se peut trouver des Escrivains qui ont le pouvoir & l'intention de reüssir en leur ouvrage ; Qu'encore que la plus part soient hommes d'estude, il s'en trouve qui sçavent la Theorie & la Pratique de la Guerre, & en peuvent parler pertinemment, & qu'avec cela pour ce qu'ils entendent toutes les sortes de negociations & de deliberations de Conseil, aussi bien que s'ils y avoient esté appellez, il ne faut point douter qu'il n'y ayt du profit à recüeillir dans les escrits de ces Historiens parfaits ; Que s'ils ne sont pas tous de cette classe, les autres ont leurs qualitez particulieres ; Que pour ceux qui n'ont pas toute la certitude & tout l'ordre que l'on demanderoit dans le recit des évenemens, ils ont quelquefois des discours judicieux, & instructifs en

DES HISTOIRES. Chap. I. 75
recompense, & qu'il n'y sçauroit avoir tant de fausseté dans les ouvrages des uns ou des autres, que quelque verité n'y paroisse, comme une vive lumiere parmy les ombres ; Et qu'enfin les excellentes qualitez de l'Histoire, & les profits qu'on en reçoit, l'ont fait apeller justement, la Secretaire des Temps & la Maistresse de la vie, qui sont des titres qui en comprennent beaucoup d'autres.

On peut repliquer à cecy que l'on présupose que l'Histoire, pour meriter le nom de Secretaire des Temps, aporte tout ce qui est arrivé dans une longue suite d'années, & que les remarques qu'elle en fait, soient des observations pour l'avenir ; Mais afin qu'on ne luy attribuë rien qu'elle n'execute entierement, il faut prendre garde si elle a toutes les conditions qui luy sont necessaires. On tient que l'on mis en usage parmy toute sorte de nations, que quand l'on parle de l'Histoire, l'on entend principalement une Narration generalle de ce qui s'est fait dans quelques Provinces ou Estats, & que cependant on ne void là autre cho-

Replique contre l'Histoire.

D ij

se que le Regne des Monarques, ou les affaires des Republiques avec les Guerres d'une nation contre l'autre, & qu'il semble qu'en tout cela s'il y a de l'instruction pour les personnes qui sont dans les hautes Charges, il n'y en a gueres pour les personnes privées, & qu'horsmis la force guerriere qui sert pour la defense de la vie, & la vertu d'obeissance pour reconnoistre le commandement souverain, l'on y trouve peu d'enseignemens des autres Vertus, de sorte que l'on a peine à s'imaginer que ce soit une Leçon pour toute sorte de gens ; Que si les Princes mesmes & leurs Ministres ne lisoient point d'autre Livre, possible ne seroient-ils pas fort bien informez de ce qu'ils doivent sçavoir, & que si l'on aprend là à bien faire le Roy, le premier Magistrat, ou le General d'armée, l'on n'y trouve pas toûjours de quoy s'instruire à bien joüer le personnage de l'Homme. Qu'il y a telle Histoire & specialement entre les nostres dernieres, où l'on ne void que des Sieges de Ville, des aproches, des sorties, des assaults, & quelques capitulations, avec des rencontres, des embufcades, & des batailles, dans lefquelles il ne fe remarque autre chofe qu'une refolution quelquefois fort temeraire, de s'expofer au fer & au feu, fans qu'il en refulte rien que ruine & carnage; Qu'encore les Hiftoires des Grecs & des Romains ont avec cecy de hautes actions pleines de generofité, & des exemples de toute forte de vertus, avec les Apophtegmes des grans Hommes, les belles harangues & les autres Difcours qui excitent à bien faire; Que tous nos Guerriers ne valent pas auffi ceux des anciens Siecles; Que leurs actions ny leurs paroles ne vont point à l'efgal de celles de ces Hommes Illuftres qui ont merité tant d'Eloges & tant de Statuës; Que la condition des temps n'a pas toûjours permis qu'il se fift des chofes fi memorables qu'autrefois, & quoy qu'il en foit, que les Hiftoires generalles des Empires & des Royaumes modernes, ne font pas fi relevées, ny fi utiles que celles des premieres Monarchies. Que fi l'on paffe aux accidens qui arrivent dans nos Villes, on n'y remarque gueres, que des plaintes des Peuples sur quelques nouvelles charges, avec des tumultes, des revoltes, des trahisons & des fourbes, ou des Adulteres, des vols, des assassinats, & quelques autres crimes, qu'il vaudroit mieux ignorer que de les sçavoir, pource que cela ne fait qu'embroüiller l'esprit de mille imaginations fascheuses, de maniere que l'on peut se figurer que l'Histoire nous aprenant ces choses, nous est en cela une mauvaise conseillere, & n'est pas propre à conduire nostre vie.

Que l'Histoire est utile quoy que l'on en dise.

Quelque proposition que l'on fasse contre l'Histoire, il ne faut pas pourtant precipiter son jugement, & se fascher mal à propos contre celle que tant d'hommes judicieux ont jugée tres utile. Nous avons dé-ja reconnû que les Histoires anciennes ont beaucoup de remarques considerables, & que l'on void briller en elles ce feu d'esprit & de vertu dont les anciens Heros estoient pleins. Toutes nos Histoires modernes ne sont pas tellement destituées de ces beautez, qu'on ne se puisse plaire encore à leur recit;

DES HISTOIRES. Chap. I.

S'il y en a qui raportent de mauvais exemples, l'Historien sera quelquefois assez adroict & assez prudent pour en monstrer les deffauts, & faire connoistre en peu de mots combien il faut detester de pareilles actions. Quant au peu de fruict que l'on pretend recüeillir de nos Histoires universelles pour la vie moralle, ou la civille, il faut se representer qu'encore qu'elles soient employées au gros des affaires, elles peuvent contenir aussi des accidens particuliers, desquels les hommes de toute sorte de conditions doivent tirer de l'instruction ; Que si l'on ne croit point que cela suffise pour une Discipline generalle des Hommes, il se faut representer que ceux qui ont donné à l'Histoire le nom de Maistresse de la vie, ont voulu indubitablement qu'elle eust toute l'estenduë qu'elle peut avoir ; Ils desirent qu'il y ayt des Histoires de toutes les formes qui contiennent les vies de Hommes aussi bien que la durée des Empires, & qui racontent plusieurs évenemens particuliers où chacun puisse aprendre à se bien gouverner selon sa naissance & sa fortune. Voila pourquoy sous le titre d'Histoire, outre les Histoires generalles, il faut comprendre les Histoires particulieres, comme sont les Vies des grands personnages & des moindres, les recueils d'accidens memorables, & toutes les autres Narrations. Ayant esgard au profit qu'il y a à faire dans la lecture de ces choses, nous serons contraincts d'avoüer que veritablement l'Histoire nous enseigne à vivre, & qu'elle est une seure guide & une bonne Maistresse pour nostre vie, puisque rien ne luy manque de ce qui luy est necessaire pour cét effect.

Raisons de ceux qui mettent les Fables & les Romans au dessus de l'Histoire, avec leur refutation.

Il faut se representer que tous ces avantages qu'on attribuë à l'Histoire, sont ordinairement entendus pour celle qu'on appelle l'Histoire veritable & utile, non pas pour celle qui est feinte & inventée par divertissement : Toutefois je declareray une chose qui estonnera les Hommes serieux & d'estude, lesquels ne cognoissent gueres cette division d'Histoire veritable & de feinte, d'autant qu'ils ne tiennent pour Histoire que celle qui eſt veritable, laiſſant le nom de Fable & de Roman à celle qui eſt menſongere. Cependant non ſeulement l'on fait ſouvent cét honneur à de telles fictions de les appeller des Hiſtoires, mais quelque nom qu'on leur donne, on les met encore au deſſus de toutes les autres Narrations. Les honneurs que nous avons attribuez à l'Hiſtoire veritable, luy ſont diſputez par des gents qui croyent que la verité de ſes relations ſi certaine qu'elle puiſſe eſtre, eſt moins eſtimable que les fictions d'eſprit. Ils diſent pour leurs raiſons que les Narrations veritables de l'Hiſtoire, ſont nuës & ſimples, ſans aucune varieté ſurprenante & divertiſſante; Que l'on y trouve auſſi que les choſes arrivent au rebours de ce que l'on doit deſirer; Que les Bons y ſont perpetuellement affligez & les meſchans y proſperent, & que cela ſe fait ainſi d'autant que ceux qui ont entrepris ce genre d'eſcrire, pour nous aprendre ce qui s'eſt paſſé ſous la durée de quelque Empire, ou pendant la vie de quelques perſonnes notables, ſont obligez de dire la verité de ce qui en est, & de raporter les choses comme elles arrivent ordinairement dans le Monde, de sorte qu'ils donnent pluftoft des exemples du mal que du bien; Qu'au contraire les Hiftoires faites à plaifir, n'ont garde qu'elles ne foient agreables & utiles, pource que l'on n'y rapporte pas feulement les chofes comme elles fe font, mais comme elles fe deuroient faire, Que l'on y rencontre une diverfité toute telle que l'on la veut, & que les avantures y font arrangées avec tant de grace, qu'il s'y void toûjours quelque entreprife remarquable, dont l'on attend le fuccez avec impatience, lequel finit par quelque accident inopiné qui nous comble de fatisfaction; Qu'avec cecy lon y accommode tellement les chofes, que le vice y eft toûjours puny & la vertu recompenfée, & l'on n'y obferve point d'actions qui nous faffent horreur. Ces raifons qui femblent plaufibles ont efté gliffées dans quelques Livres, & debitées dans des compagnies où l'on a voulu perfuader que les Romans valoient mieux que l'Hiftoire; Mais il ne faut

DES HISTOIRES. Chap. I. 83
point pretendre qu'on laisse long-temps en credit un si estrange Paradoxe. Hé quoy ! ces Conteurs de Fables voyans une Histoire ne sont-ils pas satisfaits d'une simple Narration des evenemens selon qu'ils se trouvent vrays ? Ne sont-ils pas contents d'une chose que l'on a tant de peine à chercher, qui est la supreme Verité, dont l'excellence consiste à n'y avoir parmy elle aucun meslange de mensonge ? S'imaginent-ils qu'au contraire ce soit un acte de vertu d'introduire dans un Discours la fiction & le desguisement ? Ont-ils l'audace de soustenir que le veritable recit de ce qui arrive, n'est pas assez instructif pour tous les Hommes ? Ont-ils bien pensé à ce qu'ils osent avancer? Il faut donc qu'ils croyent que tout est abandonné à quelque aveugle hazard. Ne sçavent-ils pas que c'est Dieu qui ordonne de tout ce qui se fait icy bas, & que s'ils arrangent les succez d'autre sorte, c'est vouloir reformer sa Providence ? Ils feront s'ils veulent, que dans leurs Livres les meschans soient punis d'un suplice prochain & public;

D vj

mais il faut qu'ils fçachent que lors qu'ils n'ont eu qu'un supplice secret & invisible ils n'ont pas esté moins punis, & que la vertu d'un autre costé sans l'honneur des triomphes & sans les dignitez esclattantes, a eu de solides recompenses en elle-mesme. Ainsi l'on monstre que l'Histoire donne toûjours de bons exemples à qui les sçait distinguer. Pour ce qui est des Livres Fabuleux, quelle instruction y peut-on trouver, veu que la plufpart ont si peu de naïveté? On connoist aussi tost que tout ce qu'ils raportent n'est qu'une feinte, & que dés là-ils ne peuvent rien persuader, le mensonge n'estant plus croyable depuis qu'il est reconnû pour ce qu'il est. Aussi la vray-semblance est entierement banie de ces sortes de Narrations, parce que contenant un amas d'accidens merveilleux, c'est ce qui n'arrive point au Monde d'une telle suite, les choses vulgaires s'y rencontrant plus souvent que les choses rares & prodigieuses. J'ay beaucorp à parler de ces Livres-là, puis que la plusart sont le divertissement de la jeunesse de tous

DES HISTOIRES. Chap. II. 85
les deux sexes, & mesmes de quelques personnes plus agées, qui voudroient ne jamais vieillir. A cause qu'entre ces Ouvrages il y en a qui ont quelques attraits parmy leur desordre, il ne faut pas manquer de monstrer leurs deffaux, & sur tout de ceux qu'on estime le plus, afin de moderer la trop grande passion que l'on a pour eux. Je m'en vay donc faire un examen sommaire de leurs absurditez, par lequel je donneray beaucoup d'ouverture à ceux qui voudront porter plus avant cette Critique.

Censure des Fables & des Romans.

CHAPITRE II.

CE N'EST pas d'aujourd'huy que le Mensonge se fait escouter dans le Monde, & qu'il y est mesme plus estimé que la verité. Son origine est aussi ancienne que celle des Hommes, à cause que naturellement ils ayment le deguisement & la feinte ; Pour parler du temps qu'ils ont commencé de

Des Fables du Paganisme.

s'en servir par escrit, & voir quels ont esté les Romans de l'antiquité, je declare que de toutes les Narrations fabuleuses, les premieres ont esté faites par quelques-uns des anciens, pour y debiter la Philosophie & la Theologie de leur Siecle; ce qui monstre d'autant plus cette inclination au mensonge, puisque l'on a bien voulu s'en servir pour des instructions pretenduës de Sagesse & de Religion. Ceux qui ont introduit ce mal ont esté les Poëtes, qui ont trompé la foy des Hommes par des mysteres suposez & par des extravagances qu'ils ont renduës venerables sous ombre de Pieté. Cependant leur erreur est tres-aysée à descouvrir, car il n'y a aucun de leurs Dieux qu'ils ne fassent naistre à la maniere des Hommes, & mesmes leur Jupiter qui commande au Ciel & à la Terre, n'a pas toûjours esté au Monde, ayant esté engendré de Saturne & de Rhée suivant ce qu'ils disent, comme s'il estoit capable de gouverner l'Univers sans avoir esté de tout temps. Ils ne devoient estre gueres asseurez de sa Divinité imaginaire ny de son immortalité, puisque l'on a tenu qu'il estoit né à Crete où il a regné quelques années, & où enfin il est mort, & que jusques à un certain temps on y a montré son tombeau. Au reste ses Adultaires, ses Incestes & ses autres impudicitez, nous font horreur; Tous ceux qui ayment la Vertu en sont scandalisez. Afin qu'il ne soit pas tout seul dans le Ciel de l'antiquité qui ayt autorisé le vice, on y void une Iunon, vaine, orgueilleuse, colere, & vindicative; un Mars furieux & cruel, une Venus entierement abandonnée à l'impudicité, un Cupidon lascif, un Mercure Voleur & trompeur, un Momus bouffon & calomniateur, & tant d'autres Dieux de diverse nature, qu'il n'y a aucune mauvaise inclination qui ne se trouve deifiée. Il n'y a point de Peuples qui voulussent avoir des Roys ou des Magistrats, non pas mesme des Esclaves si mal moriginez qu'ont esté de tels Dieux, ny aucun Homme qui voulust espouser des femmes si débordées qu'ont esté les anciennes Deesses: Mais comment des Theologiens sacrileges n'auroient-ils point donné à leurs Dieux tous les vices de l'Ame, veu qu'ils leur ont attribué les imperfections du Corps, y ayant des Dieux difformes, comme Vulcan qu'ils font renfrogné, tortu & boiteux, & ses Cyclopes que l'on depeint extremement laids? Qu'il y en a qu'on peut mettre au nombre des Monstres, comme Pan avec ses Faunes & ses Satyres, qui sont moitié Hommes & moitié Boucs? & qu'ils les ont tous faits sujets aux maladies & aux blessures, comme ceux d'entr'eux, qui se plaignent de sentir quelque douleur de teste, & ceux qui receurent des playes au combat devant la ville de Troye? On doit encore s'estonner de plusieurs autres inventions absurdes & peu convenables aux personnes que les Poëtes feignent, comme de dire que les Dieux prennent quelquefois la forme des Animaux, & mesmes des plus vils, & pour ce qui est des Hommes de les metamorphoser en toute sorte de Bestes ou de Plantes, mesmes de Pierres, & nous vouloir persuader que c'estoit la premiere fois que de telles Substan-

DES FABLES. Chap. II. 89
ces avoient paru au Monde, comme si toutes celles qu'on y void n'y estoient venuës que les unes apres les autres, & si elles n'avoient pas esté creées ensemble. Ce qui se trouve de plus ridicule, c'est que les habits des personnes qu'ils metamorphosent, & tous leurs autres ornemens exterieurs sont de la partie, & servent d'escorce aux Arbres & de poil aux Bestes; Car autrement il faudroit dire que les Dieux voulans faire changer de forme à quelques personnes, les auroient fait despoüiller auparavant, ou bien il faudroit feindre que leurs vestemens se sont dissipez & esuanoüys; Mais tant s'en faut que cela s'observe, qu'au contraire la Metamorphose ne seroit pas bonne sans eux, tellement que si ceux qui sont Metamorphosez, ont des bonnets sur leurs testes, ils serviront à leur faire des Cornes, & le derriere de leur Robbe s'allongera en une Queüe. Si par un caprice nouveau, il avoit pris envie aux mesmes Poëtes, de faire changer des Pierres ou des Arbres en Hommes, ils auroient pû aussi les faire

naistre tous chauffez & tous vestus. Le periode de leur extravagance consiste à former des Palais dans le Ciel, ou sous les eaux à la maniere de ceux de la Terre, avec des Licts, des Tables, des Sieges & toute autre sorte de meubles, faisant boire, manger & dormir leurs Dieux comme les Hommes ; & quoy qu'ils doivent avoir l'agilité supreme & le pouvoir de se transporter en un moment d'un lieu à l'autre, de leur donner des chevaux & des chariots faits comme les nostres, qui mesmes leur doivent estre inutiles au lieu où l'on les met ; Car qu'est-il besoin de roües sur la surface du Ciel qui est si unie, ou sur les vapeurs & sur les nuées, qui sont si defliées & si foibles ? Cependant on tombe tous les jours dans les mesmes fautes non seulement aux Tableaux où l'on peint des chariots dans le Ciel & dans l'air, mais aussi aux Machines des Comedies & des Balets où l'on fait des vrays Chariots avec des Roües, dans lesquels, on met les Divinitez, pour passer de certains endroits du Ciel à d'autres qui ne sont que toile & peinture, ou pour defcendre fur la terre, qui eft le Theatre. Il a femblé à quelques Critiques que des Traifneaux à la mode de Flandres, auroient efté plus propres aux Dieux pour gliffer fur les Globes celeftes comme l'on fait fur la glace, ou des manieres de Bafteaux pour paffer fur les corps humides & liquides, ou des Paniers enlevez par quatre Aygles felon l'invention du bon Efope, pour s'eflever aux plus hautes regions de l'Ether: Mais pluftoft ne leur faloit il pas donner des aifles à tous auffi bien qu'à Mercure & à la Renommée, pour faire leurs Voyages fans autre ayde? Nous perdrions noftre temps à vouloir reformer les bigearres inventions des Poëtes qui doivent eftre abfolument condamnées; Il n'eft plus befoin mefme de s'amufer à critiquer des abfurditez qui font connuës de tout le Monde; On les void dans les recits fabuleux d'Homere, de Virgile, & d'Ovide, où il y a encore beaucoup de chofes peu convenables anx perfonnes qu'ils y introduifent, & neantmoins on eft enchanté par quelque agréement qui fe trouve dans leur varieté. Pour une defense serieuse & importante de ces Fables, l'on dit qu'elles sont toutes significatives, & l'on y pretend donner des explications Morales ou Physiques & Theologiques; Mais ce qu'elles ont de monstrueux & de deshoneste ne laisse pas d'offencer le Jugement, & de donner de mauvaises impressions aux Esprits foibles. Il est impossibles d'excuser leurs Autheurs de ce qu'ils n'ont pas esté soigneux de chercher des Figures mieux seantes pour les Mysteres qu'ils vouloient celer, & de ce qu'en cela ils ont fourny d'exemple aux Hommes, des plus énormes crimes. Quelques Mythologies que l'on ayt faites pour leurs ouvrages, il est aysé à juger que lors qu'ils les ont composez, ils ne pensoient guere à ces choses; Aussi leurs Commentateurs n'en ont pas conferé avec eux, & ce qu'ils en disent est tiré de si loin & avec tant de peine, & si peu de vray-semblance, que la contrainte y est manifeste. Cela n'a esté fait ordinairement que par des Maistres de College pour entretenir le crédit de leur Claſſe. Quoy qu'ils en ayent dit, les perſonnes de bon ſens & inſtruites de la vraye Foy, connoiſſent bien que ces anciens Poëtes ayant eſté des Payens ou Idolaſtres, & des Hommes abandonnez à leurs Paſſions, ils ont forgé toute ſorte de Divinitez à leur fantaiſie, & n'ont point fait de difficulté de leur faire commettre toutes ſortes d'impuretez pour autoriſer les leurs. Quand cela ſe pourroit expliquer en bonne part, il n'y a que le mal qui y ſoit viſible, & cela eſt encore accompagné d'aſſez grand nombre de meſchancetez pour faire condamner tout le reſte. C'a toûjours eſté rendre grand ſervice à la Religion Chreſtienne, que de parler contre les abus & les menſonges des Idolaſtres ſes ennemys; C'eſt à quoy ſe ſont employez les Peres de l'Egliſe & tous les Eſcrivains les plus eclairez de l'Antiquité.

LEs peines de ceux qui travaillent à l'inſtruction des Hommes n'ont pas toûjours un entier ſuccez. Que l'on remarque combien l'erreur a de force pour maintenir ſon regne dans

Cenſure des Romans & premierement de ceux de Chevalerie.

le Monde. Quoy qu'une grande partie des Hommes ayt maintenant renoncé aux erreurs du Paganisme, on n'a pas laissé d'en aymer les fictions. Les Poëtes Modernes se sont servis des Fables des anciens, ou en ont inventé de nouvelles à leur imitation; & plusieurs Autheurs ont fait les Poëtes en Prose aussi bien qu'en vers, y employant toutes les imaginations des Idolastres; Quelques-uns pensans s'aprocher davantage de la vray-semblance ont attribué aux forces des Demons ce que les autres attribuoient à leurs Dieux, comme si ce n'estoit pas encore reconnoistre une multitude de Puissances absoluës, au mespris du Dieu unique & Souverain. Entre les Fables des Poëtes, ils ont imité ce qui a esté dit de Circé & de Medée, deux fameuses Sorcieres, & ont suivy en quelque sorte la vie d'Apollonius Philosophe & Magicien, y adjoûtant plusieurs avantures de Guerre & d'Amour; C'est là-dessus qu'on a formé les Romans de Palmerin d'Olive, de Lancelot du Lac, de Tristan de Leonnois, & ceux d'Amadis de Gaule, &

des autres Chevaliers Errans, aufquels il arrive des choses merveilleuses par les charmes d'un Alquif & d'une Urgande, & des autres Magiciens ou Magiciennes, qui suivant ces recits ont eu le pouvoir de bastir des forteresses & des maisons de plaisance en un instant aux lieux les plus deserts de la Nature, & d'y transporter par l'air les Chevaliers ou les Infantes par l'espace de mille lieuës, puis de les y faire vivre plusieurs centaines d'années sans boire & sans manger, les rendant immobiles comme des statuës. Ils ont aussi fait parestre des precipices, des Torrens, des Estangs glassez, des Feux de Souphre & de Bitume, des Geans & des Bestes espouvantables, & tout cela s'est esuanoüy en un moment, & le Chevalier qu'ils ont voulu rendre bien heureux s'est trouvé dans un Paradis Terrestre où il n'a plus aperceu que d'agreables objects; Que si depuis il s'est rencontré dans les combats perilleux, il a toûjours esté preservé de tout mal par l'assistance de l'Enchanteur son amy, & est enfin parvenu à la conqueste d'un

Empire & à l'alliance de la Princesse qui estoit l'object de ses affections. Ayant examiné le sujet de tels Livres, qu'on nous dise un peu à quoy ils sont propres; A quoy sert de representer ce qui n'est point, & ce qui ne peut estre? Quels bons exemples trouve t'on en ce qui ne peut arriver? Peut-on former de telles imaginations pour autre chose que pour tromper ceux qui en conçoivent de vaines esperances? N'y-a-t'il pas des Hommes si credules que de se persuader que s'ils se mettoient à voyager tout armez comme Amadis & Galaor, ils auroient de semblables fortunes? Au moins faut-il avoüer que dans le premier âge, lors qu'on n'a pas encore esprouvé ce que c'est que du Monde, si l'on ayme ces sortes de Romans, on peut avoir de telles pensées. De-là vient que plusieurs jeunes Hommes sont prests de perdre l'Esprit par cette lecture: Non seulement elle nuyt à leurs estudes, mais elle les destourne encore de faire choix de quelque profession utile, leur faisant croire que la plus belle vie est celle des Chevaliers Errans. Nous en

avons

avons veu en plus d'un lieu, qui vouloient faire revivre ces belles couſtumes, & qui nous donnoient à croire que l'Hiſtoire du fameux Dom Quichot, n'eſt pas entierement fabuleuſe. On nous dira que ces Livres de Chevalerie ne ſont point pour des Hommes de Lettres & pour des perſonnes Sedentaires, mais qu'ils ſont faits pour ceux qui doivent ſuivre la Cour ou porter les armes, & que de tels Hommes aprennent là tout ce qui ſe peut imaginer d'honeſteté & de valeur. Il eſt vray qu'on y void pluſieurs Dames affligées venir demander du ſecours aux Chevaliers, qui ſont fort prompts à leur promettre toutes choſes & à les ſuivre; Mais ſçait-on bien quel deſſein ils auront quand ils ſe trouveront à l'eſcart? D'un autre côté quelles Leçons de vertu nous donnent-ils, lors qu'ils taſchent de débaucher les jeunes Princeſſes & les emmener de chez leur Pere, n'y en ayant gueres qui ne couchent avec leurs Maiſtreſſes avant que d'eſtre mariez: Ne trouve t'on pas là toute ſorte d'exemples d'impudicité & de

E

désobeïssance envers les parens, & avec cela ces volleurs de l'honneur d'autruy ne se deshonorent-ils pas horriblement, de ne vouloir espouser que les filles qu'ils ont corrompuës, & comme l'on dit, se faire cocus eux-mesmes par avance, & se couvrir de leur propre ordure. Pour ce qui est de leur valeur, où se monstre t'elle, si la pluspart ont des armes enchantées qui les rendent invulnerables, & si l'on peut dire qu'ils ne paroissent hardis que par l'asseurance qu'ils ont de vaincre ? Il est vray que l'on en trouve quelquefois qui sans le secours des Magiciens ne laissent pas de combattre seuls contre une armée, & de la mettre en fuite ; mais c'est une chose si absurde, que cela ne doit point estre donné pour exemple, & cela ne sçauroit servir à relever le courage de ceux qui le lisent, puisqu'on sçayt bien que naturellement il ne se peut rien faire de semblable. Chacun n'est pas de l'avis d'un Autheur Moderne, qui dans un Livre qu'il laisse pour Testament à ses Enfans, leur permet la lecture des Romans de Chevalerie; Toutefois il faut s'imaginer que comme cela part d'un homme d'Esprit & de reputation, il n'a pas entendu que ceux à qui il avoit donné la vie & à qui il devoit l'enseignement, s'arrestassent à de telles Fables, sans recevoir des preservatifs & y joindre des instructions differentes. Il ne sert à rien de dire que le vice y est toûjours chastié & la vertu recompensée, & que la valeur y est au plus haut poinct où elle puisse aller : Nous serions mal fournis de Livres, si nous n'en avions point d'autres pour nostre instruction, & si pour trouver les bonnes reigles de la vie, il nous faloit avoir recours à des extravagances. Le sieur de la Noüe doit estre autant escouté qu'aucun autre; Entre ses Discours Politiques & Militaires, il y en a un exprez contre ces sortes d'escrits, pour monstrer que leur lecture est pernicieuse à la jeunesse, comme estans pleins d'impieté dans leurs recits d'enchantemens, où l'on void des Hommes qui, quoy qu'ils se disent bons Chrestiens, ont pluftost recours à l'assistance des Demons qu'à celle

E ij

du vray Dieu. Il se plaint aussi que l'on y trouve beaucoup d'exemples d'impudicité & d'autres vices, & il remonstre enfin que l'exercice des armes y est si differend de ce qu'on a accoustumé de pratiquer, que c'est se moquer d'en vouloir chercher là des preceptes. On le doit croire en ce fait, luy qui estoit aussi grand Guerrier qu'homme de son siecle, & avec cecy qui aymoit tellement les Livres, qu'il n'eust pas manqué d'estimer ceux là s'il les eust creu dignes d'estime. Michel de Montagne Gentil-homme de bons sens, & de grande erudition, fait encore si peu de cas de ces Romans, qu'il dit qu'ils n'ont pas pû seulement arrester son enfance. Que si l'on doit mespriser la lecture de l'Amadis, du Chevalier du Soleil, & des autres Livres qui sont des mieux faits de leur espece, combien plus se doit-on garder de s'arrester à ceux qui racontent de semblables exploicts, avec des circonstances ridicules & impertinentes, comme ceux des Quatre Fils Aymon, de Morgant le Geant & les autres, où l'on donne des coups si furieux que des Hommes en sont coupez en deux au droict de la ceinture, ou fendus par la moitié depuis la teste jusqu'au ventre, & une partie tombe d'un costé & l'autre de l'autre ; Pour les Discours ils ne sont propres qu'à entretenir des Paysans & des Valets, & si d'autres personnes s'y arrestent quelquesfois, ce ne sont que des Enfans qui n'ont jamais leu autre chose, ou des gens qui les lisent par curiosité, & pour s'en divertir un peu de temps. On peut dire presque le mesme de tous les Romans de Chevalerie, lesquels si ingenieux qu'ils soient, ne sont plus guere un entretien pour les personnes serieuses.

Depuis l'on a composé d'autres sortes de Romans remplis d'avantures plus douces & plus agreables. Comme les premiers sont pour les gens de guerre, ceux-cy sont pour les Hommes de paix. Ce sont des Histoires de Bergers qui sans avoir beaucoup de soin de leurs Troupeaux, ne pensent qu'à faire l'Amour. Tout cela est encore meslé d'enchantemens & de Fables Poëtiques, & ce qu'on y

Des Romans de Bergerie.

trouve en general de peu vray-semblable, c'est que ces personnages rustiques font leurs recherches avec les mesmes artifices que les Courtisans les plus polis; Ils escrivent des Lettres fort eloquentes & fort tendres ; Ils composent des Vers merveilleux & les chantent si bien qu'ils ravissent ceux qui les écoutent, mais avec cela il leur arrive des avantures si eloignées de raison, qu'on doit avoir quelque obligation au Livre de l'Anti-Roman qui contient l'Histoire d'un Berger extravagant, lequel n'a de l'extravagance que pour se moquer de celle de ces autres Bergers & de tous les personnages de nos Romans. Ses Remarques censurent aussi assez agreablement les absurditez de l'ancienne Poësie, & de quelques autres Narrations fabuleuses qui ont esté fort en credit.

Des Romans Modernes & de leurs absurditez.

On a fait des Livres dans ces derniers temps que l'on a crû n'estre point sujets à la mesme reprehension, & estre le parfait modelle des Romans accomplis. Si leurs Autheurs avoient bien fait leur profit de ce qu'on leur avoit des-ja remonstré, ils ne seroient pas tombez en faute. Ils se persuadent que leurs Fictions sont dans une grande vray-semblance, pour ce qu'ils s'exemptent des plus notables erreurs des Romans de Bergerie, & de ceux de Chevalerie, & qu'ils ne font point parler les personnes d'une maniere si éloignée de leur condition; Mais quoy qu'ils ne racontent ny Fables, ny enchantemens, ils ne laissent pas de nous rapporter beaucoup de choses absurdes, tellement que leurs Ouvrages peuvent passer pour des Romans qui sont pour le moins aussi Romans que tous les autres. Ce sont des Amours de Seigneurs & de Dames de haute qualité, & mesme de Princes & de Princesses, qui sont accompagnez de Balets, de Carrouzels, & d'autres galäteries de Cour, & mesme de combats singuliers, de batailles, & de voyages, desquels les évenemens sont donnez pour tout naturels, parce qu'il n'y a ny Miracle, ny Magie; Neantmoins la pluspart ne sont pas faisables, & il y en a une telle quantité les uns sur les autres, qu'il n'est pas croyable qu'il arrive de si bigearres avantures à un homme seul. Afin de leur faire avoir plus de credit, le sujet en est pris d'ordinaire des fortunes de quelques Rois ou Capitaines anciens, comme d'Alexandre, de Pyrrhus, de Cesar, ou de Pompée, & mesme de quelques Princes qui ont vescu de nos jours, desquels il y a plus de veritez à dire, pource qu'il est assez aisé de sçavoir les principales circonstances de leur vie. Les hommes qui n'ont point d'estude croyent qu'en lisant cela, non seulement ils se divertiront, mais qu'ils s'instruiront des affaires anciennes & des nouvelles: C'est plûtost le moyen d'oublier l'Histoire quand on la sçauroit, que de la chercher dans ces sortes de Livres ; car ils la déguisent de telle façon, & la déchirent si pitoyablement, que n'estant plus la mesme, à peine y peut-on reconnoistre les noms des choses. Il se trouve de tels Romans où toutes les bonnes regles de la Narration sont si peu observées, que cela semble estre fait en dépit de la Geographie & de la Chronologie. La pluspart nomment des Villes qui ne furent jamais, & font aller des hommes d'un lieu à un autre dans la vingtiéme partie du temps qu'il y faudroit. Quelques-uns leur font faire des voyages continus par Mer, sans penser à l'interpofition de la Terre, comme celuy qui fait paſſer un Vaiſſeau de la Mer Caſpienne dans la Mediterranée; les autres font aller par Terre leurs Heros en des lieux où l'on ne peut aller que par Mer; De plus, ils joignent des hommes qui n'ont point eſté d'un meſme temps, ny d'un meſme païs, déguiſant leur naiſſance & leur condition, & quoy qu'ils les faſſent paſſer en diverſes contrées, on ne voit point qu'ils ſoient en peine d'entendre le langage des Gens avec qui ils converſent, ou que ceux-là ayent de la difficulté à entendre le leur, comme s'ils avoient ſceu toutes Langues, ou ſi en ce temps-là il n'y avoit eu qu'une Langue univerſelle par toute la Terre: Au reſte les Autheurs de tels Livres ſçavent ſi peu les couſtumes des Nations, qu'ils les décrivent toutes de meſme maniere, donnant de la douceur & de la civilité à des Scythes & à des Indiens, & faiſant vivre avec toutes les politeſſes de nos Villes, ceux qui ſont encore logez dans des Cavernes avec les beſtes farouches, & ſous des taudis de feüillages. Les ceremonies qu'ils attribuent à pluſieurs Peuples pour leurs Sacrifices, leurs Mariages, leurs eſlections de Rois, & leurs funerailles ſont encore ſi éloignées de la verité, qu'il n'y a aucun Autheur ſerieux qui en rapporte de ſemblables, & l'on ſe rendroit ridicule ſi l'on les alleguoit ſur leur parole. Que s'ils veulent décrire les actions & les diſcours de quelque Philoſophe, & de quelque Aſtrologue ou Magicien ; ils ſçavent ſi peu en quels termes il en faut parler, qu'ils en diſent des choſes niaiſes & abſurdes, & tout à fait contraires à ce qu'en peuvent dire les Sçavans & les Curieux. Ce qui eſt de fort eſtrange, il y en a meſme qui manquent aux choſes les plus vulgaires & les plus connuës, comme aux façons de combattre & de s'armer. Prenez garde à cecy, vous qui liſez avec tant d'attention quelques Romans des plus fameux de ce Siecle ; Vous verrez là que tous les Guerriers qui eſtoient du temps d'Alexandre ou de Cefar, mettent la lance en arreſt pour combattre, & qu'eſtant armez de pied en cap, ils ont des caſques à viſiere, qui eſt une ſorte d'armes qui n'a eſté en uſage que long-temps depuis; Il n'y a ſi chetif Sculpteur ou Peintre de village, qui ne leur faſſe la Leçon en cecy, & qui ne repreſente ces anciens Chefs de Guerre avec un Tymbre ouvert, ou un ſimple Caſque ou Morion, lequel ne couvre que le deſſus de leur teſte, & avec une caſaque à écailles & à lambeaux, ainſi que l'on les voit aux Statuës anciennes & aux medailles. Or de les avoir armez à la mode de ce temps, il vaudroit autant les avoir habillez de meſme, & leur avoir donné un haut de chauſſe & un pourpoint: Cependant, ſi vous oſtiez cette maniere d'armes à ces Heros, principalement à ceux de nos derniers Romans, vous leur nuiriez fort: Les Caſques fermez font merveille dans la Caſſandre; Si l'on les en avoit retirez, l'on détruiroit tout l'edifice: Ils font qu'un Chevalier prend l'aſſeurance d'aller dans un Camp ennemy, ou dans une

E vj

Ville assiegée, & jusques au Palais des Rois, sans estre connu, & que par ce moyen il accomplit de genereuses entreprises : Mais si ces Masques de Fer produisent alors ces avantages, en d'autres temps ils sont cause d'insignes mal-heurs, puisque les Freres & les Cousins ou les plus chers amis, & mesme le Serviteur & la Maistresse, se rencontrans sans se reconnoistre, se battent furieusement jusques à ce qu'un coup d'épée ou de cimeterre coupe les courroyes de l'armet de l'un ou de l'autre, & fasse voir leur visage à découvert. Ce n'est pas imiter l'antiquité que de s'attacher à des coustumes observées long-temps depuis ; Il faloit laisser ces manieres de combat à des Chevaliers Errans, & mesmes il n'y a guere d'honneur à rapporter des incidens pareils, puisque l'on les a rendus si communs. On déguise ainsi l'usage ancien pour trouver le moyen de faire des évenemens merveilleux. Par une semblable faute, on a mis en beaucoup d'endroits de ces sortes de Livres, que les Guerriers voulans donner un coup de toute leur force, appuyerent fermement leurs pieds sur les estriers, quoy qu'on ne se servist point d'estriers en ce temps-là, car on se tenoit en selle en serrant seulement les jambes contre les flancs du cheval. Pource que cela ne compose aucun incident d'avoir parlé des estriers, la necessité ne l'a point fait faire ; de sorte qu'il semble que cela ne procede que d'ignorance. D'autres Autheurs rangent tellement leurs Heros sous les loix de ce Siecle, qu'ils les font battre en duel à l'épée seule comme des escrimeurs, sans faire mention de Javelot ny de bouclier. En tout le reste ils ne gardent aucune regularité, & ayant proposé que les Romans sont l'image de la vraye Histoire, ils n'ont guere de soin de faire qu'ils luy ressemblent. On pourroit dire que s'ils sçavent si peu comment il faut composer des Livres à l'antique, ils en devroient faire qui fussent entierement à la Moderne, sans les troubler par un meslange monstrueux : Mais ils n'ont garde de l'entreprendre pour la difficulté qu'ils y trouvent ; S'ils vouloient raconter des choses comme arrivées en ce temps-cy, ils auroient beaucoup de peine à garder la bien seance. Chacun s'en establiroit Juge, & en connoistroit les defauts ; au lieu qu'en décrivant des choses anciennes & hors de connoissance, observées mesmes dans des païs qui ne furent jamais, ils y employent des Loix & des Coustumes si bigearres qu'ils veulent, sans craindre d'en estre repris. Il n'y a que les bons Peintres qui fassent des Portraits bien ressemblans; mais il est fort aisé de faire des Portraits à l'avanture, & tels qu'ils pourront venir ; Un Barboüilleur y reüssira quelquefois, & la facilité y est d'autant plus grande, s'il n'est question que de faire des Figures grotesques, puisque telle monstruosité qu'on y puisse apporter, comme d'un col de Gruë, & d'une teste aussi grosse que le reste du corps; cela donne plus de sujet de recreation, quoy que ceux qui sont loüez pour avoir reüssi à cela, fussent fort empeschez s'il leur faloit representer un Corps accomply. Ainsi les faiseurs de Romans qui pretendent que l'excellence de leur Art se rencontre dans l'invention des choses les plus fantasques & les moins convenables,

DES ROMANS. Chap. II.

n'y ont pas tant de difficulté que le vulgaire pense, & n'en meritent pas tant de gloire; Ils entaffent avanture fur avanture; il ne leur importe fi l'on les trouve regulieres, pourveu qu'elles fuffifent à remplir plufieurs Volumes; Auffi eftabliffent-ils la beauté de leur Hiftoire à tout bouleverfer, mettant au commencement ce qui devroit eftre à la fin, & broüillant tellement toutes chofes qu'on a peine d'en comprendre la fuite; Si bien que ce qu'ils ne peuvent obtenir de la jufteffe de leurs incidens, ils pretendent de le gagner par la bigearrerie. Ils ne font pas fort foigneux de nous inventer des chofes belles & rares: Il y a fouvent de la multiplicité dans leurs evenemens fans y avoir de la diverfité. Ce font de pauvres Muficiens qui ne fçavent qu'une Notte, & ne chantent que fur un mefme ton. Ils n'ont prefque jamais que les mefmes fortes d'avantures à nous conter, comme je le vay montrer affez clairement.

N'eft-on pas bien fimple de faire cas de tels Ouvrages? Je ne parle point de ces mal-heureux Romans, dont le peu

Du peu d'invention des Romans ;

& de quelques-unes de leurs a-vantures toûjours semblables.

de debit fait voir qu'ils sont assez condamnez: Je parle de ceux que l'on cherche avec tant d'empressement, dans lesquels il y a si peu d'invention, que non seulement leurs Autheurs se dérobent les uns les autres, mais ils se dérobent eux-mesmes, pource qu'ils s'y servent quantité de fois d'une mesme sorte d'avantures. Ils mettent dans leurs derniers Volumes des incidens qui ont déja servy aux premiers, dequoy possible ils ne se souviennent pas à cause de la longueur de l'Ouvrage. Ce n'est donc pas sans raison qu'on leur reproche qu'ils sont fort sujets à la repetition, & qu'ils n'ont garde d'oublier les choses en les recommençant si souvent. Prenez garde à ces Romans qu'on nous a donnez autrefois, & à ceux qu'on nous donne encore, si vous n'en verrez pas plusieurs commencer par un naufrage, ou par quelque autre peril de Mer ou de Terre, & par une separation d'Amans, & finir apres qu'ils se sont perdus & retrouvez pour la quatriéme, ou la cinquiéme fois. Considerez si tout leur sûjet n'est pas seulement de quelques fils de Rois tenus pour simples Chevaliers dans la Cour d'autres Rois qui ne manquent point d'avoir des filles à marier, lesquelles ces jeunes Princes ayment & en sont aymez, auparavant mesme que leur condition leur soit découverte. Enfin apres beaucoup de services rendus au Pere contre ses ennemis, son ingratitude les fait retirer vers cét autre party; & par une merveille estrange un seul homme fait alors changer la fortune des armées & des Royaumes; Comme si son épée avoit un charme tout-puissant, elle est capable de tout foudroyer, & de mettre en déroute tous ceux contre qui elle est tirée. Le plus souvent ces vaillans Amoureux estant accompagnez d'un seul Escuyer, enlevent leur Maistresse d'entre les bras de ses parens, & hors d'un Palais environné de Gardes; mais la fortune qui sembloit les favoriser du commencement, se montre bien-tost leur ennemie, changeant sa bonace comme celle de la Mer, qui leur fait faire un piteux naufrage. L'un ou l'autre de ces Amans ou tous les deux ensemble, tombent entre les mains des Corsaires ou de leurs ennemis, & font long-temps prisonniers, ou bien ils passent quelques années ou quelques mois dans des cabannes de Bergers ou de pauvres pescheurs, avec lesquels ils ne sont pas mesmes en seureté, & s'ils sortent d'un mal-heur, ils retombent apres dans un autre ; Il se trouve de mal-heureuses Princesses qui sont perduës & recouvrées quatre ou cinq fois de suite, & enlevées par diverses gens ; tellement que cela fait la division la plus remarquable de leurs longues Histoires : Aussi comme l'on demandoit un jour à une bonne fille à quoy elle en estoit de la lecture d'un de ces sortes de Livres, elle répondit avec naïveté, Qu'elle en estoit au quatriéme enlevement. Cependant voila bien des travaux pour des Heroïnes si tendres & si delicates ; mais l'éloignement de l'objet aymé est le principal sujet de leur affliction : Elles ne pensent qu'au Heros, au Prince, & au vaillant Chevalier à qui elles ont donné leur cœur ; & enfin ils ne se retrouvent ensemble qu'apres que le Lecteur a beaucoup languy aussi bien comme eux dans l'attente d'un bon succez.

Pour l'Autheur nous ne le plaignons point, le méchant qu'il est! c'est luy qui a causé tant de mal à ces pauvres creatures, ou pour acquerir l'honneur d'avoir fait un Roman plus long qu'un autre, ou pour quelque raison qui est tenuë secrette entre le Libraire & luy. Combien faut il adjouster icy d'avantures diverses pour enfler les cahiers? N'observerons-nous point encore que pour montrer que ces merveilleux Autheurs n'ont toûjours qu'une mesme chose à nous dire, on voit que les personnages de leurs Livres sont tous jeunes & tous amoureux, & tous beaux, & tous blonds, fussent-ils de Mauritanie? C'est une chose mal-aisée à se figurer qu'il se trouve ensemble tant d'hommes d'une pareille constitution, puisque le Monde est si plein de varieté. C'est un miracle semblable de les faire tous sçavans & tous judicieux, & de les faire tous parler de mesme que s'ils estoient Orateurs ou Poëtes, ou s'ils avoient fait leur Cours en Philosophie. N'est-ce pas aussi une chose estrange de raconter qu'en mesme temps dans toutes les parties du Monde tous les Rois ayent des fils & des filles à marier, qui soient amoureux les uns des autres, & qui estans éloignez de leur païs par diverses fortunes, se rencontrent en divers lieux, tantost icy & tantost là, jusques à ce qu'ils soient tous assemblez en mesme endroit pour mettre fin à leurs travaux estans tous mariez en un mesme jour? L'une des grandes pieces de ces Romans est encore la reconnoissance de ceux qui ont esté absens l'un de l'autre, ou qui estant proches parens ne s'estoient pourtant jamais veus; Là les Freres retrouvent leurs Sœurs, & les peres reconnoissent leurs fils & leurs filles, & il se voit que la pluspart de ces Heros sont des Enfans trouvez. Il n'est rien de si vulgaire dans leur Contrée que l'exposition des Enfans; Les Autheurs ne pourroient rien faire de beau dans leurs Livres sans cette invention, qui est le sujet de tant de Fables, & mesmes qui sert de commencement à plusieurs Histoires fort douteuses, comme à celles de Romulus & de Cyrus. N'est-ce pas estre Idiot d'admirer de telles fictions? Ne sçait-on pas que les Autheurs des Romans disposent tout cela comme ils veulent, & qu'ils font de leurs personnages comme les Basteleux de leurs Marionnettes, qu'ils tiennent par un fil derriere la toille, faisant tantost paroistre les unes & tantost les autres, & faisant qu'elles se rencontrent diversement à leur plaisir? Y a-t'il dequoy s'estonner si une fille a esté ravie en un jour que l'on destinoit pour ses nopces, si son Amant qu'un hazard a emporté ailleurs, la rencontre en un païs éloigné, & si incontinent apres l'on dit qu'ils sont encore separez d'un plus grand intervalle? puisque le Maistre du jeu accommode cela comme il veut, & qu'il les separera & rejoindra autant de fois qu'il luy en prendra envie. Pour faire traisner les choses en longueur & les embroüiller davantage, il fera aussi qu'une fille s'habillera en homme, ou un homme en fille, & qu'ils seront quelque temps méconnus pour ce qu'ils sont; Que quelques-uns seront pris pour d'autres par la ressemblance de leur habit, de leur taille, & de leur visage, & par d'autres marques qu'on leur donne, ou qu'ils usurpent s'ils contribuent à la tromperie; & qu'ils seront traitez quelque temps comme la personne pour laquelle on les prend. L'on sera abusé ailleurs par de faux rapports, croyant qu'un homme ait esté tué ou noyé, pource qu'un autre de mesme nom l'a esté. C'est ce qui donne matiere à toutes les intrigues de telles Narrations, où le plus souvent il y a fort peu de vray-semblance. Comment est-il possible par exemple qu'un homme qu'on dit estre si vigoureux, qu'il resiste à plusieurs autres dans les combats, ait une autre façon que virile & robuste, & puisse estre propre à se déguiser en fille sans estre reconnu, comme la pluspart de ces Livres-là le racontent? Il s'y trouve beaucoup d'autres difficultez ou impossibilitez qui sont sans remede, & qu'on ne peut excuser; Car quelle apparence y a-t-il encore que des jeunes hommes de seize à dix-sept ans, tels qu'on en represente plusieurs, qui n'ont esté élevez que par des bergers, & par d'autres personnes de basse qualité sans aucune instruction, soient capables tout d'un coup de parler pertinemment & eloquemment de toute sorte d'affaires, & d'agir en toute sorte de rencontres, & qu'ils soient dignes d'estre Generaux d'armée, & que des Princes se fient à eux de toute la fortune de leur Estat, sans avoir jamais éprouvé leur capacité? Qu'est-ce de plus de les faire toûjours revenir à propos aux lieux où leur secours & leur presence sont necessaires, comme s'ils y estoient mandez? N'est-il pas facile de donner tel succez que l'on veut à toutes choses par la liberté de telles Fictions? En ayant déja veu tant de modeles, chacun n'en peut-il pas inventer de mesme? Cela fait que les Romans sont si longs que l'on veut, attachant des incidens les uns avec les autres : C'est comme la corde ou la natte qu'on peut allonger sans fin, y adjoûtant toûjours de la filasse ou de la paille. Avec les evenemens principaux on mesle pour ornement & pour matiere d'avantures, des joustes, des duels, des batailles ; des descriptions de Palais & de Villes, de Temples, & de Sacrifices ; sur quoy l'on fonde encore quelques autres evenemens, & l'on s'eſt déja ſervy tant de fois des uns & des autres, que je ne ſçay qu'ils n'ennuyent. Si ceux qui ont leu le premier Volume d'un Roman, veulent ſe paſſer d'acheter le ſecond & le troiſiéme, pour ne ſe point donner tant de peine & de couſt, ils peuvent ſe figurer ſans eux ce que leurs perſonnages deviendront, & s'ils ne ſe rencontrent dans les penſées de l'Autheur, poſſible en auront-ils de meilleures ; mais chacun n'a pas l'imagination ſi forte & pluſieurs ſont fort aiſes de ſe divertir du travail des autres. Les Autheurs des Romans s'accordans à leur humeur, pour leur rendre les choſes plus difficiles à concevoir, ne les declarent qu'à moitié d'abord, & les font découvrir petit à petit : Ils penſent avoir trouvé une grande commodité à cecy, faiſant que les perſones qu'ils introduiſent, apprennent aux autres ſans y penſer des choſes qui leur importent beaucoup, & tout leur artifice eſt de feindre que quelqu'un ſe plaint dans un bois ou dans quelque chambre, ne croyant pas eſtre écouté, pendant que ſon rival ou ſon ennemy

ſont

font cachez là au pres, qui entendent tout ce qu'il dit. Il ne sert de rien de reprocher à ces gens-cy, qu'il n'y a que des fous qui parlent ainsi tous seuls, car ils reconnoissent assez que les Heros de leurs Livres ne sont gueres sages, & ils sont ravis d'avoir ce pretexte pour démesler le desordre de leurs Narrations. Il y a encore à observer dans la plusparc des Romans, qu'outre que l'Autheur en deduit luy mesme l'Histoire principale, il introduit plusieurs personnages qui en recitent d'autres avec un langage qui est souvent trop affecté pour le temps & le lieu. On y trouve des Escuyers conteurs d'Histoires qui sçavent toutes les affaires de leurs Maistres, ou des Confidens, qui tous fidelles qu'ils sont, découvrent fort librement les inclinations de leur amy. Il y en a dont les Narrations sont si longues qu'elles tiennent tout un Volume; & il y a conscience en verité de faire parler si long-temps ces pauvres gens sans boire & sans manger. Quelquefois on fait parler de mesme un blessé ou un malade, au danger d'augmenter son mal, ce qui est une

F

grande indiscretion. Il y a aussi des filles qui sont si apprivoisées dés le premier jour qu'elles connoissent une personne, qu'elles luy racontent toute leur vie, sans qu'il soit besoin d'un Commissaire pour les interroger. Avec cecy, je laisse l'objection qu'on peut faire, qu'il n'est point à propos que tant de divers personnages soient estimez aussi capables de raconter une Histoire les uns que les autres. Il y a bien pis ; Quelques-uns en recitent plus que l'Autheur, qui ne dit presque mot, & mesme pour embroüiller davantage le Roman, ayant introduit un Homme qui raconte quelque Histoire; celuy-là rapporte aussi celle qu'un autre a racontée avec ses propres termes, faisant une Histoire dans une autre Histoire, ou le Roman d'un Roman ; de sorte qu'on a peine à se ressouvenir qui c'est qui parle, de l'Autheur, & du premier personnage, ou du second, & quelque attention qu'y donne le Lecteur, il ne sçait plus enfin où il en est.

Des Romans qui Cette confusion procede de l'excellence que les Autheurs se figurent à

DES ROMANS. Chap. II. 123

raporter beaucoup de choses qu'ils prennent en leur progrez, & dont l'on ne sçait point l'origine & les motifs; Mais la pluspart s'y gouvernent si mal, que voulans commencer leurs Romans par le milieu, ils disent d'abord ce qui arriva à leurs Heros en quelque endroit, sans nous aprendre qui ils estoient, & en quel temps cela se faisoit, comme si l'on le sçavoit desja, & si c'estoit la seconde partie de leur ouvrage plustost que la premiere. Dans cette procedure grossiere ils ne voient pas que pour commencer une Histoire de cette maniere, il faut que cela se fasse avec ordre, & que l'on descouvre petit à petit qui sont ceux dont l'on veut raconter les avantures. C'est à faux qu'ils se vantent d'imiter l'Histoire Ethiopique d'Heliodore: Car en commençant par le milieu, elle ne nomme point son Heros; Elle en parle comme d'un inconnu; Si elle l'avoit nommé d'abord, il y eust eu obligation de dire en mesme temps qui il estoit, & de conter une partie de son Histoire; Cela se fait apres lors que cela vient à propos. Ceux qui

commencent par le milieu.

F ij

ne suivent point ponctuellement cette methode, ignorent les bonnes reigles de la Narration. Presque tous les Romans derniers imprimez sont tombez dans cette faute, & dans d'autres tres-lourdes, lesquelles sont d'autant moins excusables que les Autheurs ont pû en recevoir des avertissemens dans des Livres qui ont esté faits sur ce sujet; Mais leur fierté ou leur peu de lecture, leur ont empesché de profiter du conseil d'autruy.

Qu'il n'y a ny satisfaction ny profit à lire les Romans.

Outre les fautes de jugement qui ostent la grace de tels Livres, on leur reproche qu'il n'y a que du temps à perdre dans la lecture des meilleurs & des plus innocens de leur espece; Qu'ils sont comme ces Spectacles de Mommerie dont les personnages ont des habits, des pas & des gestes fantasques, qui esmeuvent à rire, & qui ne peuvent servir à autre chose. Quelques Autheurs de ces Ouvrages voulans se monstrer fort capables, il arrive qu'ils ne se parent que d'une fausse Science; Il n'y a gueres là de satisfaction pour les Lecteurs, s'ils sont Gens d'esprit, ny aucun profit

DES ROMANS. Chap. II.

a faire pour eux ; Encore que de tels Efcrivains ayent cherché leurs avantages dans ce qu'ils ont voulu efcrire, ne raportant que ce qu'ils ont crû eftre capable de bien narrer ; ils fe font le plus fouvent mefcomptez, n'entendant rien à la matiere qu'ils traitoient. Ils ont affez fait voir leur infuffifance en quelques occurrences malaifées, comme dans la defcription d'une avanture inopinée, d'une affliction extraordinaire qu'ils n'ont pû exprimer, ou d'un fujet Comique agreable & fubtil auquel ils n'ont ofé toucher ; Ils ont penfé alors que nous devions eftre contens de leur entendre dire, Qu'on fit là-deffus les ,, plus beaux difcours du Monde, lef- ,, quels feroient trop longs à raconter ; ,, Mais ce n'eft pas ce qui les tient : C'eft que ces chofes leur femblent trop delicates. Ainfi d'une façon ou d'autre nous fommes privez du plaifir d'entendre de tels difcours. Quant à leurs avantures nous avons remarqué qu'elles font fi mal placées & fi mal jointes, que la plufpart du temps Iles faut lire plus de fix fois pour en comprendre la suite, & il n'y a gueres de personnes de si bonne memoire qu'apres avoir leu un tel Roman, elles en puissent raporter un Sommaire exact. Quand cela se feroit mesme avec facilité, à quoy serviroit-il d'avoir retenu des choses qu'on seroit honteux de reciter en compagnie à moins que d'en estre prié, puisque cela n'est pas dans l'aprobation de tout le Monde ? Pour l'Eloquence de tels Livres elle ne consiste qu'en un langage fardé & enflé qui n'est point à imiter : Ce seroit le moyen de se rendre ridicule, si on vouloit parler de mesme en de semblables rencontres de la Vie.

Que les Romans n'excitent point à la vertu.

A quoy donc sont propres nos Romans ? Leurs Autheurs nous estiment si credules, ou le sont tellement eux-mesmes, que de nous dire serieusement que leurs Livres sont faits pour exciter à la Vertu ; Mais ne doivent-ils pas plustost exciter à toute sorte de vices, comme à l'amour impudique, à l'oysiveté, & à un abandonnement general aux Voluptez ? Qu'est-ce que cherchent leurs

Heros sinon les folles grandeurs du Monde & les faux plaisirs? Ceux qu'ils veullent aussi faire passer pour des Heros, ne sont ils pas plustost des Hommes de neant? Un faiseur d'allusions n'avoit-il pas raison de dire que ces Heros n'estoient que des *Zeros*, & qu'ils ne valoient pas plus que ces Chiffres qui estans seuls n'ont aucune valeur? Toutes leurs avantures ne sont pas Heroyques ny guerrieres; Entre plusieurs Tomes d'un Roman, on en void quelques-uns de tresgros qui ne contiennent pas trois fueilles où il soit parlé du Heros principal, n'estant employez qu'à des Histoires destachées lesquelles ne sont aucunement du sujet, & ne sont remplies que de folles amourettes & de cageolleries ou galanteries assez basses, telles qu'il s'en peut faire d'un jeune Marchand avec une Bourgeoise de sa ruë, ou tout au plus qui sont semblables à celles qui se peuvent passer entre des Marjolets de Cour & des filles sottes & indiscrettes. Cela est fort indigne de ce stile Heroyque que les Autheurs se proposent, quoy qu'ils pretendent faire paſſer de tels Diſcours pour de belles converſations. Ce qui eſt de pis, ils declarent ſouvent que leurs pretendus Heros ſont ceux en faveur de qui cela ſe raconte, & lors que ces grands Capitaines ſont ſur le point de donner une bataille, & d'atta-quer une Place, ou de s'employer à quelque autre perilleuſe entrepriſe, au lieu de mettre ordre à leurs affaires, ils paſſent des journées entieres à ouyr le recit d'une ſuivante ou d'un Valet. Avec cecy où trouvera-t'on des preu-ves de leur merite? Sera-ce dans la preſomption d'eux-meſmes, & dans le meſpris qu'ils font des perſonnes de baſſe condition ou qui ne ſont pas fa-voriſées de la fortune, ce qu'on apelle une noble fierté? Sera-ce dans cette conſtance nuiſible qu'ils témoignent à aymer leurs Maiſtreſſes, lors que pour leur plaire ils quittent quelque-fois les deſſeins les plus neceſſaires & les plus glorieux qu'ils pouvoient choiſir? On croîra ſans doute que les marques de leur vertu ſe trouvent dans leur fauſſe generoſité, qui conſi-ſte ſouvent à meſpriſer des biens qu'ils ne possedent pas, & à faire mine de pardonner á des ennemys qu'ils ne peuvent surmonter. On fait estat encore de leur liberalité incroyable envers ceux qui leur ont rendu quelque petit service, de sorte que les poignées de Quadruples ou de Pierreries, ne leur coustent non plus que l'eau de la Riviere, ce que les Autheurs escrivent volontiers, afin qu'il prenne envie aux Princes de ce Siecle d'imiter envers eux de pareilles largesses: Neantmoins il faut avoüer qu'ils s'oublient quelquefois: Bien qu'en quelque lieu que leurs Guerriers se retirent, soit pour se faire penser de leurs blessures, soit pour attendre l'occasion de se remettre en campagne, ils se voyent receus courtoisement, & mesme par des Hostes qui ne sont pas des plus riches, on ne remarque point que ces beaux Heros soient toûjours fort soigneux de leur faire grande recompense; Au contraire on en void plusieurs qui s'en vont sans compter ny payer. Comment auroient-ils dequoy fournir à leur despense, puis que l'on les fait souvent partir sans aucune pensée de ce qui leur est de besoin ? Il y a des Livres où par une faute contraire, l'on fait faire de grandes liberalitez à des gents qui se sont sauvez tous nuds de quelque naufrage, ou qui sont sortis de chez eux lors qu'ils y pensoient le moins. Quelques personnes ont peine à s'imaginer par quel artifice ils se peuvent ainsi tirer de necessité, S'ils ont fait de la fausse monnoye, ou s'ils ont touché argent de quelque lettre de change : Mais l'on ne s'est pas avisé qu'ils avoient sans doute quelque Diamant à leur doigt qui valoit tout un Royaume, sur lequel un Banquier leur aura presté une grosse somme. Cette occasion est pourtant de difficille rencontre dans les desers où ils ont passé. La prevoyance de ce faiseur de Romans estoit meilleure, qui avant le partement de ses Heros, avoit soin que l'on fist bien leur paquet, qu'ils eussent la bourse bien garnie, & il vouloit mesmes que l'on sceust à point nommé quand ils prendroient du linge blanc. Cela vaut toûjours mieux que de faire pis. En effect des Hommes de guerre qui vont par la campagne sans rien porter, sont fort à soupçonner; Ils se servent quelquefois par force de ce qu'ils trouvent, & font de hardis Voleurs pluftoft que de glorieux Conquerans. Cela est d'autant plus à apprehender, que la pluspart de ces Guerriers sont des Vertueux à leur mode, qui croient bien vivre par là seulement qu'ils ont satisfait aux mouvemens de leur Passion. Au reste pour tout exemple des Mœurs en de tels Livres, tous les deux sexes y sont abandonnez au libertinage autant l'un que l'autre; Les Loix de l'Honneur y sont si peu observées par les Dames, qu'on y void des filles de Roy, errer de Province en Province comme des Coureuses & des Ecervellées, avec des Hommes qui le plus souvent leur sont inconnûs. Tout le corps de l'ouvrage n'est destiné aussi que pour des descriptions voluptueuses des Beautez corporelles & de leur pouvoir, avec des intrigues d'une affection inconsiderée. On y mesle par tout quantité de Lettres & de complimens sur ce sujet, ce qui est une pernicieuse instruction pour la jeuneſſe, aſſez encline au mal ſans y eſtre attirée par ces feintes douceurs, puiſque meſmes cela ne donne exemple d'ailleurs, que de rapts violens & de deſobeiſſance aux Peres & aux Meres, outre les vengeances, les homicides, & les autres injuſtices. Cependant les Autheurs pour s'exalter diſent, que c'eſt le plus haut point de leur artifice, de porter les paſſions juſques à l'excez, & d'en exprimer de contraires s'il ſe peut, pour les faire combattre les unes contre les autres; Mais en faiſant cecy, que trouve-t'on là autre choſe que des fureurs extraordinaires, des Amours enragées, & des follies ſi grandes, que ſi l'on voyoit aujourd'huy des Hommes qui veſcuſſent de la ſorte (quoy que noſtre Siecle ſoit fort corrompu) on ne manqueroit pas de les punir comme criminels, ou de les mettre aux petites maiſons, & de les enfermer & les lier comme Fous. Ce ſont là les impertinences & les abſurditez qui ſe rencontrent dans les Romans Modernes, deſquels il ne ſeroit gueres beſoin de nommer aucun, parce

DES ROMANS. Chap. II.

qu'on pourra apliquer assez facilement aux uns & aux autres ce qui les touche. Il ne m'est pas mesme si agreable de nommer les choses que je condamne, que celles que je veux loüer.

Nonobstant tous ces sujets de reprehension qu'on trouve dans les Romans vray semblables ou autres, il faut confesser que de tels recits charment tout le vulgaire ; On quitte tous les autres Livres pour ceux cy ; C'est ce qui donne sujet aux pieces de Theatre, & ce qui excite les aplaudissement & les acclamations du Peuple ; Les Tragedies ou Trage-Comedies, qui sont des Romans faits pour la representation, en sont souvent tirées, ou inventées à leur exemple. C'est n'estre pas du Monde que de n'avoir point leu de tels Livres ; Ils font une partie de l'entretien de plusieurs bonnes Compagnies, où l'on dispute souvent lequel est le meilleur des Romans du Siecle, lequel est le plus agreable de leurs Volumes, & quel de leurs personnages est le plus genereux, ou le plus honeste-Homme & le plus digne d'estre aymé, & si l'Au-

De l'Estime des Romans & pourquoy ils sont tant recherchez.

theur n'en a point fait quelqu'un autant ou plus vaillant & plus estimable que son principal Heros, ce que l'on tient pour une horrible faute. Cela est cause que ces Livres là sont tellement recherchez, qu'il y a des Libraires qui en font gros trafic. Un Volume n'est pas si tost achevé que l'on le devore, & l'on en attend la suite avec impatience, jusques là que l'on a veu des gens en acheter des fueilles un teston chacune, à mesure qu'elles s'imprimoient ; & quand de tels ouvrages sont achevez, si l'on donne un escu d'un Livre docte & serieux, l'on donnera une pistolle de ceux-cy, de telle sorte que les Autheurs ont crû avoir droit de vendre leur travail fort cher aux Libraires, & de là les Libraires prennent sujet aussi d'encherir leur marchandise. C'est pour ce sujet qu'un Partisan de Paris qui estoit des plus aspres à s'informer des moyens d'avoir de l'argent, ayant oüy parler de cecy, disoit que puisque les Romans se vendoient à si haut prix, & que c'estoit un effet du Luxe du Siecle, ce n'estoit pas un mauvais Advis de mettre dessus une imposition aussi bien que sur plusieurs marchandises superfluës, & que l'on en pourroit tirer une somme considerable: Mais si ces sortes de Livres sont recherchez avec tant d'empressement, il ne faut point que ceux qui les ont faits entrent pour cecy en presomption de leur propre merite. Le grand cours qu'ont leurs ouvrages prend son origine d'ailleurs; Cela vient de la curiosité de l'Esprit humain qui se veut toûjours repaistre de nouveautez, quand mesme ce ne seroit que de mensonges. Plusieurs croyent que les Histoires veritables n'attirent pas tant, à cause que les matieres n'y sont point choisies, & que l'on n'y trouve pas toûjours des accidens merveilleux qui laissent une attente de leur succez, comme dans les Romans qui n'ont autre artifice que celuy-là; Si l'on remonstre encore à ces gens-cy, qu'ils peuvent inventer eux-mesmes ce qui doit suivre, ils diront toûjours que l'invention d'autruy leur plaist davantage, comme une chose entierement nouvelle: Mais si cela ayde à l'estime des Livres d'invention d'Esprit, la grande affection que les Hommes ont pour les choses qui les flatrent y fait aussi beaucoup. Il faut considerer quelles personnes ce sont qui prisent le plus les Romans ; On verra que ce sont les Femmes & les Filles, & les Hommes de la Cour & du Monde, soit qu'ils soient gens d'espée, ou que leur oysiveté les fasse plaire aux vanitez du Siecle. En ce qui est des Femmes & des Filles, elles n'ont garde qu'elles ne cherissent cette sorte de Livres, puisqu'outre la recreation qu'elles prennent à voir leurs diversitez, elles trouvent qu'ils sont faits principalement pour leur gloire, & qu'à proprement parler, c'est le Triomphe de leur sexe. C'est là qu'on pretend monstrer que les Femmes sont les Reynes des Hommes & de tout l'Univers, & qu'on doit mesmes les reconnoistre pour Deesses ; il n'y a point de lieu où leur merite soit eslevé plus haut. On y parle de quelques Filles qui n'ont que la beauté pour partage avec quelque agréement d'humeur, lesquelles sont plus estimées que celles qui font riches & de haute condition, & l'on y trouve quelquefois des Princes humiliez devant une petite Bergere. Quelle esperance cela ne donne-t'il point aux Filles de bas lieu ou de mediocre ? Ne croyent-elles pas qu'elles pourront estre un jour la plus chere conqueste de quelque Prince aventurier, & que leur beauté ne leur doit guere moins promettre qu'une couronne ? Les Femmes mariées n'y trouvent-elles pas encore quelque avantage & quelque satisfaction ? Ne se divertissent-elles pas au moins des avantures que l'on y raconte, & ne leur est-ce point un doux apas pour quelques plaisirs mondains ? Enfin ces belles imaginations ne cessent de les charmer toutes, & il faut croire que la puissance en est tres-grande, puis qu'encore que de tels recits ne soient pleins en quelques endroits que d'avantures de guerre dont la cruauté les devroit estonner, elles ne laissent pas de les cherir, & de rechercher ce qui les fascheroit autre part, tellement qu'on peut dire que ces Livres leur plaisent par le seul nom de Roman.

Quant aux Hommes d'espée, il y en a qui ne s'arrestent pas moins à cette lecture que les filles ou les femmes; Ils sont ravis d'y voir les batailles & les combats particuliers qu'on y descrit, avec des accidens plus estranges que dans toutes les Histoires; & comme le faux honneur du Siecle leur fait estimer les Duels, ils prennent exemple sur ceux qu'on y raporte, & croyent que pour avoir la valeur de ces Heros imaginaires des Romans, il ne faut que se persuader d'estre aussi vaillant qu'eux. Lors qu'ils voyent mesmes que sans estre presque connûs des Roys & des Empereurs; ils leur donnent des Provinces à gouverner, & des armées à commander, pour le seul bruit de leur valeur, il n'y en a pas un qui ne se persuade qu'il fera bien tost une pareille fortune, ou qu'il s'en faudra peu, & ils n'en rabbattroient pas l'espoir d'espouser quelque Infante, & d'estre reconnûs pour fils ou arriere-fils de Roys. Quant aux autres Hommes en general, il ne faut point s'estonner s'il s'en trouve qui se plaisent à de tels

Livres, puisqu'y rencontrant les divers mouvemens que cause l'Amour, l'indulgence qu'ils ont pour eux-mesmes leur fait estimer ce qui s'accorde à leurs inclinations ; Outre qu'ils voyent là leurs passions autorisées, ils taschent d'y aprendre à les conduire, afin d'en voir produire les effects pour l'accomplissement de leurs desirs. Ainsi les Romans avec tous leurs deffauts, n'ont garde de manquer d'estre prisez en un Siecle, où il y a plus de gents portez aux vanitez du monde qu'à la recherche des choses solides, & où l'on rencontre aussi plus d'ignorans que de sçavans : C'est ce qui est cause que ces Livres là sont recherchez avec tant de soin, que l'on les emprunte avec tant d'empressement de ceux qui les ont, & que l'on les lit avec grande haste pour sa propre satisfaction, ou pour les rendre incontinent à ceux qui les redemandent. Que si ceux qui les acheptent en payent un prix excessif, ce sont souvent de jeunes Hommes qui pour plaire à quelques Dames curieuses qu'ils frequentent, se mettent en peine de leur aporter tous les jours des nouveautez, & donnent tout ce qu'un Marchand leur demande pour avoir ce qu'ils desirent; & quand ils ne se porteroient pas volontairement à cette despense, ils ne s'en peuvent exempter, s'ils veullent passer pour Liberaux & Officieux envers leurs Maistresses ou leurs meilleures amyes. Ce sont les principalles raisons que l'on aporte touchant le grand cours que quelques Romans ont en ce Siecle; Mais il faut considerer d'une autre part, que ce n'est que dans leur nouveauté, qu'ils ont cét aplaudissement, & que si excellens qu'on les estime, il en vient toûjours d'autres apres qui leur donnent la chasse, tellement que ceux qui estoient autrefois les delices des Princesses & des autres Dames de condition, ne sont plus enfin que pour l'entretien des femmes de chambre. C'est au contraire des bons Livres qui sont toûjours de saison, & qui ne font pas tant de bruit d'abord, mais dont le cours & la renommée s'augmentent chaque jour, estant en cecy semblables aux rivieres & aux ruisseaux qui sont petits en leur origine, mais qui s'enflent insensiblement dans leur chemin, & dont la course dure eternellement ; Au lieu de cela, ces Livres fastueux & inutiles qui ont une si grande vogue, ressemblent à ces gros Torrens fort enflez du premier coup, mais qui ont une courte durée. Il ne se trouve point de gents qui achetent de mesme les meilleurs Livres à prix desraisonnable, pource que ceux qui les recherchent sont gents qui ont l'esprit solide & qui sçavent ce que vallent les choses, & puis c'est que leur debit dure toûjours, & pour ce sujet aussi l'on ne se presse pas tant de les emprunter & de les lire. Je dy le sujet de la mediocre estime des Ouvrages doctes & serieux, pour reprimer la vaine gloire des autres; Neantmoins quelques deffaux que j'aye attribuez aux Romans, je veux bien reconnoistre qu'il y en a d'assez bons en leur genre, & qu'encore que ce ne soit que des femmes ou des hommes de peu d'âge & de peu d'estude qui les recherchent avec passion, il y a des personnes fort sérieuses qui s'y peuvent divertir quelquefois, & mesmes qui en tirent de bons enseignemens; On n'a point parlé icy des Romans Comiques, pource que la pluspart ayant des sujets fort licencieux, des-là ils sont condemnables; Mais si de plus ils sont remplis d'avantures mal inventées & mal ordonnées comme les autres Romans, ce qui est dit contre les premiers est aussi contre eux. La bassesse de leur sujet fait qu'ils ne se sauveront pas où les Romans Heroïques ont pery: Mais pour penser à tous avec egalité, quoy que j'aye fait icy un Recueil de tout ce qui se peut dire contre les principaux, je n'entens pas les accabler comme d'un coup de massue, & faire qu'ils n'en relevent jamais: Il ne faut pas prendre trop d'avantage sur un party en le condamnant absolument; Apres avoir declamé contre, il est de la bienseance d'alleguer aussi une partie de ce qu'on peut s'imaginer en sa faveur. Puis qu'entre les Livres modernes on ne sçauroit gueres parler d'autres qui ayent plus de credit que les Romans, & qu'il y des Gens du Monde qui en composent la principale partie de leurs Biblioteques, il est à propos de s'occuper quelquefois à examiner ce qu'ils ont de bon autant que ce qu'ils ont de mauvais, & de ne pas faire comme ceux qui les estiment si peu, qu'ils croyent que tant s'en faut qu'on les doive loüer, que mesmes c'est peine perduë de s'arrester à les blasmer, pource qu'on connoist assez leur peu de valeur. Nonobstant une Critique si severe, il a esté juste de s'informer de ce qu'il y avoit de sujet à reprehension dans les Romans & dans les Ouvrages Poëtiques & fabuleux ; Voicy apres leur Apologie.

Defense des Fables & des Romans.

CHAPITRE III.

Plusieurs croyent que quand les Romans & tous les autres recits fabuleux sont leus avec le seul dessein d'y rencontrer des exemples de la vraye Vertu, ou pour un divertissement

Des Fictions en General & des Fables des Poëtes.

innocent, leur Lecture ne doit point estre desaprouvée. Cette proposition seroit bonne, dira-t'on, si effectivement les Romans estoient propres à nous donner un modelle de la Vie la plus parfaite ; Mais plusieurs les trouvent fort esloignez de cela, croyant qu'ils n'ayent esté composez que pour flatter les Passions, & entretenir les personnes oysives dans des Lectures voluptueuses. Quelques personnes de marque leur attribuent pourtant une origine fort relevée. Bacon dit que l'Histoire feinte a esté inventée pour donner quelque satisfaction à l'Esprit aux endroits où la Nature des Choses le desnie, le Monde estant inferieur à l'Ame humaine, qui cherche une bonté plus exacte que ce qu'elle void d'ordinaire. De fait qu'en de tels Ouvrages, on feint des evenemens plus remarquables & plus heroïques, & joints de plus prez que ceux qu'on raporte dans les Histoires veritables. Et pour defendre cette methode, on doit dire que si de tels succez sont possibles en leur particulier, rien n'empesche qu'en peu de temps il n'en arrive

rive beaucoup de semblables selon les hazards du Monde ou selon les decrets de la Divine Providence. L'utilité en est plus grande de ramasser en un seul Livre les plus beaux incidens qui pourroient estre veus en plusieurs Histoires separées : Si les choses n'y sont descrites telles qu'elles sont, on les fait telles qu'elles devroiët estre. Tous les Esprits ne pouvans pas penetrer dans les recompenses, ou dans les punitions secrettes de la Divinité, ils les voyent là clairement & sans ombrage, de sorte que les evenemens qui succedent à l'avantage de la Vertu & au dommage du Vice, les excitent à l'Amour de l'un & à la hayne de l'autre. Ce sont des fictions qui estant conformes à la Verité ne passent point pour mensonges ; On les admet dans toute sorte d'ouvrages comme leur plus necessaire partie. Les Prophetes & les Theologiens ont en usage les Paraboles qui ne sont que des fictions d'Histoires ; Les Philosophes & les Sages du Monde ont leurs Apologues, où non seulement ils feignent que les Bestes parlent & raisonnent,

G

mais encore les Arbres & les Rochers, donnant une Ame & une Vie à ce qui n'en a point ; Les Orateurs ornent leur langage de Figures & de Tropes, où une chose est dite pour une autre, & leurs propos ne se rendent persuasifs que par la fiction & la supposition ; Pourquoy ne sera-t'il pas permis à la Poësie & aux Romans de se servir du mesme Art ? Ils en ont d'autant plus de droict qu'ils ne sont faicts que pour feindre, & que les Histoires qu'on dit estre les Images de la Verité, sont reduites en beaucoup d'occasions à chercher de semblables secours. On y mesle des Descriptions de choses imaginaires ; On y raporte des Harangues & autres Discours qui jamais n'ont esté prononcez, & qu'on a composez exprez, par ce qu'on ne croid point que la Verité toute pure ayt de la beauté sans ornement. Il faut accorder à l'humeur des Hommes, que les choses qui leur sont utiles, leur soient aussi renduës agreables, afin de les attirer d'avantage à leur affection. Comme les Livres leur sont de bons Maistres

ET DES ROMANS. Chap. III. 147
desquels ils peuvent recevoir les Instructions à toute heure, il n'est point defendu de leur en presenter quelques-uns, dont le stile & les sujers puissent gagner ceux qui rejetteroient une Lecture moins divertissante. Dailleurs il y a des choses si mysterieuses qu'il ne les faut pas descouvrir nuëment au vulgaire, mais plustost les cacher sous le voile de la Fiction ; J'adjousteray que les belles pensées des Autheurs & leurs paroles elegantes, doivent rendre leurs Ouvrages estimables, quelque chose qu'ils descrivent ; Voyla pourquoy nonobstant tout ce qui a esté dit des Fables & des Romans, il faut croire qu'ils contiennent des choses tref-belles & tref-singulieres, où les personnes de bons sens trouvent dequoy se recréer & dequoy s'instruire. Les œuvres d'Homere, d'Hesiode, de Virgile & d'Ovide, seront toûjours estimées des Hommes, tant qu'il y en aura qui les sçauront lire & qui les pourront entendre en leur Langue, ou en quelque autre dans laquelle on en aura fait une fidelle traduction. Si l'on remarque quelques ab-

G ij

surditez dans leurs fictions, le respect de l'Antiquité les couvre, & puis ce sont des Originaux qu'il faut voir pour comprendre les mysteres de la Religion des Payens; Encore qu'ils soient faux à les prendre au pied de la Lettre, ils reçoivent beaucoup d'explications de choses Naturelles & Moralles, que les Curieux ne se peuvent exempter de sçavoir.

Des Allegories.

Nos vieux Ecrivains François ont inventé une autre maniere de Fables & d'Allegories où ils ont fait des personnages non seulement de toutes les facultez de l'Ame & de toutes les Passions & Habitudes, mais de tous les divers genres de fortunes. On a imité cecy dans nostre Siecle par les Descriptions de diverses choses, à qui l'on donne des Noms de Villes & de Provinces, & des noms de Personnes imaginaires, pour en faire des Cartes & des Histoires à plaisir. S'il se trouve de ces choses qui ne soient que pour la médisance, ou pour donner l'exemple des mauvaises mœurs, il n'en faut point tenir compte, & ce n'est pas cela qu'il se faut mettre en peine de defendre. Quant aux Fables honnestes & profitables, soit Allegoriques, soit autres, elles n'ont aucun besoin d'Apologie, puisque chacun connoist leur merite.

Il faut examiner plus ponctuellement les recits fabuleux des merveilleux exploits de quelques anciens Chevaliers, & pour les mieux defendre il est besoin de les connoistre. Les Livres qui en ont esté faits s'appellent Romans particulierement, ayant esté les premiers qui ont porté ce nom, & pource que le mesme nom est donné aujourd'huy à toute sorte de Livres de Fiction, sans que plusieurs qui en parlent en sçachent l'origine, il faut declarer ce qu'on en peut apprendre; C'est que ces Livres de Chevalerie ayant esté composez autrefois par des gens qui suivoient la Cour de nos Rois, où d'ordinaire l'on s'estudie à bien parler, ils estoient mis au plus pur langage dont l'on se servist alors en France, qui estoit celuy que l'on avoit formé sur le langage Romain, de sorte que l'on disoit que ceux qui parloient ainsi, parloient *Roman*, & leurs Livres

Defense des Romans de Chevalerie.

estoient appellez des Romans ; Car l'on doit remarquer que le bas Peuple des Gaules parloit encore un langage moitié Alleman, moitié Gaulois, à cause du meslange de ces deux Nations. Lors que ces Livres ont paru au jour, c'estoit l'élite de leur temps ; Non seulement la Langue Françoise y estoit employée en sa perfection selon l'estat où elle se trouvoit, mais les façons de vivre que l'on y representoit, estoient à peu prés semblables à celles du mesme Siecle, puisque nous avons des Histoires veritables, telles que les Memoires d'Olivier de la Marche, avec la Vie du Mareschal de Boucicaut & autres Livres, qui racontent les hauts faits d'armes des anciens Chevaliers, & décrivent des Joustes & des Tournois de recreation, & de vrais combats entrepris pour decider plusieurs differens. On a donc pû tirer autrefois quelque profit de tels Livres, & cela se peut encore quand ce ne seroit que pour contenter nostre curiosité touchant ces anciennes Coûtumes. Que si parmy cela on a meslé des enchantemens & autres merveilles incroyables, outre que leur invention divertit, on y peut donner des explications Philosophiques de mesme qu'aux Fables des Poëtes. Quant aux exemples d'impudicité que ces Livres contiennent, & desquels l'on se plaint, peut-estre se doit-on satisfaire de ce que tous Romans qu'ils sont, ils n'ont rien qui ne se rencontre dans les Histoires. Lors qu'on a composé des Livres de Fiction, où l'on a voulu representer en quelque sorte la verité, on n'a pas pû taire des vices qui regnent si frequemment parmy les Grands & dans la Cour des Princes, puisque mesmes on a consideré que les hommes de Guerre se laissent ordinairement emporter à la violence de l'Amour, Mars estant souvent joint à Venus. Les autres agitations de l'ame en recompense sont plus moderées dans ces Livres-là : Quoy que la colere y éclatte sur toutes les Passions, elle y trouve du temperament par la Clemence & par la Justice, & toutes les Vertus, s'y font remarquer en leur lieu ; de sorte qu'on doit croire que cette lecture estant faite avec circonspection, excite les jeunes-hommes à se montrer genereux & liberaux, & mesmes pieux. L'opinion de ceux qui approuvent de tels Livres sera suivie pour ce regard, & l'on jugera qu'il n'y a point tant de mal que quelques autres nous veulent persuader, à voir les Romans de Perceforest, d'Amadis, & du Chevalier du Soleil, comme des Originaux en leur genre. On soustient aussi que le vice y est chastié la pluspart du temps, & la Vertu recompensée ; Que la parole inviolable & la generosité se trouvent au plus haut point en quelques-uns, & que mesme plusieurs guerres que l'on y décrit, ont esté entreprises pour la gloire de Dieu & de la Religion, & plusieurs combats singuliers ont eu pour sujet l'honneur des Dames, où la defense des foibles & des innocens.

Defense des Fables Pastorales.

Apres cecy les Fables Pastorales ne sont point à mépriser. Nous dirons pour leur defense, que si les personnes qu'on y introduit y sont dépeintes avec plus de politesse que celles qui demeurent aux champs en ce temps-cy ; c'est qu'autrefois le revenu des plus grands Seigneurs estoit dans l'Agriculture & dans les pasturages, de telle maniere que leurs enfans mesmes prenoient plaisir à faire l'Office de Bergers : En ce cas là on ne sçauroit trouver estrange si ayant supposé que ce sont des personnes bien nées, on les fait parler avec jugement & subtilité d'esprit. Mais il faut que l'Arcadie ancienne, & toutes les autres Contrées champestres cedent au Païs de Forests, & en un mot, il faut que toutes les Bergeries soient tenuës pour inferieures a l'Astrée du Marquis d'Urfé, Ouvrage agreable où il y a tant d'Histoires détachées de differentes especes qui viennent à propos au sujet, qu'on peut dire que l'Autheur y a introduit de toutes les manieres d'avantures qu'on se pouvoit imaginer, & que c'est un Roman qui contient plusieurs autres Romans, lequel d'ailleurs est recommandable en ce que l'on n'y voit rien autre chose que les effets d'une affection legitime. Nonobstant cecy l'Autheur du Testament d'un bon Pere à ses enfans, qui a tant exalté les Romans de Chevalerie, a au contraire deprimé les Romans de Bergerie, & n'a pû approuver entie-

rement celuy dont nous parlons pour le rendre commun à tout le Monde. Il
» a dit, Que c'estoit le Roman le plus
» dangereux de tous, & dont le venim
» estoit le plus insinuant & le plus subtil,
» & qu'il allumoit secrettement dans les
» ames cette naturelle & douce passion
» dont l'amorce estoit au sang & aux es-
» prits, & qu'encore qu'il y eust là aussi
» de sages Conseils pour l'empescher de
» s'enflammer, cét âge qui estoit plus
» capable de fureur que de raison, ne les
» écoutoit point; de sorte qu'il sembloit
» que le peril n'en pûst estre évité que
» dans l'arriere saison, lors que ces feux
» ne s'allumoient plus. Quelque defe-
rence que l'on rende à cét avis, on peut dire que cela seroit dit avec plus de sujet de plusieurs autres Livres, qui ne parlans que d'amour en montrent la pratique sans en donner les remedes, & qui conseillent encore moins de les chercher, & pourtant il n'est pas defendu de les lire en tous les âges, pourveu qu'on laisse un peu agir la raison. De se reserver aussi à lire le Roman d'Astrée & quelques autres dans la saison derniere, c'est lors que

la plufpart des hommes n'y trouvent plus gueres de gouft, ne fe plaifant point aux chofes qui ne leur font plus propres. Cette lecture eftant pour ceux qui font dans l'eftat floriflant de leur vie, c'eft à eux d'en bien ufer. Il faut remarquer mefmes que bien qu'en de tels Livres les Autheurs ne travaillent gueres à nous détourner d'un déreglement d'Amour, fi eft-ce que les folies qu'on y voit faire aux Amoureux, & les mal-heurs qui leur arrivent, doivent caufer de la honte & de l'apprehenfion à ceux qui s'engagent à de pareilles fortunes. Avec cette confideration on peut lire quelque Roman que ce foit, & d'autant plus doit-on eftimer la lecture de celuy d'Aftrée, qu'on y voit de bonnes inftructions fur diverfes occurrences, avec quantité de Difcours où la Doctrine eft jointe à la beauté & à l'agrément, pour en former des converfations les plus utiles du monde. Que fi l'on fait dire tout cela à des perfonnes champeftres, felon que nous nous les fommes figurées, c'eft qu'on prefuppofe que l'innocence & la pureté de

G vj

leur vie leur ont donné plus de liberté de philosopher.

Defense des Romans modernes. En suite de cecy les Romans modernes les plus reguliers semblent estre injustement attaquez ; ils se sont garantis la pluspart des deffaux qu'on impute à ceux qui les ont precedez, ou qui sont d'une autre espece, & leurs Autheurs pretendent d'y faire trouver les traces de la Verité & de la Raison. Si l'on a remontré que ces Livres sont pleins d'extravagances & d'absurditez ; Que se voulant appuyer sur la vraye Histoire ils la confondent & la gastent, & qu'ils n'observent ny les lieux, ny les coustumes ; ce sont toutes fautes particulieres qui se peuvent trouver dans un Livre & n'estre pas dans les autres : Quant aux inventions de plusieurs Romans qui ont du rapport ensemble, elles viennent de ce que les accidens humains ne sont pas diversifiez davantage ; Car qui a-t'il parmy nous que passion d'Amour ou de Colere, avec Mariage, Guerre & Mort ? Pour les accidens particuliers comme les naufrages, les ravissemens de filles, l'exposition d'enfans, le changement d'habit, la ressemblance des personnes, & autres choses qui forment plusieurs intrigues en de tels Livres, il ne faut point condamner ceux où cela se void encore tous les jours; car nos Autheurs nouveaux, mieux instruits que leurs devanciers, peuvent se servir de ces inventions avec plus de prudence & de justesse, & il y en a tel qui sçait donner à ses Narrations une aussi belle suite que pour une vraye Histoire. Au reste, ce qui semble embroüiller le recit des Romans, les rend quelquefois plus artificieux, & l'on en trouve enfin le dénoüement avec plaisir; Quelques-uns mesmes ne rapportent rien qui ait de la pente au vice, au contraire il s'y rencontre plusieurs exemples de Vertu. Voila ce qu'on peut dire en bref pour la defense des Romans vray-semblables : Si on vouloit les defendre plus au long, il faudroit rapporter ce qu'il y a de bon dans chacun en particulier; on en laisse le jugement libre à ceux qui les lisent.

Nous ne mettons pas en oubly les Romans Comiques qui ont grand be- *Defense des Romans Comiques.*

soin d'estre defendus ; car les Romans Heroïques qu'on devroit estimer leurs freres, les rabbaissent mesmes pour s'élever au dessus d'eux. Quelques Autheurs croyent que ne conversant qu'avec des Heros, ils en sont bien plus estimables que ceux qui se trouvent toûjours avec la lie du peuple : Mais ils ne voyent pas que les bons Livres Comiques sont des Tableaux naturels de la Vie humaine, au lieu que pour eux ils ne nous representent souvent que des Heros de masquarade, & des avantures chimeriques. Les personnes de merite & de bône condition servent de sujet aux Romans Comiques, autant que les gens de basse éroffe. Chacun est estimé selon qu'il reüssit à son dessein. Il y a de bons Livres de plusieurs genres ; il s'agist de sçavoir si estant bien faits selon leurs regles, ils ont aussi le bon-heur d'estre utiles.

Conclusion de la Censure des Romans.

CHAPITRE IV.

APRES la Censure des Fables & des Romans, vous en avez veu la defense à peu prés comme on la peut faire ; mais quelque utilité qu'on nous puisse promettre de tels Livres, il s'y trouve toûjours du meslange, & le bien qu'on en attend n'est pas pour toute sorte de personnes. La doctrine qu'on attribuë aux Fables Payennes, ne les sçauroit purger de leurs ordures. Si la necessité de l'instruction vulgaire nous oblige d'apprendre ces choses, il les faut considerer comme des songes & des grotesques qui servent de risée, sans qu'on y doive avoir aucun attachement. Nos vieilles Allegories Gauloises ne donnent gueres de satisfaction, n'estant pas fort ingenieuses, & pour les Romans de Chevalerie, il suffit que leurs inventions d'enchantemens ayent esté surprenantes & divertissantes, sans estre significatives ; c'estoit assez pour leur Siecle où il y avoit peu d'erudition. En ce qui est d'excuser les meurtres, les impudicitez, & le libertinage entier de tant d'Avanturiers, leur professiõ guerriere n'y sert de rien, puisque ce sont des gens qu'on a toûjours fait passer pour bons Chrestiens, & qui en cette qualité estoient obligez de mieux vivre. D'alleguer que les mêmes choses se trouvent dans toutes les Histoires, que dans ces Fables inventées à plaisir, qu'on dit estre composées à leur imitation ; Il y a pourtant beaucoup de difference, parce que les Historiens des Estats ou des Princes, n'écrivent les choses que serieusement, & n'oseroient faire des descriptions & des exagerations des voluptez mondaines dans leurs Histoires, comme l'on fait dans les Ouvrages de Fiction & de Galanterie. On tient encore que les Amours Pastorales nous accoustument à une vie molle & oisive ; Ceux qui en defendent la lecture aux jeunes gens en ont bien reconnu les dangers. Plusieurs croyent que pourveu qu'on ne s'occupe point à une lecture où l'honnesteté soit blessée ; le temps se passe à lire fort innocemment ; Que de certains Livres Comiques ou Satyriques sont ceux qui doivent estre defendus à cause de la licence de leurs discours: Neantmoins tout leur mal est au dehors ; ils n'ont rien de caché, au lieu que nos derniers Romans sous une belle apparence de douceur & de tendresse, gagnent puissamment les ames pour leur faire souffrir d'extremes douleurs & de longues inquietudes. Ils ont de secrettes amorces dont les jeunes filles ne se peuvent garder ; On craint qu'elles ne mettent en pratique ce qu'elles y apprennent, & qu'elles ne contractent des amitiez avec des hommes qu'on ne leur voudroit pas donner pour maris. On fait bien de prevenir ces desordres, & de preparer de plus utiles lectures aux esprits foibles. Le feu Evesque de Bellay avoit pris à tasche d'écrire des Histoires assez agreables, mais toutes tournées à la devotion, pour divertir & instruire les lecteurs en mesme temps, ayant dessein d'en tant faire qu'on en trouvast par tout, & que cela empeschast plusieurs personnes de s'arrester aux Romans ordinaires. Nous luy avons oüy raconter ce qui l'avoit principalement excité à cela ; C'eſtoit que le Bien-heureux François de Sales ſon Pere d'alliance, luy avoit declaré que dans ſa jeuneſſe il avoit eu un pareil deſſein, mais qu'eſtant alors appellé à d'autres fonctions, il ſe déchargeoit de ce fardeau entre ſes mains. Cét employ fut librement accepté, & celuy qui l'entreprit s'en acquitta comme l'on a veu au gré de beaucoup de gens, & avec quelque fruit ; mais pource que l'eſprit de l'homme cherche des nouveautez inceſſamment, à peine a-t'on gardé la memoire d'une telle application. Entre ce grand nombre de bons eſprits qui ſe rencontrent aujourd'huy en France, dont quelqnes-uns ſont fort adonnez à la pieté, il y en devroit avoir qui priſſent la peine de renouveller ce travail ; Quand on voudra auſſi ſe contenter des Livres que nous avons, il y en a aſſez pour des perſonnes de toute ſorte d'humeurs & de qualitez, ſans que nous ſoyons contraints d'avoir recours aux Romans pour noſtre entretien. Nous avons les Hiſtoires de tous les Rois & de tous les peuples; Nous avons les Vies des plus grands Personnages de la Terre, & principalement celles de quantité de Saints, dont on met souvent au jour quelque Traduction ou quelque Original; Avec des Livres de Voyages de diverses Contrées, & des Descriptions exactes des païs, & des mœurs de leurs habitans; On ne sçauroit rien trouver qui instruise & qui divertisse davantage. Si les Dames ayment la lecture, elles se peuvent plaire à celle-cy autant que les Hommes. Cela vaut mieux que de se remplir l'esprit de choses vaines, & mesmes de choses nuisibles. S'il arrive quelquefois qu'on s'occupe à la lecture d'un Roman, il doit estre en un souverain degré d'excellence. On prend plaisir à voir une fleur naturelle si commune qu'elle soit; mais pour les fleurs contrefaites, si elles ne sont assez bien imitées pour nous pouvoir tromper agreablement, on n'en tient aucun compte: Aussi nous ne devons jamais estimer un Roman qu'on n'y trouve autant de profit qu'à une Histoire. On s'est souvent plaint de ce que la pluspart des Romans sont si gros, & ont tant de Volumes, qu'à beaucoup moins que cela on nous donneroit des Livres qui nous apprendroient l'Histoire Universelle du Monde. Pourquoy donc nous amusons-nous à une lecture de si peu de profit, qui mesme ne se rend longue que par une continuelle repetition de choses à peu prés semblables? Si on y voit peu de regularité, & si les Discours n'y sont point remplis de quelque Doctrine salutaire, quelle satisfaction y trouvent les bons esprits? Il vaut mieux quitter cecy entierement que d'y perdre son temps & sa peine. Nous voulons bien chercher un temperament en faveur de quelques-uns de ces Livres de fiction, lesquels on pretend estre faits avec science & art. Plusieurs asseurent qu'il ne faut sçavoir que les principaux sujets des Fables poëtiques, & qu'en general tout ce qui s'apprend dans les Romans n'est pas necessaire pour former un habile homme : Neantmoins puisque toutes sortes de connoissances sont propres à celuy qui veut estre Universel ; il peut bien jetter les yeux quelquefois sur nos principaux Romans : Quant aux hommes qui ne sont pas destinez à l'estude, pour le peu qu'ils lisent, ils feront bien de choisir une lecture plus utile. On dit que la jeunesse s'applique quelquefois à celle-cy pour apprendre à bien parler nostre Langue ; mais tous les Romans ne sont pas dignes d'estre imitez en leur langage, & quand ils seroient assez bien écrits pour cét effet, leur lecture pourroit estre nuisible d'ailleurs à une jeune personne. Ce seroit un apprentissage trop cher, si avec cela elle faisoit perte de son innocence, & de l'inclination qu'elle avoit aux bonnes mœurs.

Il faut que nous considerions encore que depuis quelques années les trop longs Romans nous ayant ennuyez, afin de soulager l'impatience des personnes du Siecle, on a composé plusieurs petites Histoires détachées qu'on a appellées des Nouvelles ou des Historiettes. Le dessein en est assez agreable ; on n'y a pas tant de peine qu'à comprendre & à retenir une longue suite d'avantures meslées ensemble ; mais on se sert fort dangereuse- *Des Nouvelles & Historiettes scandaleuses.*

ment de cette belle invention : Au lieu de nous donner des Nouvelles sages & discrettes, on nous en fait souvent de folles & d'impertinentes, où toutes les passions & tous les vices sont en leur regne. D'abord elles semblét utiles aux gens du Monde, parce qu'elles ne sont point du stile merveilleux comme les anciens Romans, & qu'elles n'ont que des avantures vray-semblables. Ce sont des actions qui paroissent assez communes dans la vie civile, mais elles tombent bien-tost dans un libertinage horrible, & l'on n'y voit plus enfin ny vertu ny honneur. On nous representera pour leur defense que la plufpart contiennent des choses vrayes que l'on rapporte comme elles sont arrivées, & cela n'est que trop certain au grand mal-heur de ce Siecle, mais ce n'est pas une responfe vallable. Est-il permis de publier des fautes secrettes pour oster la bonne reputation à beaucoup de gens de qualité, & donner de mauvais exemples ? On dit qu'il ne faut pas conter toute sorte de Fables aux enfans ; aussi ne faut-il pas conter toute sorte d'Histoires au Peuple; il

DES ROMANS. Chap. IV. 167
faut choisir celles qui ne blessent point la pensée ny l'imagination. Hé quelle pitié! Les plus reformez se plaignoient autrefois des premiers Romans ; L'Astrée sembloit fort criminelle ; les Meres & les Superieurs en defendoient la lecture aux Filles : mais qu'on nous la rende maintenant s'il nous faut quelque entretien, & si on ne peut pas toûjours estre attaché au travail, ny aux choses serieuses ; Ces sortes de Livres sont remplis de sainteté au prix de ceux qu'on fait à cette heure : Tous les jeunes Amans dont l'on trouve l'Histoire en nos anciens Livres, ont veritablement beaucoup de passion ; mais (comme disent les Precieuses) ils ne donnent tous que dans l'amour permis : S'ils ayment des filles, & s'ils en sont quelquefois aymez, c'est à dessein d'obtenir la fin de leurs desirs par le sacré lien du Mariage; On ne voit gueres d'autres intrigues dans l'Astrée, dans le Polexandre, & dans le grand Cyrus, & il en est ainsi de plusieurs autres Livres : Mais ces langueurs amoureuses passeroient pour ridicules aux gens de ce siecle : Vous ne verrez pres-

que plus dans les Romans d'aujourd'huy des amours de Garçons & de Filles, ce font par tout des Hommes qui tournent leurs desseins vers des femmes mariées, & les importunent de leurs poursuites pour tascher de les corrompre: Si on y parle de quelques filles, on veut qu'elles soient hardies & indiscrettes; qu'elles soient propres à des commerces honteux pour des femmes qui leur rendront un jour le change; On trouve là aussi que plusieurs femmes mariées manquent de foy à leurs maris; qu'elles sont dans un abandonnement extrême; qu'il ne s'en ensuit que des tromperies signalées, & que cela finit ordinairement par des empoisonnemens & des meurtres. Si le Siecle n'en fournit pas assez d'exemples, on en invente de toutes les sortes. Les Autheurs tiennent cela plus seur que d'écrire des Histoires veritables que l'on debite avec des Clefs qui les mettent en peine pour leur temerité & pour leurs médisances. Ils ont à craindre la punition de la Justice & la vengeance particuliere des personnes interessées. De plus, comme la

plufpart

plufpart de ces fortes d'Efcrivains n'ont pas fort grand jugement, il arrive qu'ils décreditent leurs Ouvrages eux-mefmes par les paroles libertines qu'ils y gliffent avec d'autres indifferentes. Il n'eft pas befoin d'écrire contre leurs Livres, quoy qu'ils foient tres-fcandaleux : Prefque tous ceux qui les lifent les condamnent. La mode qui eft venuë de leur caractere facile & enjoüé, a pû tromper au commencement les Lecteurs, mais enfin ils en font ennuyez : Ils ne les voyent plus que par curiofité, quand il y en a de nouveaux, pour connoiftre s'ils font toûjours femblables ; Et ils font tous prefts à les quitter pour les premiers qui fe prefenteront, s'il fe trouve qu'ils fuivent d'autres maximes. Si l'on donne quelque approbation pour les bons Romans, on fouhaite que les mauvais dont nous venons de parler, n'en ayent aucune, & que comme ils font petits d'étenduë, ils ayent auffi fort peu de durée.

H

Preference de l'Histoire aux Fables & aux Romans;

Suite de la Conclusion.

CHAPITRE V. & Dernier.

QUelque permission que l'on donne de s'arrester quelquefois aux Livres faits à plaisir, on entend que ce soit, sans porter prejudice au temps qu'on pourroit employer à la lecture des Histoires veritables ; Elles auront toûjours leur preferéce par toutes sortes de raisons. En effet les Eloges que l'on donne aux Romans ne sçauroient subsister sans repartie. Il ne faut point pretendre qu'à cause que de certaines Gens les loüent, on les doive estimer à l'esgal des Ouvrages les plus utiles, & principalement des Histoires veritables avec qui l'on les a voulu mettre en concurrence mal à propos. Si on a dit, Que la Poësie & les Romans pouvoient estre defendus & estimez, en ce que la Prose la plus reguliere & la plus serieuse se servoit de figures de Rhetorique, qui n'estoient que des feintes & des deguisemens, il faut se representer que quand les Figures des Harangues ou des Histoires ne sont pas justes & legitimes, nous ne les aprouvons pas plus que ce qui se trouve dans des Livres faits à plaisir. Quelqu'un pourra adjouster, Que les Romans ne sont assaillis de reproches que dans le general, mais que les examinant chacun en particulier l'on trouvera que si les uns ont un deffaut, il n'est point dans les autres; Qu'encore qu'il y en ayt beaucoup qui soiét remplis d'absurditez, ou de recits qui excitent au vice, ce n'est que la faute de l'Artisan & non point de l'Art qui enseigne à garder la bien-seance & l'honnesteté en tous endroits, & que l'on pourroit dresser de ces Ouvrages, avec tant de marques de Justice & des autres vertus, & y garder si bien les reigles de la vray-semblance, qu'ils ne choqueroient point le bon jugement ny la Sagesse. Or quoy que l'on presse son consentement à l'honneur qu'on leur veut rendre, & qu'on n'employe pas seulement pour eux des deffenses, mais des loüanges, cela sera-t'il capable de leur donner un si haut rang comme plusieurs s'imaginent? Pour en parler franchement, quand l'on auroit fait le meilleur Roman du Monde & le plus dans les Reigles, que seroit-ce enfin, sinon une chose qui ressembleroit à une Histoire en quelque sorte, & qui pourtant ne seroit point une Histoire? Hé-quoy (ce disent encore les ennemis des Fables) doit-on estimer cette imitation autant que la chose mesme? N'est-ce pas comme si l'on comparoit un Singe à un Homme? Quelle satisfaction pouvons-nous esperer d'un recit, qui n'estant que pure Fiction, ne nous donne point d'asseurance que les évenemens qu'il raporte s'accordent aux Loix de la Prudence Souveraine? & quel profit y a-t'il d'aprendre des choses qui ne doivent jamais estre alleguées pour authorité, ny pour exemple, puisque ce qui est imaginaire & controuvé à plaisir n'a aucune force dans le Discours? A-t'on sujet aussi de croire que ce soit par de tels Ouvrages que les grands personnages puissent recevoir les honneurs qu'ils meritent ? Que l'on bastisse un Roman de leur vie si beau & si orné qu'il puisse estre, les actions feintes que l'on introduira avec les veritables feront soupçonner les autres de mensonge, de mesme qu'ayant trouvé quelque Piece fausse en des affaires d'importance, tout le reste est revoqué en doute. D'ailleurs ceux qui ne veulent aprendre que ce qui est vray & certain, croiront qu'on ne les aura pas fort obligez, lors qu'on leur aura fait lire tant de choses superfluës, parmy lesquelles ils s'esgarent ayant peine à les examiner & à y trouver ce qu'ils cherchent ; Il ne faut donc pas se persuader, que quelque Roman que ce soit puisse jamais valoir une vraye Histoire, ny que l'on doive aprouver que l'Histoire tienne en aucune sorte du Roman. Les Princes & les Hommes les plus relevez, ne doivent point avoir recours à de tels desguisemens pour se rendre renommez. S'ils souhaitent que leurs beaux faits soient descrits d'un stile relevé comme le sujet, & que le Langage y soit tellement orné que sa magnificence ressente celle de leur Trosne, il faut pourtant que les choses essentielles y soient raportées en leur naturel sans excez ny deffaut, & que par ce moyen, leur Histoire se trouve enrichie sans affectation. Le verniz ou le coloris esclattant que l'on couche sur un portraict ne servent qu'à le faire parestre d'avantage, & n'en ostent point la ressemblance, comme si l'on y adjoustoit quelques traits estrangers ; Aussi les simples ornemens du Discours n'alterent point la Narration ; Elle demeure toûjours en son vray estat, & c'est de la sorte que la desirent ceux qui sont asseurez qu'on ne peut rien refuser à la relation de leurs actions, & que toute pure qu'elle est elle ne sçauroit contenir que des Loüanges. Si leur condition ou leur vertu leur font obtenir des Couronnes, ils ne les demandent point plus larges que leur front, Ils sçavent que c'est se charger d'un fardeau ridicule & inutile, de porter des ornemens malseans & incommodes. On nous repartira que plusieurs Hommes de marque ont plus songé à l'aparence exterieure qu'à toute autre chose, & qu'ils ont mieux aymé qu'on les estimast ce qu'ils n'estoient point en effect, que de donner à connoistre ce qu'ils estoient. On raporte que le grand Alexandre estant passé jusqu'aux extremitez du Monde sur les bords de l'Ocean, ne se contenta pas d'y laisser des cuirasses bien dorées & bien gravées, mais qu'il les avoit fait faire plus amples qu'il n'estoit besoin, afin que ceux qui viendroient là apres luy, creussent que les Hommes qui avoient porté de telles Armes estoient des Geans, & que pour luy si l'on l'appelloit Grand, c'estoit autant pour sa taille que pour la mesure de sa valeur. Neantmoins si l'on tire des conjectures de son naturel par ses autres actions, on croira qu'il n'avoit inventé ces artifices que pour tromper des Barbares, & qu'il ne vouloit point que les autres marques les plus connuës de sa memoire tinssent du prodige. Pour confirmer cecy, on dit qu'il n'accepta point l'offre de Stesicrate qui luy vouloit faire une statuë du Mont Athos, où il eust soustenu une Ville d'une main & un Fleuve de l'autre, aymant mieux que l'on sceust au vray ce qu'il estoit, que de parestre monstrueux. On se peut imaginer qu'il avoit le mesme sentiment touchant le recit de ses exploits, puis qu'il traita si mal un Historien flatteur qui lisoit devant luy ce qu'il avoit dêja composé de son Histoire, où il racontoit des choses fabuleuses & incroyables, & où il n'y avoit pas moins que de le faire combattre seul contre un troupeau d'Elephans, & de luy en faire tuer un de chaque coup ; Il s'en mit en telle colere que se trouvant alors au passage d'une riviere, il y jetta le Livre, & menassa l'Autheur de l'y faire jetter aussi. Tous les grands Hommes doivent hayr autant que luy, ces relations mensongeres, qui portant le nom d'Histoires, ne sont neantmoins que des Romans. Quelques-unes n'adjoustans rien à la verité en accroissent les circonstances, soit pour causer plus de merveille, soit pour donner lieu à des Harangues, & à de longs Dialogues inventez exprez ; Mais si les Autheurs font connoistre par là les efforts de leur imagination, d'ailleurs comme ils font dire les meilleures paroles & donnent les plus beaux sentimens à ceux qu'ils ont choisis pour leur principal sujet, ne font-ils pas tort à d'autres Hommes dont ils parlent en mesme temps lesquels valent davantage? Une Histoire composée selon les bonnes reigles ne tombe point en cette faute; Elle garde une Justice exacte pour honorer chacun selon son merite & selon la verité qu'elle doit contenir. Que s'il y a des Narrations en Prose qui ne sont enflées que de vanité & de superfluité, & qui prennent à tasche d'élever les petites choses & donner les couleurs de la verité au mensonge, de combien cela est-il plus frequent dans les Ouvrages des Poëtes, qui font une profession ouverte de ne debiter que des Fables? Quand ils entreprennent de celebrer les actions des Princes dans quelque Poëme Heroïque, quels nuages ne taschent-ils point d'oposer à nos yeux? Je sçay bien qu'ils se vantent par tout de leurs belles Moralitez,

H v

souſtenans qu'il y a un ſens caché ſous leurs Fictions qui ſemblent les plus abſurdes, & que toutes leurs paroles ſont des Oracles ou des Enygmes dont les explications ſont inſtructives; Mais penſent-ils augmenter le prix de leurs penſées par la dificulté qu'il y a de les connoiſtre & de les examiner ? Il en faut revenir là que les Images les plus excellentes des choſes ſont celles qui les repreſentent le plus naïvement, & qu'encore que les Ægyptiens ayent voulu repreſenter un Roy par un Aigle ou par un œil ſur un Sceptre, & un Homme prudent par un Elephant, on les connoiſtra toûjours mieux par leur vray portraict. Quelque credit que l'on donne aux Emblemes & aux Hierogliphiques qui comparent une choſe à une autre, l'on doit faire plus de cas d'une peinture au naturel, où il eſt beaucoup plus mal-ayſé de reuſſir, puiſqu'il faut preſque y trouver un autre ſoy-meſme, au lieu que les repreſentations eſtrangeres eſtant priſes pour ce qu'elles ſont, ne ſont pas obligées à tant de juſteſſe. Qui veut donc ſçavoir au vray les actions d'un

Roy ou d'un Prince, s'abuseroit fort de les aller chercher dans les Romans ou dans les Poëmes, qui adjoustent toûjours beaucoup de choses à la verité, ou qui la desguisent en plusieurs manieres : Il est certain neantmoins que les grands Heros meritent tant de choses, que l'Histoire seule toute puissante qu'elle est, ne suffit pas quelquefois à leur rendre ce qu'on leur doit ; Il les faut encore honorer par des Discours Pathetiques, comme par des Panegyriques & des Odes & par de longs Poëmes, afin que le peuple soit excité à leur veneration en toutes manieres. On aprouve de tels Ouvrages quand ils sont faits en leur saison, & que l'on y a apporté toutes les circonspectiōs necessaires. Aussi ne faut-il pas se persuader que je les aye voulu mettre dans le mépris. Si je les ay ravallez en quelque sorte, ce n'a esté que pour eslever l'Histoire qui doit estre leur superieure ; Car s'ils n'ont rien qu'à son imitation, c'est la reconnoistre pour Maistresse. Il ne faut pas mesme que ceux qui se sont exercez à la Poësie &

aux Romans, pretendent s'offencer de ce que j'ay dit icy; J'ay autant parlé pour eux que contre eux, & s'il y en a qu'il semble que j'aye attaquez particulierement, ce n'est que les Ouvrages que j'ay rabaissez à comparaison d'autres, & non point les Ouvriers. Rien n'empesche que quelques-uns apres leurs narrations feintes, ou leurs exercices oratoires, ne fassent des Histoires methodiques & accomplies, comme on les en juge capables. Pour la derniere protection des Romans, on nous peut alleguer, qu'il y en a de si beaux & de si instructifs, & d'un autre costé qu'il y a des Histoires si mal faites & si desagreables, que ce seroit estre dépourveu de jugement d'estimer d'avantage ce qui vaut le moins. Je demeure d'accord de cecy, mais je veux declarer en mesme temps que si l'on veut parler des Romans les plus excellens, j'entens parler aussi des Histoires les plus excellentes, car l'on doit prendre les choses en leur meilleur estat pour les comparer les unes aux autres, & je croy que dans ce sens-là, on ne trouvera point estrange que je soustienne que les Histoires sont plus estimables que les Romans. Les plus zelez protecteurs des Historiens en diront d'avantage que moy, soustenans que les fleurs du langage, & les autres ornemens qui donnent souvent le prix à un Livre, ne sont point icy de saison, & qu'une Histoire toute simple & sans aucun apareil, pourveu qu'elle raporte la verité, vaut mieux que le Roman le plus fleury & le plus divertissant qu'on puisse faire, puisqu'il est question de l'utile plustost que de l'agreable : Neantmoins on seroit long-temps à disputer de cette matiere, si l'on ne raportoit le poinct decisif de la Question, qui est qu'il faut distinguer si une Histoire est originalle ou unique, & si sa perte ne se peut pas recouvrer, ou si elle a plusieurs rivalles qui racortent mesme chose qu'elle, & qui en ce cas luy retranchent de son prix; De plus, si ses Narrations sont faites en langage grossier, & sont deduites avec confusion, & si elles sont accompagnées de Discours pleins d'ignorance & d'absurdité, le seul nom d'Histoire ne la doit pas faire estimer au dessus d'un bon Roman. En effet s'il se trouve d'autres Histoires du mesme siecle, à peine celles qui sont d'un mauvais Stile, peuvent elles passer pour Histoires : Ce sont les bonnes ou les rares qui meritent d'avoir la preference, & d'estre mises en Parangon avec tous les autres Livres; Ce sont aussi celles qu'il faut lire avec soin.

DE LA POËSIE FRANÇOISE,

DE SES DIFFERENTES especes, & principalement de la Comedie.

TRAITE' III.

NOUS entendons que toutes les sortes de Discours que nous avons considerez jusques à cette heure, ayent une mesure libre, estant permis de faire leurs periodes de diverses grandeurs, ce qu'on appelle de la Prose: Il nous reste de parler des

Si la Poësie vaut mieux que la Prose.

Discours de certaines mesures égales ou inégales, qui sont de la Poësie & des Vers. Plusieurs s'imaginent que de tels Ouvrages sont plus persuasifs, & plus agreables que les autres, & que les sentimens qu'ils publient sont receus avec plus d'applaudissement, & s'impriment mieux dans l'esprit de tous les hommes; Que comme la voix resserrée dans le canal d'une Trompette, a un son plus aigu que quand elle est poussée dans un air libre; Ainsi les paroles enfermées dans les mesures des Vers ont plus de vigueur que quand elles sont épanduës dans un champ vague. Afin de tirer avantage de cette opinion, il faudroit donc écrire en Vers toutes les choses d'importance, & l'on ne devroit lire aussi que des Vers pour en recevoir plus d'instruction & de divertissement: Mais la Prose n'est pas si licencieuse que le Vulgaire pense. Il faut apprendre que la Prose qui est bonne & bien faite, n'a que des libertez reglées; la longueur de ses periodes doit estre accommodée au sujet que l'on traite, & à la lenteur ou à la promptitude des mouvemens necessaires. On prend garde encore que toutes les parties en soient bien sonantes & bien compassées. Cela est plus naturel que les divers pieds de la Poësie Latine, & que le son des Rimes qu'on a adjoûté dans plusieurs Langues pour un de leurs principaux ornemens. Puisque les Ecrits sont les images des Discours de vive voix, & que dans le commerce ordinaire de la vie on ne parle point en Vers, il ne semble point necessaire de mettre jamais par écrit des paroles rangées dans les mesures de la Poësie, ce qui est mesmes une difficulté & une contrainte. A cela on peut répondre, Que quand on est accoustumé à faire des Vers, on parle aussi aisément en Vers qu'en Prose, & que cela paroist presque naturel; neanmoins si cela est jugé peu utile, il faut dire pour une autre réponse, Que de vray la Poësie a quelque chose d'artificiel & d'affecté, mais qu'elle en est plus estimable ; Qu'elle est reservée pour des sujets qui meritent qu'on s'y donne de la peine, & parce qu'on l'employe à des choses qui peuvent estre faites avec loisir, qu'il est permis aussi d'y user d'artifice ; Que la satisfaction qu'on reçoit en est plus grande; Qu'on estime les Vers pour la douceur qui se trouve dans leur lecture, ou à les oüyr reciter, à cause du pouvoir qu'ils se donnent sur l'esprit ; & que si les Discours en Prose ont quelque force par leur ordre & par leur mesure, ceux de la Poësie en doivent avoir davantage, puisque les Poëtes qui s'étudient à les faire, ont toûjours soin de leur donner tous leurs ornemens & tous leurs soûtiens ; Car il n'y a point de Vers sans mesures ou sans rimes, mais on peut donner à la Prose toutes sortes d'étenduës inégales.

Ce qu'on peut dire contre la Poësie Françoise.

Il ne faut pas demeurer en suspens dans une occasion si importante où les sentimens peuvent estre fort partagez. Pour se resoudre là-dessus, on doit considerer qu'il y a une grande difference entre la Poësie ancienne & la moderne, entre la Poësie des langues mortes, & celle des langues vivantes, & que les unes & les autres ont diverses regles. Si les Vers Grecs & les Latins ont de certaines mesures avec la distinction des syllabes longues & des breves, cela ne se remarque gueres dans la Poësie Italienne, dans l'Espagnole ny dans la Françoise ; Elles ont un certain nombre de pieds pour chaque sorte de Vers, mais on n'y observe point ce qu'on appelle la longueur ou la brieveté des syllabes, ce qui se fait par la conjonction des voyelles ou des consones, & par la prononciation & les accens. Ayant negligé cela dans nostre Poësie vulgaire, parce que cela donnoit trop de peine, on a choisi la Rime pour le principal ornement de nos Vers ; invention barbare & grossiere, laquelle a esté introduite quelque temps dans les Vers Latins apres la corruption de la Langue. A n'en point mentir cét ornement est peu estimable de soy; car quel sujet y a-t'il de faire grand estat de deux ou trois periodes ou lignes, pource qu'elles finissent d'un mesme ton, comme le son d'un instrument qui n'a qu'une corde ? Qu'est-ce que cela peut avoir de commun avec l'excellence du Discours & du Raisonnement ? Se doit on imaginer que ce qui est un vice en Prose puisse devenir une perfection dans la Poëſie? Car en effet il n'y a rien qui offenſe plus les oreilles dans la Proſe que de trouver un meſme ſon à la fin de ſes periodes ou de ſes demy-periodes. Il ſe trouve encore une autre conſideration qui donne ſujet de mocquerie & de mépris, c'eſt que les Rimes aſſujettiſſent le Poëte à dire ſouvent la meſme choſe; de ſorte que quand on entend reciter un Vers, pour peu qu'on s'y connoiſſe, on devine ſouvent l'autre Vers, ou au moins ſes derniers mots, & jamais vous n'entendrez prononcer *des larmes*, à la fin d'un Vers, que vous ne jugiez bien qu'on parlera apres *d'armes* ou *d'alarmes*; Qu'apres le nom *de Belle*, vous entendrez celuy de *Rebelle*, & apres *les Rigueurs* viendront *les Langueurs*. Il y a ainſi beaucoup de Rimes qui ne manquent point de ſe ſuivre, quand il n'y a gueres de mots d'une pareille terminaiſon. Cela eſt cauſe la pluſpart du temps que les Poëtes ne ſont pas libres dans leurs penſées, & qu'au lieu d'exprimer ce qu'ils deſireroient, il faut qu'ils s'accómodent à un autre Sens où la Rime les attache. Cette contrainte gefne tellement les bons efprits, qu'il ne leur prendra jamais envie de mettre en Vers des chofes d'importance, craignant que les mots les plus effentiels du fujet n'y puiffent entrer. Par exemple, on ne voudroit pas mettre en Vers un Contract ou une negociation; La Doctrine Theologique ou Philofophique feroit mal placée dans la Poëfie, pource que de certains termes y font neceffaires, lefquels ne fe rencontreroient pas à propos, ou bien les Vers feroient rudes, & n'auroient aucune grace; L'Hiftoire mefme dans ce genre d'écrire ne rapporteroit rien en fa naïveté. De-là viennent les railleries qu'on fait d'un Poëte Extravagant qui vouloit mettre les Conciles en Vers Alexandrins, & l'Hiftoire Romaine en Madrigaux. Pour connoiftre que la Poëfie Françoife n'eft pas fort accommodante, il faut remarquer qu'on ne s'y fert pas ordinairement des propres noms des chofes; qu'on y ufe de certains termes figurez, qui s'accordent à la mefure & à la cadence, lefquels déguifent par trop la Verité. On peut aussi trouver nostre Poësie trop ennuyeuse, de ce qu'elle use toûjours de circumlocution, & qu'elle employe en beaucoup de lieux les mots de *destin & de sort, de charmes & d'appas*, & autres semblables pour fournir à la Rime, ou au nombre des pieds du Vers, quoy que quelques-uns de ces termes ne soient aucunement necessaires au sens, & que la signification en soit vicieuse ou mal appliquée. Il y a quantité d'autres façons de parler qui ont trop d'affectation, comme lors que pour éviter de dire, *donner la vie ou la mort*, qui seroit parler trop vulgairement au gré de quelques personnes; en pensant mieux dire l'on dit, *donner le jour, ou perdre le jour, & oster le jour*. Cela se rencontre si frequemment que nous avons veu des Poëmes de ce siecle qui en sont importuns. Qui voudroit les examiner ponctuellement pour ces phrases poëtiques, on y en trouveroit de fort bigearres. Les Poëtes croyans enrichir leurs Ouvrages, y employent quantité de figures de Rhetorique qui déguisent les choses en mille manieres, les faisant plus grandes ou plus petites, ou tout autres qu'elles ne font. Cela est accompagné de pensées & de pointes prises des Fables anciennes, ou de quelques fictions nouvelles ; ce qui fait voir que tout cét Art n'est que jeu & divertissement, & qu'il est mal-aisé de l'employer à quelque chose de serieux. Bacon rapporte qu'un Docteur Anglois estant interrogé quelle estime il faloit faire des Poëtes, il dit, Que pour " luy, il les estimoit les meilleurs Au- " theurs apres ceux qui écrivoient en " Prose. On peut suivre cette opinion, " & croire que tant qu'on trouvera de bons Ouvrages en Prose, l'on se peut passer de ceux de la Poësie.

Mais si cela est dit par une haine particuliere qu'on ait conceuë contre cet Art, il faut un peu revenir à soy & l'examiner avec attention, pour sçavoir s'il ne se trouve pas quantité de raisons qui nous obligent à en faire de l'estime. Il est certain que dans les Vers il y a un certain agrément qui est cause qu'on prend plaisir à les oüir ou à les lire pour la douceur de leur cadence & de leur son, qui font

Raisons pour l'estime de la Poësie.

valoir d'avantage les penſées; Pource que les Diſcours en ſemblent eſtre plus animez que de la Proſe, ils repreſentent mieux toute ſorte de paſſions, & ont de plus vives deſcriptiós de tout ce qui ſe peut imaginer. Il faut conſiderer auſſi que les Vers ſont comme l'eſprit du Chant, en quoy ils ſervēt beaucoup, puiſqu'il n'y a rien de ſi propre pour exprimer les diverſes affections des Hommes, & pour calmer ou adoucir les plus violentes agitations de l'ame, que peut eſtre le Chant, quand il eſt accompagné des termes de la Poëſie, & qu'ils y ſont d'autant plus neceſſaires, que ſans eux les meilleurs Vers n'ont ny force ny grace. C'eſt pourquoy nous voyons que la pluſpart des Ouvrages Poëtiques, ſont rangez ſous diverſes meſures; comme dans l'antiquité on avoit les Epodes, les Strophes & les Antiſtrophes qui eſtoient ſeparez à cauſe qu'on les recitoit ſur le Theatre par de certaines ſtations, & qu'on les pouvoit chanter quelquefois. Les Odes anciennes n'eſtoient que des chanſons; Ce mot Grec ne ſignifie autre choſe, tellement

ment qu'on a divisé les Odes par couplets en toute sorte de langues, afin de s'accommoder à la portée de la voix de l'Homme. Nous avons veu de nostre temps qu'un sçavant & curieux Musicien avoit mis en Air les Odes d'Horace, & les faisoit chanter dans des Concerts pour nous donner des épreuves de la Musique ancienne. La division des Stances & de quelques autres œuvres Poëtiques dans la langue Françoise, Italienne ou autre, se fait pour le mesme sujet. Ces Pieces ne sont reduites à cette mesure, que pour les rendre propres à estre chantées, ou pour les rendre semblables à ce qu'on chante; car encore qu'on n'y fasse point d'Air, on supose qu'il y en peut avoir un. On a encore trouvé l'invention de faire que les Poëmes continus reçoivent quelque sorte de chant. Cela nous monstre que la Poësie est utile à composer l'un des plaisirs les plus charmans & les plus loüables de la vie humaine; car la Musique & la Poësie ensemble ne sont pas toûjours employées à publier les débauches des Hommes, comme

I

dans les Odes d'Anacreon, ou à s'exciter aux pensées & aux actions lascives, comme dans les Odes de Sapho; Elles sont encore occupées aux choses Morales & Politiques, & aux choses sainctes. Solon avoit fait ses Loix en vers, & plusieurs autres Sages avoient mis en chant leurs Statuts & leurs preceptes de bien vivre, afin qu'estans chantez à toute heure par les peuples, ils s'imprimassent mieux dans leur esprit. Les anciens Gaulois entretenoient des Hommes chez eux qui avoient charge de faire servir leur Poësie & leur Musique, à celebrer les loüanges des vaillans personnages de leur nation. Les mesmes Arts ont esté employez à chanter les loüanges de Dieu, comme l'on void aux Pseaumes & aux Cantiques de plusieurs Prophetes, & aux Hymnes que tant de saints Personnages ont composez. Sans joindre les Vers au chant, on peut mesmes vanter leur excellence, à cause qu'estant resserrez en de certaines bornes, il y a plus de facilité à les graver dans la Memoire, que des Discours libres. La Prose est comme un grand chemin sans limites & sans arrest, où l'on est bien plus en danger de s'égarer, d'autant que les periodes ont des inesgalitez dans leurs mesures que chacun n'est pas capable de conçevoir. Les paroles pompeuses & magnifiques dont l'on se sert dans la Poësie, rendent aussi l'ouvrage plus fort, & les poincts de doctrine qu'on y mesle, nous peuvent instruire sous un pretexte de nous agréer seulement. Or cela peut estre executé dans les Poësies modernes aussi bien que dans les anciennes. On ne sçauroit douter que les mesmes sujets ne puissent estre traitez par les unes comme par les autres. On objecte seulement à la Poësie vulgaire, que n'observant point les Quantitez des Syllabes, & ce qu'on appelle les Longues & les Breves, elle n'a pour soûtien que le nombre des pieds de chaque Vers avec la Rime à la fin, ce qui est un embellissement que quelques-uns méprisent; Mais s'ils disent que la Rime est une invention barbare, on leur répond que nos oreilles s'y sont tellement accoustumées, qu'on ne s'en sçauroit plus passer. Nous sçavons le peu de grace qu'ont les Vers François mesurez sans Rime, tels qu'en ont fait autrefois Jodelle & Rapin, de qui on en voit de Saphiques, d'Hexametres & de Pentametres. Les mesmes Autheurs en ayans composé d'autres de pareille mesure qu'ils ont fait rimer,& qui en ont paru plus agreables ; cela montre la necessité de la Rime pour nos langues modernes. Quant à la contrainte qu'on croit qui en procede, on peut dire qu'elle n'est que pour ceux qui ne sçavent pas bien faire des Vers, lesquels la Rime oblige à s'égarer de leur sujet, & à n'en prendre qu'un fort vulgaire qu'elle leur preséte. Ceux qui sont heureux Poëtes, arrengent les mots dans les Vers comme s'ils y estoient nez ; La nature y surpasse l'artifice. Quelquefois mesmes tant s'en faut que la recherche des Rimes les fasse extravaguer, qu'elle leur fournit des pensées qu'ils n'auroient pas euës sans elle si facilement. Il est vray que cecy est pour les bons Maistres qui tirent profit de tout, & qui tournent leurs Vers en tant de manieres, avant que de leur laisser la derniere forme, qu'ils donnent à tous les mots leur meilleure situation, pour contenter les oreilles les plus delicates. Puisque nous buttons principalement à exalter nostre langue, il faut reconnoistre encore que la Poësie Françoise a une excellence que n'ont pas la Poësie Italienne ny l'Espagnole, en ce qu'elle est plus diversifiée par l'usage des Rimes feminines entremeslées aux masculines, à cause d'une certaine terminaison molle & prononcée à demy, qui se trouve en quelques mots François, ce que les Italiens & les Espagnols n'ont point dans leur langue, toutes leurs terminaisons estant fermes & entieres. Par ce moyen leur Poësie est privée d'une grande douceur & d'une agreable varieté dont la nostre joüit; mais elle ne l'a pas sans peine, lors qu'on veut bien observer ce meslange.

Toutes les regles de la Poësie Françoise estant si severes, qu'il faut estre des plus habiles pour les garder, je soustiendray là dessus une proposition tres-vraye, quoy qu'elle doive eston-

Qu'il est plus aisé de faire des Vers Grecs & des Latins que des François.

ner beaucoup de gens de College, & d'autres; Qu'il est sans comparaison plus aisé de faire des Vers Grecs & des Vers Latins que des François, pour les faire dans quelque degré d'excellence. Ce qui trompe plusieurs à l'abord, c'est que parlant d'une Langue qu'on appelle vulgaire, ils croyent que les compositions de toutes les sortes, y sont d'un artifice vulgaire comme son nom, & que ce que l'on compose en une Langue ancienne & estrangere, est plus mal-aisé, à cause que cette Langue n'est pas si connuë; mais nous supposons qu'on sçache aussi bien les unes que les autres, & l'on peut soustenir en ce cas, qu'encore que la Langue Grecque & la Latine ayent égard aux syllabes longues & aux breves dans leurs Vers; ce qui ne s'observe point dans les nostres, les leurs ne sont pas si difficiles à mettre dans la perfection ordinaire selon l'usage des meilleurs Autheurs. On connoistra cecy clairement si on considere que dans les Vers Grecs & dans les Vers Latins, il est permis de transposer les mots à sa fantaisie, au lieu que dans les Vers François il faut garder leur ordre ordinaire & naturel; Que dans les Vers Grecs & dans les Latins, on use de plusieurs periphrases & licences poëtiques qui forment aisément un Vers, & qu'on y souffre aussi plusieurs adjectifs & epithetes qui seroient vicieux dans nos Vers François, & y passeroient pour des chevilles, & pour des mots superflus ou trop affectez; Qu'on n'y sçauroit souffrir aucune parole, ny mesme une seule syllabe inutile, & que quantité de façons de parler en sont rejettées comme trop basses & trop rudes ; Qu'aussi voit-on de jeunes Escoliers qui composent des Vers passablement en Grec & en Latin, au lieu que des hommes d'âge complet & de jugement formé ont beaucoup de peine à faire de bons Vers en nostre Langue : Toutefois il faut avoüer qu'il y a un souverain genre de Poësie Grecque & Latine, qui ne cede à aucun autre, & qui est aussi mal-aisé à observer que tout ce qu'on se figure ; Qu'il n'y a point de Maistre qui l'enseigne, & que c'est le bon sens qui nous le fait trouver. D'ailleurs, nous devons croire que la gravité des anciens Autheurs les fera toûjours reverer: Nous sommes déja demeurez d'accord qu'on se peut adonner à la lecture de leurs Ouvrages, non seulement pour leur agreable forme, mais pour les sujets qu'ils traitent. Or comme chaque Poësie a des graces selon les commoditez de sa Langue, la Poësie Françoise a aussi les siennes. On ne la doit pas seulement estimer par l'obligation de la patrie, mais pour son merite propre; Voila pourquoy il nous est permis de la cultiver.

Des divers sujets de la Poësie.

Il faut avoüer que les François sçavent si bien user des plus beaux Arts, qu'ils en font ordinairement un bon employ. Plusieurs de nos Poëtes ne se sont servis de leur Poësie, que pour donner des loüanges à Dieu en toutes les manieres de Vers; Mais on n'a pas pû empescher que d'autres n'ayent occupé leur esprit à quelques sujets prophanes. Le sujet ordinaire de nostre Poësie est quelquefois la description des Passions amoureuses par des Stances, des Sonnets, & des Elegies; & cela est encore employé à la loüange des grands hommes, à quoy on se sert pareillement des Odes & des Poemes. Pourveu que les Vers d'Amour representent un amour spirituel plûtost que corporel; qu'ils ne soient point dans l'idolatrie, & qu'ils suivent les regles de l'honneur & de la vertu, on peut s'appliquer à ce divertissement, soit pour la composition, soit pour la lecture. Quant aux Vers de loüanges, encore qu'ils surpassent le prix du sujet, il y a beaucoup d'occasions où ils doivent estre soufferts. Les Poetes reconnoissans bien que pour l'ordinaire on a rendu leur art, un art de mensonge & de fiction, croyent qu'en toutes occasions il leur est permis de mentir & de feindre, & principalement en loüant les Grands; mais il faut qu'ils sçachent que dans la belle maniere de composer des œuvres Poetiques, ils peuvent embellir la verité de fictions, non pas nous donner seulement des fictions au lieu de la verité: Toutefois si les loüanges peuvent pancher vers la

I v

flatterie pour des personnes qui n'ont qu'une ombre de vertu ; combien doivent estre loüez davantage ceux qui ont une vertu effective ? On connoist aisément que la description d'un merite imaginaire peut servir de modele en quelques occasions pour representer un merite reel. Les Poemes qui ont plusieurs Chants ou Livres, sont d'une longue estendue, qui doit estre remplie de plusieurs Narrations veritables ou feintes, ou de leur meslange. On peut dire que ce sont des Romans comme les Romans sont des Poemes en Prose. Si on souhaite la lecture de ces Poemes, il faut rechercher ceux dont les inventions sont les plus ingenieuses & les mieux suivies, & qui peuvent avoir des explications pleines de mysteres. On a traduit ou imité les Epigrammes, les Odes, les Elegies, & les grands Poemes de plusieurs Poetes Grecs & Latins. Ronsard & quelques autres de son temps ont fait des Ouvrages Poetiques de toutes les sortes. Malherbe, Bertaud, Lingendes, Maynard, Gombaud, Theophile, Saint-Amant, & quelques autres n'en ont pas tant fait, mais ils ont fait quelque chose de plus regulier & de plus agreable. Entre ceux qui sont venus au mesme temps, & depuis encore, il y en a qui se sont efforcez d'écrire à la mode de leur siecle, & ont presque mis nostre Poesie dans sa perfection. Quelques-uns ayans entrepris des Pieces en style heroïque, nous ont paru fort loüables de s'estre voulu adonner à un si grand travail que les Poemes historiques & narratifs qui sont d'une longue estendue, & qui paroissent un miracle de l'Art Poetique.

Plusieurs autres Poetes ont mieux aymé composer des Pieces de Theatre qui sont plus courtes, parce qu'elles ont leurs limites reglez ; Elles sont plus faciles aussi, pource qu'avec quelques Discours d'une suite qu'elles contiennent, ausquels on donne de la force, on y mesle des Dialogues, lesquels pour estre en langage ordinaire & vray-semblable, n'ont pas besoin d'estre si travaillez que le reste. Il faut reconnoistre en effet qu'une Piece de Theatre, n'est qu'une

Des Pieces de Theatre.

partie du vray Poeme, qui pour estre complet, outre les entretiens reciproques des personnes qui y sont introduites, doit comprendre les descriptions des lieux, la representation des mouvemens de l'esprit & du corps, & toutes les actions qui peuvent estre produites dans la vie. C'est ce qui se trouve dans le Poeme Epique & Heroïque, & de tout cecy les Poemes Dramatiques qui sont les Comedies & les Tragedies, ne rapportent que les paroles. On pretend que la face du Theatre represente les lieux, & ce qu'on appelle la Scene ; Que pour les actions, elles sont assez bien figurées par celles des Acteurs ou Comediens & mesmes avec plus de naïveté que dans un recit. Cela est bon pour le plaisir de la veüe, & pour les occasions qu'on a de se divertir en de tels spectacles ; mais lors qu'on manque de pouvoir ou de volonté d'assister à ces sortes de representations, où se trouve ordinairement le desordre & le tumulte, & que l'on souhaite seulement de se repaistre l'esprit dans la solitude d'un Cabinet en s'adonnant à la lecture, on peut croire que le choix d'un Poeme entier, qui est proprement le Poeme Epique, est plus utile que d'une Comedie, qui pour toute une Histoire ne donne que des Dialogues. Il est pourtant en la liberté de chacun de faire ce qu'il luy plaira, sans qu'on y contredise aucunement, puisqu'on peut tirer du divertissement & de l'instruction de chaque costé. On y joindra cette consideration, qu'il se trouve peu de Poemes Epiques, & qu'il y a aujourd'huy si grand nombre de Pieces de Theatre imprimées, qu'on ne sçauroit s'empescher de s'y arrester quelquefois pour les lire. Si on les veut voir representer, c'est alors qu'il est le plus besoin de les examiner au moins par le bruit commun, afin de n'y pas perdre son temps. A dire vray il y a de ces Pieces ou Comiques ou Tragicomiques, lesquelles n'ont eu l'approbation du peuple, qu'à cause d'une certaine expression naïve qui a touché les esprits, ou d'autant que des passions diverses s'y combattent l'une l'autre violemment; mais il ne se faut pas laisser gagner au premier éclat qui nous paroiſt : Les émotions de l'ame qu'on expoſe à nos yeux, ſont quelquefois dans une vehemence exceſſive. Il faut ſçavoir, qu'encore que ce ſoit en elles qu'on établiſſe maintenant l'excellence de la Comedie & de la Tragedie, & que ce ſoit ce que le Vulgaire admire le plus ; c'eſt ſouvent ce qu'on y doit trouver de plus abſurde & de moins conforme à la verité de ce qui arrive d'ordinaire ; car on ne void gueres de gens auſſi tranſportez, comme l'on en repreſente ſur les Theatres. Ce ſpectacle eſt meſmes à condamner, eſtant capable de nuire beaucoup par l'exemple dans les Comedies, & plus encore que dans les Romans, à cauſe que ce qui eſt preſenté à noſtre veüe doit toucher davantage que ce qui dépend de noſtre intelligence & de nôtre imagination. Si avec cela les Comedies repreſentent des paſſions injuſtes & deshonneſtes, il ne faut point mettre en queſtion ſi elles ſont à rejetter.

Des defauts des Comedies. Dans toute la candeur & toute l'honneſteté qu'on peut donner à de tels Ouvrages, ils gardent de certaines methodes qui ne plaisent pas à tout le monde. S'il n'y a rien à blasmer dans leur sujet, on cherche dequoy censurer dans leur structure; On se moque de ces personnages qui parlent si long-temps tous seuls sur les Theatres. Il semble que ce n'est pas imiter la façon d'agir des hommes sages, mais plustost des fous qui ont accoustumé de parler seuls ; & si l'on fait tourner les Acteurs vers les assistans, comme s'ils les entretenoient de leurs affaires, on demande quelle affinité ces gens-là peuvent avoir avec ceux qui les écoutent, puisqu'ils ne sont pas des personnages de leur Histoire ny de leur Scene ? On trouve aussi fort estrange qu'un des Comediens estant d'un costé, & l'autre de l'autre sur le Theatre, ils parlent chacun à part comme s'ils ne se pouvoient entendre, & ils disent fort haut des choses secrettes qui devroient fâcher chacun d'eux lors qu'ils les sçavent, quoy que cela ne les émeuve point. Ces coustumes badines pour estre autorisées par l'ancien style des

Comedies n'en paroiſſent point plus tolerables : On croit qu'il les faudroit abolir entierement, ou s'en éloigner le plus que l'on peut. Je répondray qu'en pluſieurs pieces il eſt de la bienſeance de faire parler des hommes tout ſeuls, pource que cela témoigne d'autant plus l'excez de leur paſſion, & qu'en d'autres endroits il n'y a point d'autre invention pour faire ſcavoir aux Auditeurs les intrigues & les ſentimens de ceux qu'on repreſente, & que ſi deux Acteurs ſont aſſez prés l'un de l'autre, ſans qu'ils faſſeut connoiſtre qu'ils s'entendent parler, ny meſmes qu'ils ſe voyent, il faut pardonner cecy au Theatre qui ne ſcauroit eſtre aſſez ſpacieux pour un plus grand éloignement. Voila comment on peut repartir aux Cenſures qui ſe forment ſur quelques deffauts des Comedies ; mais on pretend qu'en de telles occaſions elles ceſſeroient d'eſtre Comedies, ſi elles n'eſtoient faites de cette ſorte.

Des Obſervations exactes des Comedies. Au contraire de cecy, quelques gens blaſment les obſervations trop exactes, les voulant faire paſſer pour

FRANÇOISE. Traité III.

inutiles. Ils se raillent des contraintes où l'on se trouve quand on veut mettre une Piece justement dans les regles, la reduisant à l'Unité d'action, de lieu & de temps, & principalement quand on s'arreste à cette observation qu'on appelle *La Regle des vingt-quatre heures*, à cause qu'on se persuade qu'une bonne Comedie ne doit representer que ce qui se passe en un jour naturel. On rapporte qu'en quelques Pieces pour lesquelles le Theatre estoit orné de perspectives & de diverses lumieres, ceux qui en donnoient l'ordre, furent si ponctuels à garder la Loy establie, qu'ils firent paroistre le Soleil dans son Orient, puis dans son Midy, apres dans son Occident, & enfin ils firent venir la nuit. Nous nous étonnons comment on n'avoit point mis aussi un Quadran au Theatre, pour y marquer les heures les unes apres les autres, afin de faire mieux voir aux Spectateurs que la Piece estoit dans les vingt-quatre heures. Ce n'est pas que cette Regle ne soit fort necessaire dans plusieurs Pieces, & qu'on ne la doive loüer, mais on se peut moquer neantmoins de ceux qui croyent avoir tout gagné pour l'avoir observée, & qu'il ne faut que cela pour rendre leur Comedie excellente. Il est certain que ce seroit une chose fort absurde, si l'on representoit toute la vie d'un Homme en une seule Piece; Qu'on le fist paroistre sans barbe au premier Acte, avec une grosse barbe noire au second & au troisiéme, un peu grison au quatriéme, & avec une barbe blanche au dernier. Quoy qu'on ne commette point de fautes si grossieres, plusieurs trouvent encore mauvais qu'on represente en une apresdisnée ce qui s'est passé pendant quelques mois, & mesmes pendant quelques jours; Ceux qui veulent user d'une telle liberté, la pensent defendre en disant, Qu'il suffit que les Actes fassent la division: Que cela ne contrarie point davantage au Sens que ce que font les Autheurs les plus severes, lesquels pretendent toûjours mettre leurs Pieces dans la regle des vingt-quatre heures, quoy qu'ils fassent voir en une couple d'heures ce qui s'est passé en un jour entier, & s'ils font paroiſtre le Soleil ſur l'horiſon de leur Theatre, ils le font marcher beaucoup plus viſte qu'il n'a accouſtumé de faire dans le Ciel. Cecy nous fait connoiſtre que leur Regle des vingt-quatre heures n'eſt pas une loy qui doive eſtre auſſi ponctuellement obſervée que l'eſtoit autrefois la Loy des douze Tables, & que toute la Comedie n'eſtant qu'un ouvrage de plaiſir, on ne regarde pas tant à ſa durée & à ſes diviſions, puiſqu'à la rigueur il la faudroit reduire à une regle de quatre heures, ou de deux ſelon le temps qu'elle peut durer ; Qu'enfin quelques coups d'archet de violon ont beaucoup de pouvoir, faiſant paſſer les Acteurs & les Spectateurs en quelques momens d'un temps à un autre, comme auſſi d'un endroit à un autre, avec le ſecours du changement de Theatre. Ainſi la Regle de l'Unité de lieu eſt encore violée pour repreſenter une Hiſtoire qui s'eſt paſſée en divers endroits, ou bien il faut ſe reduire à ne repreſenter qu'une ſeule action. On peut dire que les Pieces n'en ſeroient pas plus agreables quand on se soûmettroit à toutes ces contraintes; qu'au reste si la Regle des vingt-quatre heures ne se trouve justement observée dans le temps de la Representation, elle l'est au moins dans la structure de la Piece, ce qui suffit pour l'Autheur, & que c'est à cela que les Spectateurs & les Auditeurs doivent prendre garde, se tenans contens de ce qu'ils trouvent; Qu'il est besoin de s'accommoder diversement au goust des peuples & des hommes qualifiez qui assistent ordinairement aux Comedies & leur donnent du credit; que cela n'empesche pas qu'un Poëte judicieux ne fasse quelque autre chose à son choix, pour montrer quelles sont les Loix du bon sens & de la Raison, applicables à toutes sortes d'Ouvrages.

A sçavoir s'il faudroit faire toutes les Comedies en Prose.

On examine encore l'estime qu'on doit faire en general des Pieces de Theatre, lesquelles on met au rang des principaux Ouvrages de la Poësie. Quelques-uns trouvent à redire que l'on fasse presque toutes les Comedies en Vers, quoy que l'on ne parle ordinairement qu'en Prose. On rêpond, Que puisque les Heros & les Dieux de l'antiquité donnent le sujet des principales Pieces de Theatre, on les y doit faire parler autrement que le vulgaire, & d'une maniere plus exquise, qui est celle de la Poesie, qu'on appelle le Langage des Dieux. On repliquera que tous les Personnages des Comedies & des Tragedies ne sont pas des Dieux ny des Heros, & qu'il y a des Pastorales où avec les Dieux, l'on n'introduit que des Bergers & d'autres hommes vulgaires, lesquels neantmoins parlent tous en Vers, & qu'il seroit donc à propos de faire distinction des uns & des autres ; C'est pour cette raison que les Italiens en de certaines Comedies, voulans faire remarquer la difference qu'il y a entre les Dieux & les hommes, font que les Comediens qui representêt les Dieux, chantent leur roolle sur le Theatre, au lieu que ceux qui representent des Hommes, prononcent les Vers seulement. De là viennent leurs Comedies en Musique, mais quand tous les personnages y chantent, elles sont bien moins raisonnables que quand il y a moitié chant & moitié recit. Ils introduisent encore des Personnages dont toutes les actions ne se font qu'en dansant, avec des postures convenables à ce qu'ils doivent representer, au lieu que les autres marchent & agissent dans le train commun. Nous pouvons dire que toutes ces inventions Italiennes ne sont que des ragousts de passe-temps, où l'on veut faire Ballet, Musique & Comedie tout ensemble; Que c'est aussi une plaisante methode de faire toûjours chanter les Dieux, comme n'y ayant qu'eux de parfaitement contens & de bien joyeux dans le Monde ; au lieu que les pauvres Mortels, qui ne sont que misere & affliction, prononcent leurs paroles d'un ton bas & simple. Nous pouvons avoir cette consolation que si dans ces sortes de Comedies les Hommes ne font que parler, au moins ils parlent en Vers, de mesme que ce sont des Vers que les Dieux chantent; C'est avoir quelque chose de commun avec eux, puisque la Poësie est estimée leur langage. Pour faire une autre distin-

&tion facile, & apporter une reformation nouvelle, nous dirons que dans les Comedies où tous les Personnages ne font que parler, il faudroit qu'il n'y eust que des Dieux ou demy-Dieux, ou de grāds Hommes qui parlassent avec rime & mesure, & que les moindres Personnages parlassent en Prose. On repartira que cette observation ne seroit point agreable, & que de voir une Piece moitié en Vers, moitié en Prose, ce seroit une inégalité fort choquante; mais cela ne seroit peut-estre pas si étrange que l'on croit; il le faudroit éprouver. En ce qui est de nostre ancienne Coustume quand on la voudra appuyer, il faut dire, Que si dans nos Pieces ordinaires, on entend parler en Vers tant les Rois que les Bergers, tant les Maistres que leurs valets, on y trouve cette distinction, que c'est chacun en des stiles differens & avec des sentimens particuliers. Afin d'autoriser cette procedure dans la Poesie du Theatre, & dans celle de tous les Poemes Epiques & des autres Pieces narratives, on se peut servir d'une

belle & agreable similitude; C'est que comme les Sculpteurs, les Fondeurs, & les Orfévres peuvent faire d'excellens Tableaux de relief, où ils representent des Montagnes, des Châteaux, des Arbres, des Hommes, & des autres Animaux, les faisant tous de mesme matiere, soit terre, pierre, bois, ou metal, de sorte que le visage d'un homme n'y est pas autre que l'étoffe de son habit, ny les cheveux d'autre couleur que la chair, n'y ayant que la figure qui distingue les choses; Ainsi dans les Comedies on fait tous les Discours sous la forme de Vers, pource que c'est la loy de l'Ouvrage, que sa beauté consiste à la suivre, & que si les Discours y sont reduits à d'égales mesures, la diversité y est pour le raisonnement ; Que c'est ce qui fait connoistre la difference des conditions & des sentimens de ceux qui parlent, ainsi que la figure des Statuës fait voir ce qu'elles representent. Voila des defenses pour nos Poetes qu'ils ne s'estoient point encore imaginées: Mais quoy qu'on leur accorde que c'est une chose bien-
séante

seante de faire des Comedies en Vers, on leur peut reprocher neantmoins que plusieurs Comediens qui n'agissent que par leur ordre, prononcent les Vers comme si c'estoit de la Prose, & qu'ils tiennent que pour les bien reciter, il faut les joindre avec tel art, qu'il ne semble presque point que ce soit des Vers ; Que cela est grossier de s'arrester sur toutes les Rimes, & de les marquer par trop, plustost que de penser à la suite du Sens. On estime à propos d'adjouster une observation assez agreable, c'est qu'il faut que tous les Poetes de Theatre reconnoissent, que faisant parler plusieurs Personnages ensemble dans leurs Comedies, quelquefois deux, quelquefois trois & davantage, ils prennent plaisir à faire que leurs Vers y soient démembrez par les uns & par les autres. On trouve là des propositions, des réponses, des repliques, & des reparties sans nombre, où chaque Personnage ne profere que deux ou trois mots, & souvent qu'un ; de sorte que cela ne paroist plus estre de la Poesie, & cela n'importe selon les regles ordinaires

K

du Theatre, pourveu que tous les mots
separez estans reünis, puissent former
des Vers ; Mais certainement leur jonction & leur forme de Vers ne se découvre qu'à les voir écrits sur le papier ; ils paroissent si peu des Vers en
les prononçant, qu'on se pouvoit bien
passer de les faire. Si de tels Dialogues
sont estimez de bonne grace, il vaudroit autant que ce fust toute Prose.
On peut donc supposer que la Prose
est plus agreable pour les Pieces de
Theatre, que n'est la Poësie, puisqu'on
veut bien que la Poësie luy ressemble.
Pour rendre une Justice égale, nous
dirons, Que ce n'est point par tout que
les Comediens taschent de cacher les
Rimes & les mesures des Vers ; Qu'au
contraire en de certains endroits ils
les font sonner le plus qu'ils peuvent,
comme servans à la gravité du Discours ; Que c'est dans les Entretiens
familiers qu'ils taschent de joindre
doucement les Vers les uns aux autres, pour exprimer plus naïvement les
passions, & faire mieux comprendre le
sens des choses ; Qu'en ce qui est des
Vers démembrez, & dont les mots

sont partagez entre divers Personnages, cela ne se fait point dans toute une Piece, mais seulement dans les Dialogues, dont on veut garder la vray-semblance, pour délasser l'esprit des Auditeurs apres de longues traites. Enfin si nous condamnions absolument les Comedies en Vers, nous aurions beaucoup d'adversaires: Tant ceux qui les composent, que ceux qui les recitent, & ceux qui les entendent reciter, ils continuëront tous de soûtenir, Qu'on ne sçauroit nier qu'elles n'ayent plus de majesté en Vers qu'en Prose; On peut dire que la preoccupation d'esprit opere grandement en cecy, & que si les Comedies en Prose ne sont pas estimées si majestueuses que celles qui sont en Vers, c'est que les Comediens ont peine à trouver la vraye maniere de prononcer les Discours en Prose, principalement quand ils contiennent des choses releuées. Pour cecy il faut estre sçauant, & entendre bien ce qu'on dit, au lieu que la Poësie est aisément prononcée, mesme par des enfans & par des ignorans, à cause que les Rimes & les mesures des Vers aydent à les soûtenir, & donnent de la grauité au Discours, au moins en apparence. C'est ce qui touche la partie de l'ame la plus sensible, & la moins raisonnable. Si les Comediens estoient accoustumez à reciter de la Prose, & que le Peuple fust aussi accoustumé à l'oüyr, il n'y a point de doute que les Pieces de Theatre reüssiroient autant en Prose qu'en Vers, mesmes pour les sujets Tragiques & Serieux. En ce qui est des sujets vulgaires & Comiques, on connoist souvent par experience que la Prose leur est fort naturelle: Mais comme les sujets serieux peuvent estre mis en Prose de mesme que les sujets Comiques; Aussi les Comiques peuvent estre mis en Vers de mesme que les serieux. Encore que nous ne parlions pas en Vers dans nostre genre de vie ordinaire; neantmoins dans les Ouvrages faits à loisir, il est permis d'user d'un langage estudié, & d'y adjouster des mesures & des Rimes pour plaire davantage aux oreilles de ceux qui nous écoutent. En se plaisant à soy-mesme, on peut encore plaire à autruy, & par ces agreables complaisances on s'accommodera à toutes sortes d'opinions selon que l'occasion s'en presentera.

Les Poëmes Comiques & les Poëmes Satyriques, peuvent garder les mesmes Regles que les Heroïques, prenant comme eux toute sorte de mesures. La difference ne se trouve qu'au stile, qui pour les Poëmes Heroïques est serieux & doux, & n'a qu'un emportement raisonnable, en critiquant les mauvaises actions; au lieu que le style Comique & le Satyrique, sont bouffons & piquans. L'usage en vint autrefois pour reprendre quelques vices que les Loix ne punissoient point, & mesmes pour critiquer des personnes qu'on croyoit estre au dessus des Loix. On faisoit qu'une plume ou une parole libre disoient par raillerie des veritez qu'il estoit plus dangereux de dire serieusement. Encore restoit-il quelque franchise en ce siecle-là qui ne s'offençoit point de ces choses, au lieu qu'aujourd'huy les Grands ne portent point tant de respect aux Enfans des Muses, qu'ils voulussent souffrir des Remonstrances de leur part,

Des Poëmes Comiques & Satyriques.
Des Epigrammes & des Rôdeaux.

K iij

ny prendre en jeu leurs médifances & leurs invectives. Leurs pauvres Poëtes n'ofent attaquer que ceux qui manquent de pouvoir de s'en reffentir: La crainte qu'ils ont d'attirer fur eux quelque fafcheux ennemy, & de nuire à leur fortune, eft caufe que la plufpart des Satyres de noftre temps n'aboutiffent qu'à fe railler d'un Pedant, d'un Poëte crotté, ou d'un Courtifan fait à la hafte, avec des defcriptions ridicules d'habits & d'actions, parce qu'il n'y a point de hazard à courir de parler de gens de fi peu de confequence. Il eft bon auffi que quelques Autheurs fe contiennent, n'eftant pas affez forts pour parler de plus haute matiere. Leur exercice qui n'eft que jeu & que fable, ne merite pas toûjours d'eftre employé aux chofes vrayes & ferieufes. Apres les longs Ouvrages, l'on place les Epigrammes qui font de petites Pieces, lefquelles ayans des rencontres piquantes à la fin, l'on les peut appeller des Satyres diminuées. Il y a du plaifir à les voir quand elles difent quelque chofe de fubtil & de nouveau; On s'inſtruit & ſe divertit ainſi avec peu de peine; Cette brieveté eſt capable de faire aymer la lecture aux plus impatiens. C'eſt ce que nous diſoit le Poëte Gombaud, quand on ſe plaignoit que les Gens de la Cour rejettoient une Piece s'ils la trouvoient trop longue; Qu'il les feroit bien lire malgré qu'ils en euſſent; Qu'il leur donneroit ſes Epigrammes qui la pluſpart n'avoient que quatre Vers; Qu'ils auroient peine à s'exempter de les voir; Qu'il les appelloit les Mouches; Qu'elles piquoient bien fort, & laiſſoient leur aiguillon. Je ne répons pas du ſuccés qu'il en eut; car l'eſpoir de la reputation eſt ſouvent mal fondé. Les Ballades & les Rondeaux ſont d'autres Pieces qui peuvent accompagner les Epigrammes, & qui la pluſpart ne ſont faites que par paſſe-temps. Les Rondeaux ayant eſté remis en credit, on s'y eſt preſque ſervy par tout des termes des anciens Poëtes, afin de les mieux contrefaire, les imitant au langage auſſi bien qu'en la forme du Vers. On peut dire que Voiture a eſté le ſecond Pere du Rondeau, en ayant ramené la mode qui eſtoit entierement abolie. Cét Autheur a donné cours à pluſieurs Ouvrages galands auſſi bien en Proſe qu'en Vers : Il a beaucoup contribué à entretenir un commerce agreable entre les gens du Monde par des Lettres polies, faciles & divertiſſantes.

Des Vers Burleſques.

Les petites Pieces de raillerie en Vers, ont donné l'origine à de plus grandes qu'on a faites dans toutes les formes differentes de la Poëſie, comme de Stances, d'Elegies, & de Poëmes continus. On a voulu tirer plus de divertiſſement de tels Ouvrages en y employant toutes les façons de parler facecieuſes d'elles-meſmes, ou qui peuvent ſurprendre à cauſe qu'elles ſont extraordinaires. Par ce moyen le ſtile Comique & le Satyrique ſont degenerez depuis peu en un autre ſtyle, que pour le diſtinguer on a nommé Burleſque ; C'eſt s'abuſer de croire que le ſtyle Comique de Marot & de S. Gelais que quelques-uns taſchent d'imiter en cecy, ait eſté un ſtyle Burleſque pour ces anciens Poëtes ; car le langage dont ils uſoient n'eſtoit pas extraordinaire en leur temps comme il est en celuy-cy: Ils usoient des termes qui avoient cours alors, & qui n'estoient point fantasques cōme ceux qu'on a introduits dans la nouvelle maniere de Vers, où l'on fait entrer encore tout ce qu'on se peut imaginer de badin & de niais pour les pensées, avec l'employ de tous les Proverbes ou Quolibets des Halles, & de quantité de mots anciens ou estrangers. Tant s'en faut que cela aille du pair avec le vray stile Comique ou Satyrique, qu'au contraire plusieurs hommes fort sensez, disent que ce stile Burlesque n'est qu'un excrément du cheval Pegaze, & le fumier de son Escurie, ou bien que ce n'est qu'un fruit du divertissement qu'ont pû prendre les valets des Poëtes, quand ils ont gardé leurs mules au pied du Mont Parnasse, & lors que pour éviter l'oysiveté, ils ont voulu éprouver s'ils feroient bien le métier de leurs Maistres. En effet, de la sorte que plusieurs nous bastissent de tels Vers, il n'est pas mal-aisé d'y reüssir; car quelque extravagance qu'on y mette, cela

K v

en est toûjours mieux, & les fautes qu'on y fait, y passent pour des beautez, si bien que pour en parler sans feinte, on doit asseurer que c'est une invention de quelques Gens, qui n'ayans pû parvenir à la perfection des Vers serieux, se sont avisez d'en faire de ridicules. On ne voit rien de si commun aujourd'huy que cette sorte de stile ; il semble que toute la France soit malade du Burlesque: Il n'y a personne qui ne s'estime capable d'en faire. Quantité de Gens sans estude, & de toutes conditions, & mesme des femmes & des filles s'entr'écrivent des Lettres en Vers, quoy que jusques à ce temps-cy plusieurs n'eussent osé mettre la main à la plume. On trouve aussi des hommes qui à peine sçavent lire, lesquels ont la hardiesse de faire imprimer des Livres en Vers de cette nature, & c'est bien ce qui en montre la facilité. Il faut remarquer pourtant que quelque bassesse qu'ait ce style, il a son excellence particuliere. Scarron ayant esté le premier qui nous ait donné de ces sortes d'Ouvrages, il les a rendus si agreables que ceux qui viennent apres luy ont peine à l'égaler : Quand on ne fait que suivre quelqu'un, on n'est pas en estat de l'atteindre. Cét agreable Poëte peut estre mis hors du commun ; On a dû trouver bon qu'estant toûjours malade il ait pris cét exercice pour un soulagement dans ses douleurs. On considerera encore combien il faut de naturel aux pieces de raillerie, & que sans cela tout y est sans grace. On ne croiroit jamais que le caractere d'un homme de bon lieu & bien instruit, se fist si bien paroistre parmy tant de folies, ainsi que nous voyons que des Gens de basse étoffe, qui composent de ces sortes de Vers, se font connoistre incontinent pour ce qu'ils sont par la bassesse de leurs pensées, & par leurs paroles viles. Ceux qui voyant l'approbation que quelques Autheurs ont obtenuë par leurs Ouvrages Comiques, Satyriques ou Burlesques en Prose ou en Vers, en veulent faire aussi, n'y reüssissent pas toûjours. Ils ressemblent à cét Asne des Fables qui voyant qu'un gentil petit chien estoit fort caressé de son Maistre, apres avoir sauté sur luy, & luy avoir lesché le menton, il en pensa faire autant pour estre mignardé de mesme, & il vint mettre ses deux pieds de devant sur les épaules de cét homme, mais cette accollade estant trop rude, il en fut repoussé incontinent, & chassé à coups de bastons. Cela signifie qu'il n'est pas permis à toute sorte de personnes de se mesler de railler, & qu'il ne le faut pas faire d'une maniere incivile & grossiere. Au reste pour l'estime des Vers Burlesques, comme la reputation d'un bon Poëte ne consiste pas à ne faire que cela, aussi ne se doit-on pas borner à cette seule lecture : Il n'en faut voir que ce qui suffit au divertissement apres des emplois serieux. Il faut avoüer qu'entre toutes les sortes d'Ouvrages il ne s'en trouve point où il y ait moins de profit ; Dans tous les Livres de plaisir, soit Lettres & Entretiens libres, ou Romans, il y peut avoir quelques remarques de Science ou d'Histoire, ou quelques Discours remplis de force & d'elegance; En ce qui est mesme des Vers Comiques & Satyriques ils peuvent contenir des Enseignemens moraux & meslez: S'il s'y trouve quelque chose pour exciter à rire, & pour réveiller l'esprit, ce sont des pensées subtiles & agreables, non point seulement des paroles sottes & badines, telles que dans la pluspart des Vers Burlesques qui mettent là leur perfection. Il faut prendre garde aussi que ce n'est que quand ils tiennent un peu du vray Comique, qu'ils sont meilleurs ou moins mauvais ; On ne doit pas croire que n'estans ordinairement que des sottises, ils soient plus recommendables pour estre des sottises rimées & mesurées, & que ce nom nouveau de Burlesques leur donne plus de prix. A cause que l'invention de ces sortes de Vers vient d'Italie, on a creu avoir raison de retenir le nom que les Italiens leur donnent, pour signifier que ce sont des Vers de moquerie & de tromperie ; On ne voit gueres de mot qui se fasse moins entendre en François : Il vaudroit peut-estre mieux dire des Vers grotesques ou railleurs. Joachim du Bellay a appellé un Poëte de cette trempe, un

Poëte Bedonique, pour montrer que ses Vers se pouvoient chanter au son du Bedon ou petit Tambour; Aussi de tels Poëtes avoüent que leurs Muses n'ont pas besoin de Luth ny de Viole; Que ce sont des Musiciennes à castagnettes, ou à cliquettes, & à tambour de Biscaye. Ces considerations nous pourroient faire inventer plusieurs noms assez naturels pour cette Poësie: Neantmoins gardons-nous bien de luy oster entierement son nom de Burlesque qui marque son origine. Il faut quitter librement cét honneur aux Italiens d'avoir inventé ces sortes de Vers; Cela n'empesche pas que nous ne reconnoissions qu'ils ont bien pû s'acquitter des autres ouvrages plus importans. On fera telle estime qu'on voudra des Vers Burlesques; mais il est certain que depuis qu'on en a veu en France, tout le peuple a fait moins de cas de ceux qu'on a appellez Poëtes & Autheurs, les prenant tous pour des conteurs de sornettes. Remarquons aussi que plusieurs qui estoient capables de meilleures choses, se sont trop amusez à ce genre d'écrire, & que la contagion a quelquefois gagné jusques à la Prose, quoy que son regne principal soit toûjours dans les Vers. L'accoustumance qu'on a euë à un méchant stile va corrompre insensiblement le stile noble & serieux qu'il faut employer aux grands sujets. Cecy a esté la cause seule qu'on a commencé de negliger la severité des loix de la Poësie. On ne voit presque plus de gens qui entreprennent de faire des Sonnets, parce qu'ils sont trop mal-aisez; Pour des Stances regulieres de quatre Vers ou de six Vers, & des Odes de dix Vers ou de davantage, où il y ait plusieurs couplets, cela est tres-rare : Ce sont des Chef-d'œuvres du mestier que l'on garde pour regaler les Princes en quelque occasion celebre de Mariage, de Naissance d'Enfans, ou d'Entrée de Ville, comme des Hymnes choisis pour chanter la gloire de leur Triomphe. Par tout ailleurs on ne voit plus que des Vers irreguliers grands ou petits, selon qu'ils viennent au bout de la plume; Les Rimes y sont croisées diversement pour chaque Stance, ou bien l'on y met des Rimes sans nombre, afin que cela ait l'air des Vers libres des Italiens. Quoy que ces Vers fantasques soient passablement agreables, leurs Autheurs doivent reconnoistre qu'à cause de la facilité qu'ils ont à les composer, ils n'en sçauroient acquerir tant de gloire que des Pieces regulieres, telles qu'on les faisoit autrefois : Mais il y a pis encore ; la discipline Poëtique est tellement relâchée, qu'il se trouve des Poëtes, sur tout entre les Poëtes du Theatre, qui ne prénent presque plus la peine de rimer, cela s'entend de bien rimer, cóme cela est necessaire pour ayder à la cadence des bons Vers ; De là on peut juger ce que deviendra nostre Poësie, si on continuë à negliger les mesures & les rimes.

De la Comedie.

Toutes ces sortes de Poësies amusent quantité de Gens ; D'autres sont d'avis qu'on ne devroit gueres s'occuper ny à en composer ny à en

DE LA COMEDIE.

lire: Ils tiennent tout cela pour folie ou pour vanité; mais c'est une opinion trop chagrine & trop severe. La Poësie estant pleine d'esprit & d'artifice, on en doit faire cas comme d'un exercice attaché aux Sciences & aux belles Lettres, qui est receu dans le Monde sans contestation. La plus grande question est pour les Pieces de Theatre, qui estant prononcées en public avec les actions qui y conviennent, sont entenduës de tous ceux qui y veulent assister. Les Comedies de toutes les sortes ont eu tant d'applaudissement, qu'elles ont scandalisé les Personnes devotes, qui ont creu qu'elles n'estoiët recherchées que parce qu'elles flattoient les vices & les enseignoient au Peuple. On a commencé de les attaquer de vive voix & par écrit: Les Predicateurs les ont condamnées dans leurs Chaires, & quelques Gens doctes ont animé leur plume contre ce divertissement qui a donné matiere à plusieurs Livres. L'Apologie du Theatre qui a esté faite autrefois n'a pas eu beaucoup de credit, non plus que tant d'Eloges qui se rencontrent en plusieurs endroits. Les Comedies se defendoient davantage par la foule de leurs Auditeurs & Approbateurs. Enfin un grand Prince poussé d'un bon zele a fait un Traité pour condamner nos Comedies ordinaires, & il s'est trouvé qu'au mesme temps un des bons Esprits de ce siecle a voulu montrer qu'il n'y a que les Comedies infames qui doivent estre condamnées. Peut-estre n'a-t'il point pensé à l'autre Traité, & il a soustenu le party des belles Representations par exercice d'Esprit, de mesme qu'il avoit déja fait un Livre de la Pratique du Theatre : Neantmoins on a pris sujet de là d'attaquer son dernier Livre. Un autre homme remarquable par sa doctrine & par sa pieté, a fait un gros Volume, où il a démembré tout son Texte pour y répondre presque à chaque Article. Il pretend que plusieurs Autheurs alleguez ne sont pas pris dans leur vray sens, & qu'il y en a beaucoup d'autres qui les combattent. On peut laisser vuider ce different sans qu'un tiers s'en mesle. On ne s'entretient de cecy que par occafion, & fans autre interest que celuy de la verité. Il faut dire simplement ce qui est du fait, & ce que plusieurs personnes un peu éclairées ont témoigné d'en penser. Nous sçavons que le dernier qui a écrit a voulu prouver par plusieurs passages des anciens Autheurs, & des Peres de l'Eglise, que la Comedie & les Comediens ont esté depuis long-temps reputez infames, & qu'il a toûjours esté defendu aux Chrestiens d'assister à leurs spectacles, comme estans nuisibles & scandaleux. On a déja dit pour défense, Qu'il y avoit difference de Spectacles chez les Grecs & chez les Romains; Que veritablement les representations qui se faisoient en postures, en grimasses, & en danses, estoient lubriques & des-honnestes, & n'estoient executées que par les Histrions & Pantomimes qui estoient les Bouffons ou basteleurs de ce temps-là, & qu'il n'y a point d'apparence de croire que ces sortes de gens fussent mis au rang des personnes d'honneur; mais qu'il y avoit des Comediens serieux qui ne representoient que des Tragedies ou

Trage-Comedies pleines de raisonnemens Moraux & Politiques, & que c'estoit ceux-là qui n'estoient pas notez d'infamie comme les autres; Qu'un Roscius Comedien qui a esté tant estimé, pouvoit estre de leur bande; Que c'estoit chez luy que les jeunes Orateurs de Rome alloient estudier le geste & la prononciation; Qu'il estoit un des plus honnestes hommes de la Ville, & que Ciceron ayant pris la peine de le défendre en une Cause, avoit parlé de luy fort avantageusement; Mais quoy qu'en effet ce Roscius ait esté vertueux, s'ensuit-il que tous les autres Comediens de son temps le fussent, & qu'ils luy ressemblassent en son merite personnel? Si on dit que ceux de sa sorte ne representoient que des Tragedies ou des Trage-Comedies qui estoient des Pieces serieuses, cela suffit-il pour faire croire que ceux qui les representoient devoient passer pour hommes serieux & sages? Quoy que les Tragedies & les Trage-Comedies soient tenuës pour fort honnestes en comparaison des Comedies; cela n'empeschoit pas que l'impudicité & plusieurs autres habitudes tres-dangereuses n'y fussent descrittes fort naïvement, puisque ces Pieces avoient esté composées par des Poetes Payens qui faisoient gloire des mauvaises actions que les Chrestiens ont depuis condamnées. Les allegations de plusieurs Autheurs ne sont pas beaucoup necessaires en cette occasion : Nous ne doutons point premierement que l'Histrion ou Basteleur ne pûst estre autre chose que le Comedien : Aujourd'huy ceux qui dansent sur la corde & qui font des sauts perilleux, ou qui joüent des gobelets, ne sont pas ceux qu'on appelle des Comediens, & qui representent des Pieces sur le Theatre : On a encore voulu faire distinction entre ceux qui joüoient des Comedies facecieuses, & ceux qui representoient des Tragedies, & autres Pieces de leur stile, comme si ceux qui ne joüoient que des Pieces serieuses eussent esté des Hommes venerables. Ne doit-on pas croire qu'il y en avoit qui estoient propres à tout, comme c'est l'habileté du Comedien de faire tantoſt le Roy, & tantoſt le valet ? Eſtimoit-on moins celuy qui repreſentoit quelquefois un Perſonnage Comique & jovial, apres en avoir fait un ſerieux ? Il eſt certain que Ciceron & d'autres Autheurs appellent Roſcius, Hiſtrion auſſi bien que Comedien. Cela fait voir qu'il n'y avoit gueres de diſtinction entre ces deux Profeſſions. Il ſemble que c'eſt une choſe aſſez inutile de diſputer davantage là deſſus, & qu'on peut tout d'un coup retrancher la Queſtion en remonſtrant, Qu'en ce qui eſt des Hiſtrions & des Comediens Romains, Tragiques ou Comiques, les uns ne valoient pas mieux que les autres, & que leurs Pieces les plus modeſtes avoient des emportemens que nous ne ſçaurions approuver; C'eſt pourquoy la conſequence que l'on tire de tout cecy en faveur de nos Comediens, n'eſt pas fort favorable, de dire, Que puiſqu'ils repreſentent des Tragedies & des Trage-Comedies à l'imitation des Anciens, on les doit tenir dans l'eſtime comme eux, & aſſiſter à leurs Repreſentations comme à

DE LA COMEDIE. 239

des Spectacles importans; car si l'on montre que les anciens Comediens ne faisoient aucune difficulté dans leur Religion de joüer des Pieces de mauvais exemple, on s'imaginera donc que ceux qui sont aujourd'huy de la mesme Profession prennent une licence pareille; Que cela se voit dans leurs Pieces les plus regulieres, & principalement dans d'autres composées exprés pour estre plus libres. Il est vray que le Cardinal de Richelieu de son temps avoit purifié le Theatre, & en avoit entierement banny les Farces; mais elles ont recommencé depuis quelques années avec plus de liberté qu'auparavant. Il y a des Gens si simples, qu'ils croyent que la mesme reforme dure encore, parce qu'on n'entend plus de ces Farces impudiques qui n'avoient que des railleries de crocheteurs, & dont les meilleurs mots n'estoient que des impertinentes Equivoques; Certainement on a bien fait de les condamner, mais si on ne se sert plus de ces pointes grossieres où il n'y avoit qu'un jeu de paroles sales proferées sans honte & sans respect;

ne connoift-on pas qu'en ce temps-cy on en dit prefque de femblables, mais plus finement & plus couvertement? Autrefois toutes les femmes fe retiroient lors qu'on alloit commencer la Farce ; aujourd'huy on leur veut donner le plaifir d'y demeurer, ayant caché la malice fi agreablement, qu'on croit qu'elles la peuvent entendre fans rougir. Il y a des Pieces entieres qui font de ce ftyle, & d'autres qui ne caufent pas moins de mal, à ce que l'on penfe, par le mépris des loix du Mariage & de toutes les bonnes mœurs, ce qui eft leur principal fujet ; Et pour montrer que ce ne font point de miferables Farces faites à la hafte, comme celles que les Saltinbanques & Charlatans joüent aux places publiques, elles font faites toutes exprés par des Autheurs dont les noms font aux affiches & aux Livres imprimez, comme voulans en tirer de la gloire, & l'on trouve de ces belles Pieces autant en Vers qu'en Profe. Les Poetes & les Comediens diront que ces Comedies ne fe joüent pas fouvent, & que s'il en échape quelques-unes, mes, c'est pour plaire au peuple qui les demande, & que pour eux ils aymeroient mieux tirer du profit des Pieces serieuses quand elles sont en credit, afin de se conseruer en honneur & en estime, & qu'on n'eust plus rien à leur reprocher. Il faut obseruer icy qu'ils ont toûjours eu dans l'imagination, qu'en ce qui est de leurs Tragedies & de leurs Trage-Comedies, elles sont d'un style fort honneste, & que personne n'y peut trouuer à reprendre. Ils ne sçauent pas que maintenant on les bat en ruïne, & qu'on les attaque par des endroits dont ils ne se sont point doutez. Leurs Poëtes ont pensé auoir atteint au suprême degré de leur Art, d'auoir exprimé naïvement toutes les passions, & c'est où l'on trouue le plus de danger; C'est comme les Peintres qui ayant employé tous leurs efforts à representer des Nuditez dans leurs Tableaux, sont condamnez par les personnes austeres qui croyent que de tels objets causent de mauuais desirs. Les Comedies où les passions sont si bien representées,

L

ont offensé tous les Devots ; Selon leur opinion on y employe des paroles trop tendres qui réveillent la passion d'amour dans les cœurs ; Il s'y trouve en quelques endroits des Discours vehemens qui excitent la colere pour des sujets qui ne le valent pas ; l'orgueil & l'ambition y ont leur place, pour nous apprendre à rechercher les faux biens du Monde, & à mépriser les vrais biens, qui sont ceux de la Vertu, & tous les biens entierement spirituels. Aucun ne voudroit contester qu'il ne faille faire effort pour se delivrer de ces dangers où l'on dit que les Comedies nous exposent. Celuy qui a fait imprimer un gros Livre contre ces belles Representations, a donné plusieurs exemples pris des plus fameux Poëtes du Theatre, & des plus discrets qui selon son opinion ont des paroles trop touchantes. En ce qui est des Poetes Comiques que chacun croit estre plus libres ; il n'a pas eu besoin d'en parler de mesme, pource que si les plus retenus sont condamnez, il n'y a gueres d'apparence que les autres se puissent sauver: Mais si on en vient jusques-là, & qu'on leur vueille interdire à tous l'expression des passions, qui sont l'esprit mouvant des Comedies, il faut donc dire Adieu au Theatre: On ne representera plus de Comedies, & à peine permettra-t'on de les imprimer. C'est vne austerité trop grande, & qui possible n'est pas necessaire. Beaucoup de personnes de grand esprit & d'vne veritable vertu, tiennent que la Comedie est un passe-temps honneste où l'on peut apprendre le bien aussi-tost que le mal. Tournez toutes les Comedies au bien, & vous n'y apprendrez que du bien. C'est à quoy il faudroit travailler au moins pour conserver leur estime; car ceux qui se meslent de juger des choses, voyent bien, à ce qu'ils disent, que pour le present on n'a garde de les abolir: Il est question pourtant de faire cesser le bruit & les plaintes. Il nous faut quelque moderation pour ces beaux Ouvrages, & les rendre tels que nous les puissions voir sans scrupule: Il n'y a point d'ap-

L ij

parence de condamner toutes les Comedies, non plus que tous les Romans, à cause seulement que les passions y sont trop bien representées ; c'est à dire à cause que ces Pieces-là sont trop bonnes, & qu'on y voit des exéples naturels d'amour, d'ambition, d'avarice, de colere, de haine, & d'envie : Il ne faut donc pas aussi que l'on fasse aucune Histoire. Les Histoires les plus saintes décrivent toutes les passions & tous les crimes des hommes. Que dira-t'on contre elles ? On n'a pas envie de les supprimer. Tant s'en faut, qu'on permet encore tous les jours à des Escrivains nouveaux d'en faire d'autres à leur imitation. Qu'est-ce qu'on y souhaite pour n'en recevoir aucune plainte ? C'est qu'on prenne garde à ne point marquer scandaleusement les mauvaises actions, à toucher les passions doucement, & à y donner une salutaire correction par des Remonstrances faites à propos. Comme cela se trouve souvent dans les Histoires, cela doit estre observé de mesme dans les Comedies, & par ce moyen elles pourront estre receues. Puisqu'on permet bien en des maisons Religieuses, que des Enfans de qualité joüent leur personnage dans des Comedies composées exprés, on connoist donc qu'on en peut faire de raisonnables qui ne sont pas à rejetter. On a allegué contre les Comediens & les Comediennes, qu'ils changeoiēt les habits de leur sexe, & que cela est deffendu par les saintes Escritures : Mais s'il faut representer une Histoire où une fille prenne l'habit d'homme, comme de la Pucelle d'Orleans, comment feroient-ils pour s'en acquitter ? Mesme d'avoir une cuirasse sur le dos, & des armes à la main, cela n'est pas toûjours pris pour l'equipage d'un homme, parce qu'on tient qu'il s'est trouvé des Amazones qui ont porté les armes. Il y a eu aussi des Comedies où estant besoin de representer des filles habillées en hommes, ç'a esté de jeunes garçons qui ont representé ce Personnage; En ce cas il n'y auroit donc eu que la qualité de fille qu'ils prenoient, qui nous

L iij

eust offensé, & non pas l'habit. Les nouveaux Critiques trouvent encore beaucoup à reformer en la façon de s'habiller des Comediénes & en toutes leurs actions & leurs manieres de parler, croyant que l'habit, le geste, la prononciation, & tout ce qui est en elles s'accorde fort à la licence des paroles qu'elles recitent & à leur sujet. Nous voyons bien que l'on demanderoit une reformation generale, ou une condamnation absolue de la Comedie. On dit qu'un grand Seigneur aymoit si fort ce divertissement, qu'il vouloit faire établir un Professeur pour la Poësie du Theatre, comme il y en a pour l'Eloquence & pour les Mathematiques; Qu'il entendoit que celuy-cy instruisist les Poetes qui voudroient faire des Comedies ou des Tragedies, afin qu'ils n'y missent rien qui ne fust convenable. Il souhaitoit aussi qu'on dressast une Academie de jeunes gens bien choisis pour les Representations, afin que les Comediens ne fussent plus des hommes que la débauche ou la pauvreté auroit jettez à cette profession, & dont la vie euſt quelque choſe de reprehenſible; mais qu'eſtant ſages & bien inſtruits il n'y euſt rien en eux que de loüable, & que cela paruſt extremement en leur action modeſte, & leur prononciation bien-ſeante. On adjouſte une propoſition aſſez judicieuſe qui eſt, que comme l'on examine toute ſorte de Livres avant que de permettre de les imprimer, & de les communiquer au public, il faudroit qu'il y euſt un Magiſtrat qui examinaſt, ou qui fiſt examiner par Gens experts, les Pieces que l'on voudroit faire joüer devant le peuple, afin que leur repreſentation ne pûſt nuire à perſonne: Mais des Cenſeurs inexorables diront que d'eriger une Academie pour les Comediens, ce ſeroit autoriſer leur Profeſſion, comme ſi elle eſtoit fort neceſſaire au public; Et pour ce qui eſt du reſte, qu'au lieu de donner la peine à un Magiſtrat d'examiner les Comedies dignes d'eſtre repreſentées, il vaudroit mieux les condamner entierement; Que par ce moyen on ne craindroit ny brigue, ny surprise, & l'on ne se mettroit point au hazard d'en recevoir du dommage. Les avis de ces gens-là ne sont pas des Arrests; c'est à ceux qui ont le pouvoir en main d'ordonner ce qui est juste.

DE LA MANIERE DE BIEN PARLER

& de bien écrire en noſtre Langue;

DU BON STYLE, ET DE LA vraye Eloquence, & du nouveau Langage François.

TRAITÉ IV.

De la maniere de bien parler en toute ſorte de ſujets.

CHAPITRE I.

LA Parole & les Eſcrits eſtant les vrayes images des penſées, & les principaux inſtrumens des Sciences, on ne peut mieux faire que d'en

De la Parole & des Eſcrits.

donner icy quelques regles. Lors que l'on parle & que l'on écrit fur leur fujet, c'eſt leur rendre le change des biés qu'on reçoit d'eux continuellement. Ils ſont d'autant plus eſtimables qu'on n'aprend pas ſeulemēt leurs preceptes pour s'en entretenir ſeul, & s'en contéter ſoy-meſme, mais pour les produire au dehors, & en ſatisfaire les autres, ou autrement ils ſeroient comme des Treſors enfoüis dans terre qui ſe rendroient peu utiles à celuy qui en ſeroit le Gardien. On éprouve qu'une lumiere cachée ſous quelque Vaiſſeau, n'éclaire pas plus loin que ſa cloſture, & qu'à peine ſe peut-elle procurer quelque avantage, puiſqu'elle s'étouffe par cette contrainte, au lieu que ſi elle s'épandoit ſur les corps voiſins elle ſe rendroit plus connuë, & leur reflexion redoubleroit ſon éclat. De meſme il eſt beſoin que ce qu'on ſçait ſoit amplement divulgué pour nous apporter plus de profit & plus de gloire, ce qui ne ſe fait que par la Parole & par les Eſcrits. C'eſt la marque d'avoir acquis la veritable Science, que de ſçavoir bien parler &

bien écrire, & cette Science est la Maistresse de tous les Arts, principalement de ceux qui nous enseignent à estre bons Orateurs & bons Escrivains. On doit cultiver ces excellentes Disciplines, tant pour conserver sa reputation, que pour profiter à autruy comme à soy-mesme. Quand il est question de bien parler & de bien écrire, il faut entendre que c'est parler & écrire eloquemment & elegamment, & avec toute la pureté des paroles & des pensées. Nous nous informons maintenant de quelle sorte on parvient à cét Art, & nous le voulons appliquer principalement à nostre Langue, qui nous doit estre plus chere que toute autre.

Pour rechercher la maniere de bien parler, il faut s'enquerir premierement quels sont tous les Discours que l'on peut faire. Ils se font tous entre plusieurs personnes, si ce n'est que nous voulions parler seuls : En ce cas on peut user de toute sorte de Discours en liberté ; Mais comme cela n'est pas ordinaire de parler seul, ou que cela ne se fait que quand on étu-

Des Dialogues.

die quelque chose, nous ne prenons garde icy qu'aux Dialogues, qui sont les moindres Discours que deux ou trois personnes peuvent faire ensemble. Ils concernent l'estat des personnes presentes ou absentes, ou bien ils sont faits sur divers accidens du Monde, que l'on prend pour matiere d'entretien, & surquoy il y a des demandes, des responses, & des repliques, selon le loisir & selon l'humeur des personnes qui se trouvent là. S'il y a des Hommes qui en cette occasion veulent toûjours user de termes relevez comme en des Assemblées celebres, ils passeront pour des Gens qui font les suffisans mal à propos, plûtost que de se montrer eloquens & doctes. Cette mauvaise accoustumance leur pourroit enfin estre nuisible: Lorsqu'il se presenteroit des sujets vulgaires & indifferens, & qu'il faudroit se servir de termes propres & naturels, ils demeureroient tout court, ou en continuant dans ce style ampoulé qui leur seroit ordinaire, ils se rendroient absolument ridicules. Ils ressembleroient à celuy qui pour paroistre un

Geant, seroit toûjours monté sur des échasses, & ne les voudroit pas quitter quand il seroit besoin de marcher fermement, ou de courir avec impetuosité, tellement qu'on le verroit trébucher à chaque pas. Reservons la doctrine & les mots choisis pour les entretiens les plus graves & les plus serieux, & principalement pour les Discours qui se font dans les Assemblées publiques, où le soin & la preparation ne sçauroient estre trop grands ny trop affectez. Pour les conversations familieres, il suffit d'user de termes familiers, afin de reduire chaque chose à ce qui luy est propre.

Il faut avoüer qu'il se trouve de petites compagnies composées de quelques Hommes choisis qui valent bien qu'on se mette en peine de leur agréer, & dont le merite & la condition font plus à considerer que le nombre des autres. Pour bien reüssir à divers entretiens en leur presence, on ne doit pas toûjours s'amuser á des propos communs: On doit estre preparé sur tous les sujets dont on peut parler se-

Des entretiens des Compagnies.

lon sa Profession, & selon le temps ou les lieux. On sçaura au moins les principes de toutes ces matieres afin d'y asseurer quelque fondement, & par ce moyen on se mettra hors de danger d'estre estimé ignorant d'aucune. Nous y entremeslerons quelquefois de certains traits, qu'à bon droit l'on nomme des pointes d'esprit, pource que cela pique & réveille les Auditeurs, & les excite à l'admiration ou à la joye, & à d'autres passions meslées. Il se faut garder d'en user trop souvent, de peur d'ennuyer quelqu'un; car si ceux dont on a gagné l'attention par ces aiguillons du Discours, sont Gens serieux & d'importance, ils se plaisent davantage à des choses solides, ne voulans pas toûjours oüir des entretiens qui n'ayent pour leur recommandation qu'une rencontre de mots, ou un double sens. Il se faut garder aussi de debiter trop promptement, & d'une suite continuë tout ce que l'on sçait, comme si l'on avoit peur d'oublier à le dire; Cela pourroit faire croire qu'un tel Discours est estudié; On se persuade que ce qui est inventé à mesure qu'on le prononce, va avec plus de lenteur, & qu'il s'y trouve quelque inégalité en de certains endroits. Pour ce qui est de l'ordre du Discours, les Hommes adroits font si bien venir à propos ce qu'ils veulent proposer, & y donnent une liaison si subtile, qu'encore que leurs bons mots & leurs rencontres soient tirez de fort loin, il semble que tout soit inventé sur le champ, & que cela naisse insensiblement dans leur pensée, & en leur bouche. Si la promptitude & la vivacité de leur esprit, peuvent fournir d'elles-mesmes à toute sorte d'entretiens sans aucune étude, un si excellent naturel paroistra admirable ; neantmoins si on ne tire tout ce qu'on dit que de son propre fonds, il y pourra souvent manquer quelque connoissance tres-necessaire: Il faut avoir bien de l'industrie pour suppléer à ce defaut, & ne parler que fort sobrement de ce qu'on ne sçait point. Il est certain qu'une belle & entiere facilité de parler sur toute sorte de sujets, ne se peut gueres acquerir sans estre instruit de diverses Sciences

& Arts; & sans avoir fait diverses lectures dont on ait retenu la meilleure partie. On doit avoir remarqué les Sétences des Philosophes, les Apophtegmes des Hommes Illustres de l'Antiquité & de nos derniers temps, & mesmes les bonnes pointes des Epigrammes, & des autres Ouvrages, desquels on aura fait un choix pour les repasser souvent dans son esprit. De se fier à sa memoire seule, je ne sçay pourtant si je le doy conseiller à personne, à moins qu'on n'ait la memoire tres-excellente; & je pense qu'avec cela il ne seroit pas mauvais d'écrire quelque chose. Il y a quelque Art à ranger toutes ces richesses des Sciences, mais il y en a encore plus à s'en ayder au besoin; car je ne pretens pas qu'il faille faire coustume d'alleguer ces choses tout creuëment. Il y a des occasions où de vray cela se peut faire pour donner des exemples ou des autoritez; En d'autres temps un homme ingenieux se servira seulement de tous ces bons mots pour en composer de semblables, afin qu'on ne croye pas qu'il se pare toûjours des biens d'autruy. Quant aux paroles qu'il employera pour exprimer ce qu'il voudra dire, elles seront les plus propres & les plus significatives qui se trouvent dans nostre langue, afin que ceux qui les écouteront, n'entendent rien de rude & de mal-sonant qui leur puisse faire mépriser le reste. Pour ne manquer jamais à la bonne conduite du Discours, ny au bel usage des paroles, il faut les sçavoir connoistre & s'y estre accoustumé insensiblement; Cela s'apprend dans les bons Livres du Siecle, & dans la compagnie des personnes capables qui sont aussi quelquefois les plus honnestes Gens.

Les Sujets dont on peut parler en particulier ou en public, ont une fort ample étenduë; Ils sont en aussi grand nombre que nos pensées, & que les diverses occasions qu'on a de discourir : Neantmoins autant les choses basses que les hautes, & les joyeuses que les tristes, ou les indifferentes, elles peuvent toutes estre reduites à trois genres de discours ; Le premier est de loüer ou de blasmer, & de faire

Des divers Sujets des Discours.

la demonstration de quelque chose; Le second de consulter & de deliberer si on doit faire une chose ou une autre; Et le troisiéme d'accuser quelqu'un, ou de le defendre. Il reste le genre Dogmatique ou enseignāt, dont l'on peut faire une Classe à part, si ce n'est qu'on le mette sous le premier genre du Discours qui est le demonstratif: Mais pource que ce genre Dogmatique doit estre reduit à une demonstration toute simple, on n'en parle gueres parmy les trois genres connus établis pour l'Eloquence, lesquels consistent en amplification. On peut asseurer nonobstant cela que dans la simplicité la plus grande de ce genre de Discours, il a ses Propositions & ses Argumens, & toutes ses autres parties, selon les occasions qui se rencontrent; mais ce secret est connu de peu de personnes. Si le Discours Dogmatique a esté mis en oubly dans les Rhetoriques ordinaires, c'est la faute des Autheurs qui n'ont pas reconnu son prix. Les autres genres de Discours qu'on amplifie avec toute sorte de liberté, se servent de differen-

DE BIEN PARLER. Chap. I.

tes forces, selon ce qu'ils veulent remonstrer, & attaquer ou defendre.

La plus simple methode de discourir est de ne faire qu'un petit Exorde au commencement d'un Discours, & d'exposer incontinent dequoy il s'agist : De le confirmer apres par quelque argument qui soit si naturel, qu'il semble venir de la chose, & de montrer que le contraire ne peut subsister; puis de trouver quelque similitude pour faire mieux comprendre ce qu'on desire par la ressemblance, & de rapporter là dessus quelque exemple historique pour une asseurance meilleure, avec des allegations de passages des plus fameux Autheurs pour un témoignage suffisant. En suite la Conclusion sera mise où il se fera une recollection de tout ce qui aura esté dit, & où les paroles les plus puissantes seront reservées, pource que c'est le dernier coup qui doit operer sur les Esprits, & qui doit se faire sentir davantage, afin de laisser une forte impression de tout ce qui a precedé. *De la methode des Discours.*

S'il n'est question que d'une chose vulgaire assez aisée à prouver, & que *Diverses parties du Discours.*

cela se fasse mesme dans les Entretiens familiers, on ne croit pas qu'il soit necessaire de donner tant de diverses parties au Discours ; On choisit seulement celles qui semblent estre les plus à propos, & dont on ne se peut passer ; mais si on est dans une compagnie celebre où il soit besoin de parler sur quelques hautes matieres, il est permis de faire de veritables Harangues, ou d'en garder la forme autant que cela se peut, lors qu'on est contraint de se mettre sur les rangs sans aucune preparation. Si on a le loisir auparavant de composer ses Discours entiers, ou leurs principaux endroits, toutes les regles de l'Art y seront gardées plus étroitement. Pour traiter les Questions les plus difficiles à resoudre & à estre persuadées, on se sert de toutes les parties du Discours dans leur étenduë generale, qui sont l'Exorde, la Narration, la Confirmation ou la Refutation, & l'Epilogue ou Conclusion. On employe aux endroits necessaires toutes les puissances attribuées aux Discours eloquens, lesquelles consistent principalement aux argumens tirez de differens lieux, comme des Causes, des Effets, des Adjoints, du Genre, de l'Espece, & des autres lieux nommez dans la Dialectique, ou Art de raisonner, qui preste toûjours ses plus grandes forces à l'Art Oratoire appellé la Rhetorique ou Art de bien parler & de persuader. Entre les Argumens il faut choisir les plus convenables, & avoir égard sur tout à ceux qui flattent ou qui émeuvent les passions que nous voulons toucher. Les figures ou ornemens du Discours y auront du pouvoir selon qu'ils seront accommodez à l'inclination des personnes à qui on parle, desquelles il faut avoir observé le caractere fort exactement. Pour s'acquitter heureusement de cecy, on doit employer tout ce que la memoire garde qui ait du rapport à la matiere que l'on veut traiter, avec tout ce que nos Recueils par écrit en peuvent fournir; & si nous n'y trouvons rien qui nous soit propre, il nous sera permis d'avoir recours aux Autheurs qui en ont parlé, où sont les vrais magazins des choses, & leurs plus certaines sources;

Mais comme il ne sert de rien à un Chef de Guerre d'avoir de bons Hommes & de bons Canons, s'il ne les sçait bien poster, & s'il ne s'en sert dans l'occasion; Aussi les belles pensées, les forts raisonnemens, & les paroles subtiles & agreables ne sont pas fort utiles à un Orateur, s'il ne les sçait bien mettre en ordre. Cela montre qu'outre l'invention, il doit avoir la disposition, autre partie necessaire à son Art, laquelle enseigne à distribuer exactement toutes choses dans les parties du Discours. On trouve des Livres de Rhetorique en François, qui disent ce que c'est que les Argumens & les figures, & en donnent des exemples; Quand vous prendrez tout ce que vous en trouverez, il n'y en aura pas trop; Vous y pouvez joindre des Rhetoriques Latines, si vous avez connoissance de cette Langue, & vous y verrez des Traitez plus amples sur cette matiere.

De l'Art de Raymond-Lulle qui apprend à parler

Il y a des Autheurs qui pour trouver les meilleures manieres de bien discourir, & pour y apporter plus de facilité, ne se sont pas contentez des

DE BIEN PARLER. Chap. I. 263
Methodes communes. Raymond *sur toutes sortes de sujets; & de quelques autres Methodes.*
Lulle a travaillé à cecy, ayant dressé
un Art par lequel il pretend qu'on
peut parler sans autre preparation sur
toute sorte de Sujets. Henry Corneil-
le Agrippa, Jordan Brun, Valerius de
Valeriis, Julius Pacius, & Morestel,
ont écrit pour l'éclaircissement d'une
telle invention, ou pour nous en donner de pareilles, ou plus aisées: Mais
parce qu'ils gardent encore quelque
obscurité dans leurs œuvres, & que
beaucoup de Gens sans les entendre,
s'y figurent de grands secrets, y
croyans trouver d'autant plus de matiere d'admiration, il est bon de découvrir un peu ce que c'est que des
Methodes si mysterieuses. Raymond
Lulle a fait des Tables qui ont plusieurs rangs & ordres: Il y a les Predicamens absolus, les Relatifs, les
Questions, & les Sujets, qui ont chacun des lettres pour les representer, ce
qui fait appeller cecy *l'Alphabet de
l'Art*. Plusieurs eschelles en sont faites par diminution, & quantité de
cercles avec des figures au milieu à
plusieurs angles & lignes, où les let-

tres sont posées diversement pour leur donner differens aspects ainsi qu'aux figures des constellations. Comme cela montre par quel moyen on peut aller d'une lettre à l'autre, cela sert à former des propositions & des argumens selon la signification des mesmes lettres qu'il faut auoir imprimées dans son esprit. On croit que par ce moyen on se rend capable de parler sur le champ de toutes les matieres qui puissent estre imaginées, & que cela peut faire acquerir une Doctrine miraculeuse. Ceux qui comparent cecy à la Memoire artificielle, n'en jugent pas assez avantageusement: La Memoire artificielle ne sert qu'à vous faire ressouvenir de ce que vous avez leu quelque part, & dans le mesme ordre que vous l'avez appris; Mais l'Art de Raymond Lulle vous fait inventer les choses, & y donner un ordre de vous-mesme. Il faut considerer aussi que les lieux de la Memoire artificielle demeurent fixes à ce qu'ils sont, mais chaque lieu de l'Art de Lulle conduit à plusieurs autres lieux qui se regardent reciproquement,

ment, & qui donnent une multiplicité de connoissances. Nonobstant l'admiration qu'on fait de ces diversitez, il y a des Gens qui pretendent que les Predicamens de Raymond Lulle, ses Relations, ses Questions, & tous ses Sujets, sont en plus grand nombre qu'ils ne devroient estre, & ne sont pas bien divisez; Davantage ils nous representent, Que quand nous aurions la memoire chargée de tous les accouplemens qui sont dans ses Livres, & de toutes leurs lignes transversalles qui montrent le rapport des choses, si nous n'avons quelque fonds d'acquis, & si nostre doctrine n'est puisée d'ailleurs, cela ne servira qu'à nous faire dire quantité de choses peu liées & peu à propos, desquelles nous serions fort empeschez de rendre raison. Par exemple, quoy que sur le sujet de l'Homme, on passe dans tous les lieux des Predicamens, & dans les lieux des Questions, pour avoir matiere de parler, on ne sçaura pas si l'Homme a plus ou moins des qualitez qu'on luy veut attribuer, & quelles en sont les causes; On voit que l'arrangement de

M

tant de termes ne peut servir qu'à faire souvenir de ce qu'on a déja appris, & que cette Methode n'est pas si puissante toute seule, qu'elle nous fasse produire des lumieres que nous ne pensions pas avoir, & qu'elle soit à l'égard de nostre esprit, comme le fusil contre le caillou, qui en tire les étincelles de feu qui n'y paroissoient point auparavant. Il est vray que Raymond Lulle ayant consideré qu'il falloit pourvoir à de telles instructions, a compilé plusieurs Sciences dans son principal Ouvrage qu'il a appellé *le grand Art*, & dans *l'Arbre des Sciences*, & autres Traitez, mais ce sont des Abregez imparfaits, & dans le meslange d'application à ses diverses figures, on ne trouve gueres de Science complette, & avec une entiere suite. Il faut pourtant se persuader que cét Autheur a beaucoup fait d'avoir inventé un Art par lequel ceux qui n'ont étudié que dans ses Livres, peuvent parler de quantité de sujets fort amplement, & avec l'admiration de tout le Monde, & il faut croire que ceux qui ont étudié ailleurs, & qui sont déja tres-sçavans, en feront encore mieux leur profit. Ils se serviront tres-avantageusement de tant de doctes Lieux & de tant de Tables differentes, pour avoir sujet de parler suffisamment lors qu'ils y seront obligez, sans avoir eu le loisir de se preparer; Cela peut faire grand plaisir à des Predicateurs lors qu'ils sont conviez de prescher seulement quelques heures auparavant celle du Sermon, ou à d'autres Gens qui doivent faire des Harangues sur le champ devant quelque Assemblée. En cecy l'Art de Raymond Lulle est jugé fort necessaire. D'autres Autheurs en ont voulu oster les Tables, ou les abreger; mais par ce moyen ils ont osté à l'Art toute sa subtilité. On nous represente assez que les Lieux & les Termes de Raymond Lulle ont quelque chose de barbare & de mal distribué, & qu'on les devroit reformer; mais c'est un Art consacré par le temps dont on s'accõmode bien cõme il est. De vray on s'étonne comment un homme peut avoir la patience de se mettre dans l'esprit tant de caracteres & de figures diverses ; mais s'il y a des Gens à qui cela couste peu, & de qui la Memoire n'en est point embarassée, on ne sçauroit trouver mauvais qu'ils s'en servent selon leur necessité. Quelques autres ont cherché des inventions plus aisées pour se donner en peu de temps plusieurs sujets de parler : Ils se sont arrestez aux divisions ordinaires de la Logique pour les Categories, & à d'autres Tables faites exprés par de certains Maistres qui promettent d'enseigner toute sorte de Sciences en peu de temps. Certainement on ne voit gueres que ceux qui font profession de montrer toutes ces nouvelles Method. ; fassent quantité de bons Echoliers, & qu'ils les rendent fort doctes dans quelque temps que ce soit; La cause en est que la pluspart de ceux qui viennent à eux pour estre instruits, n'ont rien appris d'autre part, & croyent tout apprendre chez eux. Comme celuy là ne seroit pas plus riche qui sçauroit parfaitement l'Arithmetique, & n'auroit point d'argent receu ny à recevoir dont il pûst dresser le compte ; Aussi les regles du

Discours sont vaines à celuy qui n'a pas dequoy discourir, & qui n'a aucune autre doctrine que des connoissances confuses, qu'il tient pour les meilleures parties de la veritable Science: C'est comme si l'on s'estimoit assez opulent d'avoir des jettons à compter au lieu d'escus. Si les plus sçavans dans ces Arts, font parade d'une Eloquence fort diffuse, elle ne consiste souvent qu'en des Discours peu suivis, & en des amplifications inutiles. Que chacun prenne garde aussi de ne pas tomber dans la faute de ceux qui ayant appris l'Art de Lulle, ou quelque autre semblable, se rendent ridicules, parce qu'ils s'en veulent servir en toutes occasions, & mesme en propos familiers, afin qu'il ne se passe aucun temps qu'ils ne fassent montre de ce qu'ils sçavent. On doit reserver cecy pour la necessité qu'on pourroit avoir de faire promptement quelque Discours public ; car quand on a le temps de se preparer, il faut faire un beau choix de ce qui est le plus convenable, sans s'assujettir à tirer quelque chose de tous ces reservoirs du Discours marquez par les Maistres, afin d'amplifier & de gagner l'heure. Quand on est dans un grand loisir, il est plustost besoin de se servir de la hache de l'ancien Rheteur, de laquelle il disoit qu'il faloit retrancher les paroles superfluës. Il n'est pas mesme necessaire de nous servir de nos Recueils les plus simples & les mieux ordonnez, si ce n'est lors que nous nous trouvons en quelque Conference de Doctrine, ou d'affaire serieuse & de consequence ; Encore faut-il alleguer nuëment ce que nous avons à dire, & si nous voulons amplifier le Discours pour mieux persuader quelque chose à des Gens qui en valent la peine, nous devons empescher qu'ils ne reconnoissent que nous nous servons de lieux communs pour fournir à l'entretien. Le plus grand Art qu'il y ait, c'est de sçavoir cacher l'Art: C'est par là qu'on ravit les hommes en admiration, leur faisant croire que l'on parle bien naturellement & sans affectation aucune. L'artifice mesme estant reïteré, nous donne enfin une accoustumance à bien dire. Pour y estre bien preparé, il faut s'estre instruit soigneusement aux matieres qui tombent à toute heure en sujet, & avoir tous les Livres qui en parlent, ou des Extraits methodiques qu'on relise souvent, & dont l'on tasche chaque jour d'apprendre quelque chose par cœur, afin d'éprouver si l'on s'en pourra servir dans la conversation ordinaire, ou dans les occasions les plus importantes. Si nous trouvons que dans les Discours communs, ce que nostre esprit nous fournit sans peine, peut satisfaire ceux avec qui nous sommes fort familiers, ou qui n'ont pas l'esprit fort penetrant, nous garderons nostre plus exquise erudition pour les plus habiles, ainsi que l'on reserve les plus fortes armes pour les combats signalez, lors que la main seule suffit contre de foibles ennemis. Il y a plusieurs occasions, où c'est assez bien parler, que de parler nettement, & en termes significatifs & propres. Il y a autant de gloire à bien faire cecy, qu'à se servir de Discours figurez & amplifiez selon les autres occasions. Pour les sujets de Philosophie, de Medecine, de Jurisprudence, de Theologie, & pour tout ce qui concerne les autres Sciences & les Arts, soit qu'on en fasse des Discours continus, ou des Disputes reglées, cela doit estre dans les termes propres à chaque Discipline, n'y introduisant point d'autres Propositions que celles qui en dépendent, & n'y alleguant jamais rien que pour des exemples, ou pour des autoritez tres-necessaires, non point pour quelques ornemens ou embellissemens ; Car les preuves empruntées y sont mal-seantes. Les beautez estrangeres seroient un fard qui cacheroit le visage de la verité, au lieu qu'il le faut découvrir le plus qu'il est possible, usant de termes propres & naturels ; On perdroit aussi le fil de la Dispute dans une confusion d'allegations, de comparaisons, ou de digressions ; Les Auditeurs s'ennuyeroient de ne point oüir la decision des Questions agitées ; Et si les figures du langage estoient encore adjoûtées aux Discours de Doctrine, ce seroit un moyen de ne faire entendre aucune parole dans sa vraye signification, &

DE BIEN PARLER. Chap. I.

de ne pouvoir jamais faire comprendre la nature des choses; Au contraire de cecy, lors qu'on fait des Harangues, des Remonstrances, & d'autres Discours publics en matiere Civile & Politique, ou des Sermons & des Exhortations pour exciter les Auditeurs à bien faire, il est permis d'ouvrir les barrieres à l'Eloquence, & de cueillir dans les plus fertiles champs du Discours toutes les fleurs qui peuvent rendre les persuasions agreables & fortes.

Certainement il y a assez de Livres qui enseignent quelles sont les regles qu'il faut observer pour paroistre eloquent & bien-disant; mais plusieurs se plaignent qu'on ne s'en peut plus servir si frequemment ny si heureusement comme faisoient les Anciens Orateurs Grecs ou Romains. On pretend que c'estoit dans les Estats populaires ou Aristocratiques que l'Eloquence déployoit toutes ses forces, & que les Orateurs ayans à haranguer tous les jours devant le Peuple & devant le Senat, pour la defense, ou pour l'accusation des Rois, pour la déchar-

A sçavoir si dans les Monarchies, l'Eloquence paroist moins que dans les Republiques.

M v

ge des Villes & des Provinces, & sur quelque Proposition de Guerre ou de Paix, ils s'estudioient à rendre leur stile proportionné à la grandeur de leur sujet; Que mesmes ils prenoient des libertez de parler qu'on ne souffriroit pas en ce temps-cy, & qui leur donnoient alors plus d'autorité & de reputation; Qu'ils s'estudioient d'autant plus à bien dire que par-là ils parvenoient aux grandes charges & au gouvernement de la Republique, au lieu que cela ne fait aujourd'huy qu'un peu de bruit dans une Ville, & que cela ne sert à un Advocat qu'à luy donner seulement un peu plus de pratique, & à quelques Predicateurs un peu plus d'Auditeurs que les Predicateurs ordinaires. Mais comment peut-on proposer ces choses ? Pourquoy s'imaginera-t'on que dans les Monarchies, il ne se puisse rencontrer des occasions de faire paroistre son bien-dire autant que dans les Republiques ? N'entend-on pas des Harangues fort eloquentes dans les Synodes ou les Consistoires des Prelats, & dans les Assemblées generales ou particulieres de tous les Corps d'un Royaume? Ne fait-on pas des Panegyriques pour les Rois en de certaines occasions, comme on en faisoit autrefois pour les Empereurs? On nous repliquera que ce qui se dit en quelque occasion que ce soit dans ces derniers siecles n'est que loüange & applaudissement, & que cela est fort different des libertez de parler que prenoient autrefois devant les Peuples ceux qui estoient de leur Corps, & qui prenoient part à leur domination: Mais il faut avoüer aussi qu'ils en disoient trop, & qu'ils émouvoient plûtost des Seditions, que de procurer une heureuse Paix. On fait d'excellens Discours dans le Conseil des Monarques sur les affaires les plus importantes de leur Estat. Les premiers Presidens des Parlemens & les Advocats generaux font des Harangues celebres à l'ouverture des Audiences, sur l'Enregistrement des Edits & Declarations du Roy, & en plusieurs autres rencontres où ils peuvent montrer au moins une partie des forces de leur esprit; Mesmes dans les Remonstrances les plus humbles & les plus soûmises que l'on fait aux Princes, le grand Genie d'un Orateur ne laisse point de paroistre, parce que l'Eloquence s'applique à toute sorte de sujets & d'occasions. Si on demande des Paroles hardies & feveres qui soient adressées aux plus Grands de la Terre, je pense qu'on en doit attendre des Predicateurs qui ont la permission de representer les horreurs du peché à leurs Auditeurs, & de menacer de la damnation eternelle tous les pecheurs de quelque condition qu'ils puissent estre. Si quelques Hommes qui ne sont pas satisfaits de la gloire seule, demandent avec cecy des recompenses, ils ne doivent pas vanter celles des anciens Orateurs: On sçait que leurs Discours satyriques & hardis leur ont toûjours causé la haine des plus puissans qui ont travaillé à leur ruïne : Demosthene fut condamné à mort par les Atheniens ses Compatriotes, & il s'empoisonna luy-mesme pour ne point tomber entre leurs mains ; Ciceron fuyant ses ennemis, eut la teste coupée par un de leurs satellites. Voila les recompenses que ces grands Orateurs receurent pour avoir servy des Peuples. De tels mal-heurs n'arrivent point dans les Monarchies Chrestiennes : L'Eloquence y est presque toûjours profitable, non seulement à cause des effets qu'elle produit, mais pource qu'elle témoigne que celuy qui la possede doit encore avoir d'autres Dons du Ciel & de la Nature. On a veu plusieurs Officiers d'Estat qui se sont fort élevez pour avoir harangué judicieusement en quelques occasions ; Et dans toute l'Antiquité y eut-il jamais de tels prix pour l'Eloquence, que ceux qu'obtiennent les grands Predicateurs, qui apres un petit nombre de Sermons, parviennent aux plus hautes dignitez de l'Eglise ? Quand on s'informe si les Hommes eloquens se peuvent autant avancer comme ils faisoient autrefois ; on ne sçait ce qu'on nous doit repartir touchant ceux de nos derniers Siecles. Il ne sert à rien de dire que la Fortune les a bien aydez, & que sans la recommandation de leurs amis, ils n'auroient pas esté regardez des Grands qui les ont honorez de leurs bien-faits : Nous sçavons que c'est le merite de plusieurs qui a fait naistre leur fortune, & qui a aydé principalement à les élever au Poste où l'on les a veus. Ne considerons point si quelques autres n'ont pas laissé de parvenir sans avoir les mesmes qualitez de Sçavant & d'Orateur : Cela n'empesche pas que de telles qualitez n'ayent esté extremement utiles. On ne sçauroit douter des recompenses qui en proviennent ; on nous objecte seulement que pour les Orateurs de nostre Barreau, ils ne s'avancent point comme ceux de Rome qui devenoient Preteurs, Tribuns, Consuls, Generaux d'armée, & Gouverneurs de Provinces. Nous repliquons que cette fortune estoit fragile, & qu'estant destituez de leurs emplois, on les rendoit souvent comme les moindres du Peuple ; Qu'en ce qui est de nos Advocats, ils s'élevoient beaucoup en France lors que les Offices n'y estoient point venaux ; Qu'ils ne devenoient point des Generaux d'Armée, pource que selon nostre maniere de vivre, cela ne leur convenoit pas, mais que selon leur capacité on en faisoit tous les jours des Conseillers & des Presidens, des Procureurs Generaux, des Gardes des Seaux, & des Chanceliers. Aujourd'huy mesme ny le profit ny la gloire ne leur sont point refusez : En parlant pour des Personnes de haute Qualité, ils trouvent matiere d'employer leur Eloquence, comme dans la presentation des Lettres des Chanceliers, des Ducs & Pairs, & des autres Officiers de la Couronne. Lors qu'ils ne font que plaider sur les differens des parties, ils ont encore le moyen de rechercher les forces du bien dire & de la persuasion. Toutes leurs Causes ne sont pas de chicane : Il s'en trouve qui ont des Sujets si relevez & si intriguez, qu'elles meritent bien qu'un habile homme y fasse montre de son Sçavoir : On peut dire que le Barreau François est un ample Theatre où l'on voit representer chaque jour toute sorte de combats de parole & d'esprit : On y dispute le Testament des Princes & de tous les Grands du Royaume ; On y plaide sur la supposition des Enfans, ou sur la validité des Mariages; Enfin on y agite des Questions aussi considerables qu'on pouvoit faire à Athenes & à Rome; Mesmes on y propose des choses plus méslées & plus difficiles à decider, d'autant qu'en ces derniers Siecles on a raffiné davantage sur le Droit & sur les Procedures, & on se trouve fort embarassé dans l'explication des Coustumes de nos Provinces: Les Advocats ont en cecy honneur & profit, & ils peuvent s'élever à des fortunes assez considerables pour les exciter à bien reüssir dans leur Profession.

Plusieurs suivent une fausse Eloquence.

Comme les affaires diverses de nôtre Siecle donnent matiere de bien parler dans toutes les conditions, il n'y faut point chercher quelque sujet d'un ravallement d'Eloquence: S'il se trouve des Gens qui estans obligez de parler en quelque Assemblée, ne s'en acquittent pas fort dignement, ce n'est pas la faute de leur Siecle ny de leur Nation ou de leur Profession, c'est leur faute propre, sans en chercher d'autre; C'est qu'ils ont peu de genie pour les graces du Discours, ou qu'ils ont peu de soin de s'y habituer, & sur tout il s'en faut prendre à l'erreur de plusieurs qui suivent une fausse Eloquence pour la vraye. Il y en a qui se servent sans choix de tout ce qui leur vient dans la pensée, ne reconnoissans pas qu'ils employent des raisons qui font contre eux, ou qui leur sont fort inutiles, & qu'ils auroient plus d'acquest à se taire qu'à parler; Les autres disent d'assez bonnes choses, mais c'est hors de propos, & la pluspart du temps on voit que ce sont toutes Pieces mandiées en divers lieux, lesquelles font plûtost loüer leur memoire que leur imagination; Quelques-uns d'entre eux craignent si fort d'estre accusez de larcin, qu'ils citent perpetuellement les Autheurs dont ils tirent plusieurs Passages, quoy qu'ils soient si éloignez les uns des autres, qu'ils se joignent difficilement. Ceux qui aspirent à la gloire d'estre veritablement eloquens évitent les mauvaises manieres de parler & de haranguer, employant seulement dans leurs Discours les choses que la Nature semble y faire naistre sans peine, afin que l'on voye que c'est tout ce qui se peut dire sur le sujet qu'ils traitent. Si quelqu'un trouve de la bien-seance à se servir du travail d'autruy, il y doit entremesler le sien, de peur qu'on ne croye qu'il ne se peut soustenir de soy-mesme. Entre les diverses manieres de preuves que la Rhetorique nous enseigne, il ne faut pas s'arrester à la derniere qui est des Autoritez. Il est vray que tous les autres moyens de persuader coustent davantage à l'esprit ; mais ce sont aussi ceux qui font connoistre qu'on est veritablement Orateur, & qu'on sçait bien se servir de l'invention qui est la premiere Partie de l'Eloquence. Il y a des Gens qui croyent faire des miracles en bien-dire dans les matieres qu'ils traitent, lors qu'ils y font quelque application des Ceremonies des anciennes Religions, des Mysteres cachez de quelques Fables, des opinions les plus bigearres des anciens Philosophes, & des proprietez merveilleuses de quelques pierres, plantes, ou animaux qui ne furent jamais, & dont Pline, Albert le Grand, ou quelque autre font mention; Nous avons eu de nos premiers Magistrats & de nos plus grands Predicateurs à qui ces figures ont semblé si agreables, qu'ils en ont remply leurs discours, & la reputation qu'ils s'estoient acquise par l'ignorance du Peuple, a fait croire qu'ils avoient surpassé tout ce qu'on avoit jamais veu d'excellens Orateurs. On est ainsi trompé par une fausse Eloquence quand elle est jointe à la gravité de celuy qui parle; Cependant si l'on se sert par tout de tels rapports d'anciennes observations & de proprietez inconnuës, outre que c'est un des vices du Discours de n'y donner qu'un seul ornement, celuy-cy n'est pas un des plus asseurez dont l'on se puisse servir : Il faut qu'il se rencontre tant de justesse dans les similitudes & dans les applications, que si on ne reconnoist que ce sont les mesmes qu'on a pû faire dans toute l'Antiquité & dans ce Siecle-cy, & mesmes les seules qu'on peut trouver, elles demeurent sans vigueur, & ne sont propres qu'à amplifier inutilement une Harangue ou un Sermon; Car à dire vray quelle preuve peut-on tirer d'une chose qui s'explique en diverses manieres selon les significations qu'on luy veut donner, pour s'accorder aux desseins qu'on a pris? On pretend encore d'embellir les Discours de digressions, de repetitions, d'exclamations, & d'autres fictions ou figures d'Orateur: Mais il y a des lieux & des temps où cela est moins propre qu'en d'autres. En ce qui est des allegations d'exemples, & mesmes des citations, si elles sont quelquefois importunes dans les belles Harangues, elles se trouvent absolument necessaires dans les causes de Controverse, où la preuve gist en la force des Loix & au témoignage des Autheurs. Chaque sujet a ses styles differens qu'il faut sçavoir choisir pour parler convenablement de toutes choses.

Des figures de la diction ou du langage.

Apres la recherche des Argumens & des figures de la Pensée, il faut prendre garde aux figures de la diction ou du Langage, dans le choix desquelles plusieurs se sont souvent trompez. Les uns ont pris la ressemblance ou la contrarieté des mots pour les graces les plus charmantes du Discours: Ils ont fait un jeu de paroles, ou un combat affecté hors de saison ; les Allusions & les Antitheses ont esté leurs divertissemens ; Quelques autres ont crû qu'il n'y avoit rien de plus elegant, que de ne jamais nommer les choses par leur Nom propre, & ne leur point attribuer leurs vrayes qualitez ; tellement qu'ils ont usé par tout de Metaphores & d'Hyperboles. Ils ne sçavent pas que si les pointes du Discours ne consistent qu'aux paroles, elles appartiennent à un style frivole & vain, qui ne conclud rien touchant l'essence des choses ; Que pour les Figures qui enflent le langage, l'affectation en est fort mauvaise, puisque pour trouver un corps bien sain, nous ne demandons pas qu'il soit tout bouffi, & qu'il ait des tumeurs extraordinaires, mais qu'il ait un veritable embonpoint. Il est vray que les rencontres des mots, leurs rapports & leurs changemens, sont agreables & dignes d'estime, quand ils sont dans l'excellence ; En ce qui est des Metaphores, il y en a de si autorisées par l'usage qu'on ne les peut desaprouver, & que mesmes nôtre Langue ne s'en sçauroit passer, à

cause de sa disette en quelques endroits, où elle n'a pas de mots particuliers pour exprimer tout ce qu'on desire: Où trouvera-t'on des paroles
,, plus propres que de dire, Qu'on s'em-
,, barque en une affaire, ou qu'une au-
,, tre vient d'échoüer, & que de cer-
,, tains Hommes prennent l'essor? Ce sont toutes façons de parler Metaphoriques qui ont cours depuis long-temps, & dont l'on sçait assez l'origine. Si on en veut inventer de nouvelles, il faut que pour estre bien receuës elles soient fort energiques & fort significatives. Toutes les Metaphores estans proprement des similitudes racourcies, elles doivent avoir beaucoup de ressemblance aux choses qu'on veut figurer. Quant aux Hyperboles qui agrandissent & qui élevent les choses, ou qui les apetissent & les abaissent au delà de la verité, il semble qu'on ne les doit pas toûjours, condamner comme des mensonges & des impostures: On est quelquefois obligé de s'en servir, afin que mettant nos propositions dans l'excez, cela fasse imaginer quelque chose de tres-grand ou de tres-petit, & que des Au-

diteurs opiniâtres & incredules aillent au moins à la moitié du chemin où nous les voulons mener. Les autres figures de la diction ont leurs lieux & leurs temps ; Mais il faut estre fort reservé à toutes, craignant que leur multitude ne cause du rebut. On fait des Discours dont il les faut bannir entierement, aussi bien que les Figures de la pensée ; c'est dans les Discours de Science, & dans tous les Discours Dogmatiques par lesquels on doit estre instruit d'une methode simple où rien ne soit déguisé. Nous avons témoigné cecy par tout, & nous avons aussi fait entendre que quand il est besoin de soûtenir quelque proposition particuliere, il est permis d'user d'amplification, & l'on a de plus larges voyes ; Alors on peut employer entierement l'art de persuader, qui se sert de toute sorte de figures pour gagner les esprits par des imaginations extraordinaires, autant que par les pensées communes.

Pour donner de l'accomplissement à la vraye Eloquence, ayant eu soin de ce qu'on doit dire, on a besoin d'un ton de voix agreable & fort, & d'u-

De la prononciation & de l'action.

ne prononciation nette. Quand on est à la Cour ou dans la Ville Capitale d'un Royaume, il se faut garder d'avoir quelque accent Provincial, & si l'usage veut qu'on fasse des accens lōgs ou brefs on s'y doit conformer. On joint à cecy une Action des mains, des yeux, de la teste, & de tout le corps, qui soit convenable aux choses que l'on recite. Cette action vient de l'habitude, & la prononciation en dépend pareillement, si ce n'est qu'il se trouve quelque empeschement à la langue. Il est mal-aisé que la Voix devienne autre qu'elle n'est, & telle qu'il la faut, si ce n'est la Nature qui l'ait renduë bonne: L'artifice n'y opere qu'avec elle. Heureux sont ceux envers qui cette Mere commune s'est montrée liberale de ses dons, & à qui elle a donné la facilité de parler avec une presence d'esprit & une asseurance entiere, puisqu'en vain on a la Science, si on ne s'en peut servir dans les occasions qui arrivent.

De la presence d'esprit, & de la La presence d'esprit & l'asseurance dépendent du calme des passions & de la connoissance qu'on a de ce qu'on peut

peut produire; La resolution & l'étude operent en cecy, de sorte que quand il sera besoin de faire à l'impourveu des Remonstrances & d'autres actions devant des Princes, ou devant des Peuples, les pensées estant toutes prestes, on en sçaura bien former les Discours necessaires. Il est vray que si l'on prévoit l'occasion que l'on aura de parler, & le sujet qu'il faudra suivre, on peut travailler avec loisir à de belles Harangues qui n'estans que pour une heure de recit, cousteront neantmoins deux ou trois mois & davantage pour leur composition; Ceux qui y auront reüssi seront estimez fort eloquens, parce que si elles sont d'un stile facile & agreable, en les oyant reciter on ne remarquera pas combien de temps on aura esté à les faire, & les Auditeurs n'auront pas la curiosité de s'en informer. Ceux qui pourroient composer sur le champ des Discours aussi excellens, y auroient plus d'honneur, mais cela n'est pas aisé à chacun. Pour plus de seureté plusieurs mettent par écrit tout ce qu'ils doivent prononcer de vive voix, ou du moins la plus

composition des Discours.

grande partie, & ils s'étudient à le reciter seuls, avant que l'heure vienne de le prononcer en public. Cecy doit faire une liaison de l'Eloquence de la Parole avec celle qui est par écrit ; car il se trouve que l'une n'est pas moins necessaire que l'autre.

De la Maniere de bien écrire.

CHAPITRE II.

Des choses dittes & écrites; & de celles qui ont seulement écrites.

POurce que l'esprit de l'homme conçoit beaucoup de choses qui meritent d'estre mises en évidence, & que la bouche qui les publie ne leur sçauroit donner une eternelle durée, les Escrits viennent au secours ; Ils rendent fixe tout ce qui est dans la pensée, & ce qui a passé par la parole, laquelle est un son de voix que les oreilles des assistans ne reçoivent pas dans une pureté infaillible, & que leur memoire ne garde pas toûjours avec assez de soin. Il y a aussi des choses qui meritent d'estre sceuës par des hommes de plus d'un Siecle, & de plus d'une Nation; à quoy les Ecrits peuvent servir, pource qu'ils representent toutes les sortes de Discours qu'on a tenus dans les conversations familieres, & dans les Assemblées publiques dont ils font un fidele raport. Jusques à cette heure on n'a gueres separé la maniere de bien parler d'avec celle de bien écrire. De toutes les deux on n'a fait qu'une Science ou un Art, sous le nom de Rhetorique: Mais comme dans la Science Universelle il s'est fait une Logique de la Pensée, & une autre de la Parole, suivant les mesmes principes nous faisons icy une Rhetorique de la Parole, & une autre de l'Ecriture. En cecy nous nous appuyons sur la nature des choses, & sur le Raisonnement commun. Je continuëray donc de vous dire avec cette Methode, que l'Art de bien écrire sert premierement à coucher sur le papier tous les Ouvrages qui ont esté prononcez de vive voix, afin qu'ils soient communiquez à tout le monde, & que de plus le mesme Art s'employe aux Ouvrages faits exprez pour estre écrits. Quand on met par écrit ce qui a esté prononcé de vive voix, on y employe les mesmes paroles, & on y garde le mesme ordre qu'on y a déja donné; Nous avons veu ce que c'est que les Dialogues, les Conferences, les Harangues, les Sermons, & les Plaidoyers. Pour ce qui est écrit exprés, c'est comme les Billets, & les Epistres ou Lettres, les Discours particuliers, & les Narrations ou Histoires. Les Billets & les Epistres ou Lettres expriment les pensées & les volontez des hommes pour les faire sçavoir d'un lieu à l'autre; Les Histoires ne rapportent pas seulement les pensées, & les paroles des hommes; Elles representent encore leurs actions pour les faire sçavoir à la posterité. On nous objectera que les Epistres & plusieurs autres Ecrits ne declarent que ce qui pourroit estre dit de parole à beaucoup de personnes, si elles estoient presentes; & que les Histoires sont des Recits qu'on pourroit faire aussi de vive voix devant quelque Assemblée, reprenant la suite à diverses fois à cause de leur longueur: Neantmoins on sçait que cela ne se fait gueſes, & que ces choſes ſont ſeulement commiſes à l'Ecriture à qui elles ſont principalement ſujettes. Quoy qu'il en ſoit, il faut avoüer qu'en pluſieurs Ouvrages, on obſerve les meſmes regles, lors que la bouche les prononce, ou que la main les couche par écrit.

Cela nous donne ſujet d'émouvoir une Queſtion qui a déja eſté agitée par pluſieurs, à ſçavoir ſi tous ceux qui parlent bien, ſont capables de bien écrire. Pour ce qui eſt du revers de cette Propoſition, il ne nous met gueres en peine, n'y ayant rien de plus aſſeuré, Que tous ceux qui écrivent bien ne ſont pas capables de bien parler, ſoit parce qu'ils n'ont pas les organes propres à prononcer de vive voix ce qu'ils ont pû mettre par écrit; ou parce que leur eſprit manque de ſubtilité & de promptitude pour inventer des Diſcours qu'il faut quelquefois compoſer ſur le champ; ou que quand ils les auroient déja compoſez & mis par ordre, ils n'ont pas de memoire pour les retenir. L'exemple de cecy eſt remarqué en pluſieurs

De la Queſtion, Si ceux qui parlent bien, écrivent bien auſſi.

hommes qui écrivent paſſablement ſans pouvoir jamais parler en public, & dont quelques-uns meſmes ont de la peine à fournir à une converſation ordinaire. En ce qui eſt de ceux qu'on croit qui parlent bien ſans contredit, pluſieurs ne doutent point qu'ils ne puiſſent auſſi fort bien écrire ; Car pourquoy, diſent-ils, ne pourroient-ils pas tracer ſur le papier avec loiſir ce qu'ils ont pû inventer à la haſte pour le prononcer ? S'il y en a quelqu'un de qui l'on aſſeure qu'il ne le peut faire, & que ſes Ecrits ne valent pas ſes Diſcours, c'eſt donc que l'on a eſté abuſé par une certaine maniere de prononcer qui dõne de la grace aux moindres choſes; De plus c'eſt qu'on ne juge pas ſi meurement de ce qu'on entend reciter tout d'une traite, comme de ce que l'on conſidere à loiſir & à pluſieurs fois ſur le papier. En effet nous en voyons la preuve en quelques Predicateurs que le vulgaire a beaucoup loüez, deſquels les Sermons eſtant mis par écrit, ont perdu preſque toute leur eſtime. Cela eſt cauſe que l'on tient en balance la reputation des bons Harangueurs, & celle des bons Ecrivains. Si ceux qui ont de la facilité pour parler dans une Harangue, ont cét avantage d'eſtre preſts pour toute ſorte d'occaſions, d'un autre coſté ils ont quelquefois ce defaut de ne point dire des choſes qui meritent qu'on les remarque, & qu'on s'en ſouvienne; Au contraire quand les Autheurs écrivent bien, ils travaillent aſſez pour eterniſer leur nom, compoſant des Ouvrages qui ſont gardez ſoigneuſement pour les Siecles à venir. A n'en point mentir, il ſe peut trouver des hommes d'un genre ſublime qui ſont accomplis en toute ſorte de bonnes qualitez, leſquels parlent veritablement bien en public & en particulier, & dont tous les Diſcours paroiſſent tres-bons quand ils ſont écrits; Ceux-là terminent la queſtion à leur égard, & montrent qu'il ſe peut faire qu'on écrive auſſi bien comme l'on parle.

De toutes les manieres d'écrire, celles qu'on doit conſiderer les premieres ſont les plus ſimples & les plus ordinaires, comme les Billets & les Let-

Des Billets & des Lettres.

tres qui sont les principales Pieces qu'on mette par écrit : C'est le remede de l'absence, & l'image de ce qu'on pourroit dire à un autre homme s'il estoit present. Pource qu'on n'a pas toûjours le loisir d'écrire tant de choses, & qu'un Avis peut estre donné en peu de mots, & une Priere faite de mesme, les Billets sont fort commodes, n'estans pas seulement envoyez aux amis particuliers, mais aux Gens de tres-haute condition qui ne demandent pas beaucoup de paroles : La clarté & la politesse des Billets doit recompenser leur brieveté; Lors qu'il ne s'y trouvera rien de superflu, cela sera plus naturel & plus accomply. Les Lettres doivent estre longues selon leur sujet, mais pource qu'il seroit importun de tant écrire de choses, & ennuyeux de les lire, on fait la pluspart des Lettres de mediocre étenduë; de sorte qu'on n'y employe pas toûjours toutes les regles de l'Art Oratoire. Il y en a de vray où l'on se sert de toutes les parties d'Oraison; Selon le langage des Orateurs, c'est à dire de toutes les parties du Discours : On y met un Exorde pour preparer l'affection de celuy à qui on écrit, avec une Narration, une Confirmation & un Epilogue, mais ce sont des Lettres d'importance & des plus longues; Dans les autres quelques-unes de ces parties sont entierement obmises, parce qu'elles n'y sont pas necessaires, ou qu'on veut estre succint. Il se trouve des Lettres où sans aucune preparation on narre le fait d'abord, puis on le confirme, & on y met aussi-tost la Conclusion. Il y en a qui ne consistent qu'en la simple narration de quelque chose; Plusieurs autres ne sont remplies que de Complimens, & ne sont qu'Exorde & Epilogue, pource qu'elles n'ont rien à narrer, ny à confirmer ou à refuter. Si on employe toutes les parties d'Oraison dans quelques Lettres, il ne faut pas s'imaginer pourtant qu'on leur doive donner autant d'étenduë qu'elles peuvent avoir dans les Harangues; Quelques-unes sont resserrées dans les bornes d'une periode, ou de deux, ou de trois, & l'on les peut arranger sans beaucoup d'artifice. Comme ce genre d'écrire est le plus necessaire de tous, il arrive pour nostre bien que la facilité s'y rencontre pareillement. Ce qu'on a dit de l'Entretien familier de vive voix, on le peut dire des Lettres ; C'est que l'on y fait entrer tout ce que l'on a besoin d'apprendre à celuy avec qui l'on confere, & en telle maniere & tel ordre que l'on desire ; car les Loix des Lettres peuvent estre aussi diverses que les Sujets dont elles traitent, & mesmes elles peuvent quelquefois s'exempter de toutes sortes de Loix, puisqu'en effet on a la liberté d'écrire tout ce qu'on veut à un amy. On y peut meslanger le Discours du Narré de plusieurs choses, & mesmes en diversifier le stile, joignant les choses gayes aux serieuses, & les mots anciens ou étrangers, aux mots qui ont cours : Toutefois si on écrit d'affaires de consideration, & mesmes si cela s'adresse à des personnes de respect, il faut tascher de leur envoyer des Lettres fort regulieres. Pource qu'apres avoir écrit, on a assez souvent le loisir de revoir ce qu'on a fait, & de le corriger avant qu'il parte de nos mains, on y peut changer beaucoup de choses que l'on souffriroit dans un Discours fait & prononcé sur le champ : Il est donc bien-seant d'y établir quelques Regles, comme de donner de l'ordre aux matieres, & ne les point confondre, afin de faire paroistre une bonne temperature d'esprit, & une vraye solidité de jugement. Si vostre principal sujet n'est que d'affaires communes, il ne faut s'étudier qu'à une pure expression de ce qu'on veut declarer, afin qu'on n'ait point de peine à le comprendre : Mais s'il est besoin d'émouvoir les passions de celuy à qui on écrit, on peut user de tous les secrets de la Rhetorique. Donnant alors aux Lettres une juste mesure, elles recevront les mesmes diversitez que les Harangues; Elles seront dressées au genre demonstratif & au deliberatif pour loüer ou blasmer, & pour persuader ou dissuader. Selon les occasions on y pourroit aussi faire entrer le genre judiciaire, comme s'il estoit besoin d'accuser quelqu'un par Lettres ou de le defendre, ne le pouvant faire de vive voix :

En ce cas les Figures les plus vehementes de la Pensée y peuvent estre introduites; Si elles n'ont pas la mesme force que quand elles sont animées de la prononciation & du geste, il leur faut chercher du secours par quelque artifice qui leur donne autant de pouvoir & d'energie. Pour ce qui est des Figures des Paroles, elles y trouveront leur lieu fort à propos, afin que leur ornement plaise & gagne davantage l'esprit de ceux à qui on écrit; mais il faut que ces Figures soient choisies les plus douces & les plus naturelles qu'on les pourra trouver, car il n'y a point d'Ouvrages plus delicats que les Ecrits de cette nature. Les Lettres estans les Miroirs de l'Ame, elles doivent estre reglées selon l'humeur & la condition de celuy qui écrit, sans qu'il y ait rien qui passe ces limites. Il faut encore qu'elles soient convenables pour celuy à qui elles sont adressées, & pour les choses qu'on a à luy mander; Par ce moyen on les rendra l'un des excellens Chefs-d'œuvres que puissent accomplir ceux qui se meslent d'écrire. Il y a quelque raison d'attribuer de l'eloquence à de tels Ouvrages lors qu'ils ont une ample étenduë ; mais ce seroit estre trop aisé à persuader, de croire qu'on doive honorer de mesme sorte des petites Lettres faites à plaisir, dont les paroles sont seulement arrangées avec une certaine harmonie qui flatte les oreilles, & qui n'ont que de chetives pointes pour égayer les esprits. Ce sont là des Pieces qu'on peut estimer polies & agreables, mais qui ne sont point dans le souverain degré de la belle maniere d'écrire. Elles peuvent suffire à l'usage auquel on les employe, qui est pour les loüanges de nos amis, ou pour leur divertissement, mais les Sujets graves & doctes sont representez d'une autre maniere.

Il y a une autre sorte d'Ecrits fort meslez que l'on donne sous le titre de Discours, lesquels sont quelquefois de longue étenduë ; Ce sont des Avertissemens, des Remonstrances, ou de longues Lettres demonstratives & Narratives, & des Harangues vrayes ou feintes, pour proposer plusieurs choses & en prouver d'autres. Le stile

Des Avertissemens & des Remonstrances.

en est plus diversifié que des Lettres simples, pource qu'on y contrefait souvent les Discours de vive voix, & l'on y mesle toutes les beautez de la Rhetorique, tellement que les Parties de l'Oraison y sont employées indifferemment, & toutes les especes de Figures y peuvent avoir leur rang. Il faut pourtant qu'elles suivent chacune l'ordre qu'on s'est prescrit, & qu'ayant commencé de dresser un Discours d'un certain genre, on luy fournisse tout ce qui luy est convenable.

Des Recits, des Dialogues & des Conferences.

Il y a encore des Recits faits par écrit qui sont des representations de Dialogues, ou d'Entretiens familiers & de Conferences serieuses. S'il est besoin de representer au vray ce qui a esté dit quelque part, on le peut faire ponctuellement, rejettant seulement les fautes commises par mégarde, & par un vice de langue, & remediant à la negligence ou au peu de capacité de ceux qui ont parlé. Si d'autres Discours semblables sont inventez par exercice d'esprit, il faut prendre garde au sujet qu'on y veut traiter, y mettant des choses qui y correspondent;

DE BIEN ECRIRE. Chap. II. 503

Il seroit peu convenable qu'il se trouvast des Discours bas avec des propositions de Doctrine, & des paroles de facetie avec des instructions pieuses, ou morales. Pour les limites du Discours de chaque Personnage qu'on introduit, il faut les accourcir ou les allonger selon les occasions. Quelquefois l'un parlera peu, & l'autre beaucoup : On doit remarquer que comme les propos si souvent interrompus déplaisent, estant des saillies trop promptes pour les Entreparleurs, les Discours trop longs ennuyent aussi. Effectivement ny les uns ny les autres ne sont pas si naturels que les Discours mediocres, pource que dans les Discours trop longs, il n'est pas croyable qu'un homme donnant tant de sujet de parler à un autre, celuy-là ne luy dise quelque mot à la traverse ; & il n'y a gueres d'apparence aussi que les Discours soient toûjours entrecoupez, ainsi que les Dialogues de Platon qui sont divisez par trop de particules & d'interjections. Pour le langage de ces Dialogues que l'on compose exprés, il ne doit point estre si élevé que celuy des Harangues, à cause qu'on imite en cecy le langage des Dialogues effectifs, & que parlant familierement, on ne s'amuse gueres à choisir ses paroles. Enfin on peut dire que les mesmes Preceptes qui sont donnez pour bien parler, servent encore pour bien écrire, puisque tout ce qui a esté proferé de vive voix peut estre mis par écrit.

Des diverses sortes d'Histoires.

Avec les Lettres faites particulierement pour estre écrites, nous avons les Narrations de toutes les sortes que l'on écrit aussi à mesure que l'on les compose. Ces Narrations sont des Histoires particulieres ou des Histoires generales ; Les Histoires particulieres sont courtes d'ordinaire, quand ce n'est que le recit d'un Combat, du succez d'une Conjuration, ou de quelque autre entreprise : Elles sont plus longues lors qu'elles contiennent la Vie d'un Homme, toute la suite d'une Guerre, ou l'entiere durée d'un Empire. Pour les Histoires generales il y en a de grandes & de petites qui comprennent les affaires de plusieurs Estats & de divers Rois. Toutes les

Hiſtoires qui n'ont pas des evenemens fort remarquables à raconter, ne ſçauroient avoir lieu pour recevoir beaucoup d'ornemens : Quand on ne fait que de ſimples Narrations, elles n'ont beſoin que d'un ſtile naïf qui exprime les choſes en termes faciles & ſignificatifs ; Si l'on les veut plus elevées, afin que leur ſtile égale leur matiere, ou qu'il ſerve à l'embellir, il faut que les choſes y ſoient écrites plus au long, & avec plus d'appareil. Les vrayes Hiſtoires & celles qu'on doit le plus approuver, ſeront écrites d'un ſtile mediocre ny trop bas ny trop enflé ; On ne s'y ſervira que des Figures neceſſaires & le plus en credit, afin que le langage en ſoit different d'un Panegyrique ou d'une Declamation : Neantmoins il y a des Hiſtoires faites d'une telle methode, que tous les ſtiles ſe rencontrent dans le corps de l'Ouvrage. Quoy que la Narration principale ſoit forte & nerveuſe, elle peut rapporter en quelques endroits des Epiſtres écrites d'un ſtile doux & ſimple, & des Dialogues d'un langage familier ; D'un

autre costé elle reçoit des Remonstrances & des Harangues où l'Eloquence employe toutes ses forces. Cela se voit principalement dans des Histoires qui sont en forme de Memoires, où l'on rapporte les choses de la
mesme façon qu'elles se sont passées,
& où l'on insere toutes les pieces au
vray sans rien déguiser ; Celles où
l'Historien veut tout faire de luy-mesme, ont beaucoup moins de varieté.
Les Discours communs y estant rapportez indirectement, & du mesme stile qui a esté observé dans toute la
Narration, il n'y est pas moins eslevé
qu'aux Harangues directes; mais comme tout y va d'un mesme train, cela
paroist quelquefois trop contraint
& trop affecté. Pour les Vies particulieres des Hommes, les Sçavans
croyent qu'elles doivent estre écrites
d'un stile plus bas que les affaires des
Empires ; Cela est observé diversement selon la fantaisie des Historiens.
Il faut prendre garde pourtant que le
Stile soit digne du Sujet, & que la Vie
des Hommes les plus Illustres soit
écrite avec plus d'appareil & plus de

DE BIEN ECRIRE. Chap. II. 507

majesté, que la Vie des Hommes communs. On doit confiderer encore fi dans les unes ou dans les autres, l'on n'oublie point quelques-unes des chofes qui meritét le plus d'eftre fceuës, & fi au contraire l'on ne rapporte point trop ponctuellement celles qu'il faudroit plûtoft fupprimer. Il y a des particularitez qui font bônes à dire en de certains lieux, & mauvaifes en d'autres. Il faut voir auffi en quelles fortes de Relations ou d'Hiftoires il eft meilleur de raconter les chofes nuëment, que d'y inferer des Difcours eftrangers, & au cas qu'on y veüille faire quelques digreffions, fi elles doivent eftre longues ou courtes. Tout cela eft reglé felon le deffein qu'on a pris, & felon la capacité qu'on a pour l'executer.

Des Regles des Hiftoires & des Harangues.

La mefme chofe qui fe dit des Hiftoires particulieres fort eftenduës, fe peut dire encore des Hiftoires generales, qui font le recit des chofes aveuës en divers Royaumes, ou en diverfes Provinces, & fous divers Rois, ou Chefs d'Armées. Bien que d'ordinaire on faffe des Abregez de tout

cecy, on en peut faire aussi des Chr[o]
niques tres-amples, qui souffrent tou[tes]
tes les Pieces Oratoires, & se serve[nt]
de toute sorte d'ornemens. Il ne fa[ut]
point douter que dans toutes les esp[e]
ces de Narration, on ne se puisse serv[ir]
du Stile commun & simple, ou du m[e]
diocre, & quelquefois du plus relev[é]
Neantmoins il faut prendre garde à c[e]
qui convient le mieux à chacune d[e]
Histoires, & mesmes je croy que c[e]
qu'on employe pour les embellir, e[st]
souvent ce qui les rend plus difforme[s]
& ce qui les fait contrevenir aux bon[s]
nes Regles. Entre les Historiens le[s]
plus renommez de l'Antiquité, il y e[n]
a qui ont inseré tant de Harangue[s]
dans leurs Livres, que ce sont de[s]
Ouvrages d'Orateur plustost qu[e]
d'Historien, & en cecy on n'épargn[e]
pas Thucydide ny Tite-Live. Leu[rs]
Livres sont beaux & agreables à l[a]
lecture, & assez utiles pour l'instru[c]
ction ; mais la relation n'en est pa[s]
certaine. Il s'y trouve d'excelle[ns]
Discours qui ont esté composez av[ec]
beaucoup de peine & de temps pa[r]
l'Historien, & n'ont point esté fai[ts]

[...]r le champ par les personnes qu'il a [n]ommées. Dans le temps où un Hi[st]orien suppose que les plus longues [h]arangues ont esté prononcées, celuy [à] qui il les a fait dire n'avoit pas tant [de] loisir; Il luy estoit plus necessaire [de] s'occuper à ranger son Armée en [b]ataille, qu'à haranguer ainsi de suite, [D]e telles Harangues sont possible at[tr]ibuées à des Hommes qui estoient [p]lus vaillans qu'eloquens, ou qui fai[s]oient plus de cas de reduire la Scien[ce] politique en pratique, que de s'a[mu]ser à en discourir. Il se rencontre [me]sme des endroits en quelques Hi[st]oires où l'on fait parler des Gens qui [ne] furent jamais, & que l'on feint [a]voir esté, pour donner lieu à de [b]eaux Discours, & à de belles avan[tu]res; On peut dire que de tels Ou[vr]ages sont fort ingenieux, & fort [b]ien écrits, mais que ce ne sont point [p]ourtant de vrayes Histoires. Ce qui [m]ontre leur fausseté, & le peu de bien[se]ance que la pluspart des Autheurs [o]bservent, c'est qu'ils font toutes [leu]rs Harangues d'un mesme Style, [c]omme si les Personnages qu'ils ont introduits avoient tous esté instruits dans une mesme Eschole, & s'ils estoient tous de mesme humeur, & d'esprit égal. C'est par-là qu'on reconnoist que ces Harangues sont de l'invention d'un mesme Homme, qui a mieux aymé donner des choses agreables que des vrayes. Cependant ce sont ces grands Genies dont chacun parle avec veneration, & dont l'on croit que nous serions trop heureux de pouvoir imiter les fautes. Il y a une opinion contraire à la leur, qui est que pour composer une Histoire dans une entiere regularité, il faut que les Dialogues, les Lettres, les Harangues, & les autres Discours interposez, soient tous accommodez aux personnages qui parlent; Que d'autant qu'ils ont pû estre de differente capacité, ce qu'on rapportera d'eux doit estre d'un Style different; Qu'il ne faut faire parler non plus que ceux qui ont parlé effectivement au temps que l'on dit, & de la sorte qu'on le raconte, ou à peu prés; Que si l'Historien veut faire paroistre son Eloquence & sa Doctrine, il vaut bien mieux qu'

employe à ce qu'il dit de luy-mesme, soit pour la description des evenemens, soit pour les reflexions, que
de faire parler quelques Hommes
contre la vray-semblance & contre le
bon sens: Toutefois plusieurs pretendent que le Style fort & agreable doit
s'étendre également par tout, afin que
l'Histoire entiere soit d'un mesme Stile. Beaucoup d'Historiens tiendront
cette opinion, & pour l'appuyer il est
assez à propos de se servir de ce qui a
esté allegué ailleurs pour montrer que
les Comedies ont de la grace, lors que
tous les Personnages y parlent en
vers, & aussi bien les uns que les autres; On les compare à des Statuës
qui paroissent belles & bien faites, encore que toutes les parties de leur
corps & leurs habits soient de mesme
matiere & de mesme couleur: Ainsi
l'Histoire peut estre entierement d'un
mesme Style, & paroistre fort reguliere de cette sorte. Nous avons veu
depuis peu un Livre touchant la methode d'écrire l'Histoire, dans lequel
il y a des maximes un peu estranges:
il est de l'Autheur de *la Galerie des*

Femmes fortes, qui estant bon Poët[e]
& ayant toûjours écrit poëtiquemen[t]
croit qu'il faut estre Poëte pour est[re]
» Historien: Il dit que Ciceron & Qui[n]
» tilien appellent l'Histoire une Poë[sie]
» libre, affranchie de la servitude de [la]
» Versification, c'est à dire une Poë[sie]
» en Prose. Le mesme voulant regle[r]
l'Histoire comme un Poëme Heroï[-]
» que, soûtient encore, Qu'il faut ga[r-]
» der la bien-seance pour les personn[es]
» qu'on fait parler; Qu'il ne faut p[as]
» mettre une Sentence en la bouche d'[u-]
» ne Servante, mais d'une Zenobie, [ou]
» de quelque Femme Illustre par so[n]
» sçavoir & par sa qualité; Qu'il n'y [a]
» que les Rois, les Princes, & les gran[ds]
» Capitaines qui ayent droit de se fai[re]
» écouter dans une Histoire; Qu'un O[f-]
» ficier de Garde-robbe, un Cheval[-]
» ger, ou un Clerc de Palais n'y doive[nt]
» pas faire les hommes d'Estat, & q[ue]
» ce seroit une faute dans l'Art de l'H[i-]
» stoire, comme des incongruitez da[ns]
» la Grammaire. Il est certain que c[es]
choses n'arrivent pas ordinaireme[nt]
dans le Monde, qu'un Homme de p[eu]
se veüille mesler de gouverner [un]
Royaum[e]

Royaume, mais si cela arrivoit, il le faudroit bien écrire. Si on en juge autrement, c'est vouloir regler l'Histoire comme un bon Roman ; C'est ne pas sçavoir que mesme la vraye Histoire se rend plus remarquable quand elle raconte des choses extraordinaires, pourveu qu'elles soient vrayes, comme d'un homme de basse étoffe qui auroit eu la hardiesse de donner conseil à des Rois. C'est une grande folie de dire, qu'on ne doit pas mettre dans une Histoire de belles Sentences ou de longs Discours que des Hommes de basse condition auront faits ; Car il y faut mettre ce qui s'est fait veritablement ; Et si au contraire des Hommes de haute qualité ne se sont pas trouvez capables de parler, on ne doit pas inventer de beaux Discours tout exprés pour leur faire dire. Quand on estime tant les anciens Historiens à cause des belles Harangues, ou des bons mots, & mesmes des bonnes actions qu'ils rapportent, on ne considere pas qu'on ne les peut démentir de ce qu'ils disent, & que si dans nostre Histoire on attribuoit aujourd'huy de telles choses à ceux qui n'en ont fait aucune de semblable, on s'exposeroit à la risée publique. Apres les Harangues nous avons á consulter sur les autres embellissemens. Si une Histoire est en Abregé on n'y doit point souffrir de Digressions; Elles sont reservées pour les Histoires les plus amples : Il y a mesmes une certaine mesure qu'on leur prescrit ; Elles ne doivent pas avoir tant de longueur, qu'elles fassent perdre le souvenir du principal du Livre, & leur sujet y doit estre attaché par quelque bout. On fait les Digressions pour instruire & pour divertir les Lecteurs, mais si on les évite entierement, on y trouvera moins de peril qu'à en user. Les Histoires semblent fort bonnes quand on y rapporte les motifs des Guerres, & des autres accidens, suivant l'opinion la plus certaine; Pour ce qui est d'y adjoûter son Jugement, & de donner des loüanges aux bonnes actions, comme du blasme aux mauvaises, plusieurs ne tiennent point cela fort necessaire, disant qu'il faut laisser la liberté aux

DE BIEN ECRIRE. Chap. II.
Lecteurs d'en penser ce qu'ils voudront ; il n'est pourtant pas defendu de leur y servir de guide. On peut croire assez souvent que ce que l'Historien dit n'est que le rapport des opinions les plus saines qu'on a euës des choses dans le temps qu'elles sont arrivées. Une Histoire seroit dépourveuë de toute grace, si elle n'avoit cét assortissement ; Elle seroit moins puissante à persuader la Vertu aux Hommes, & quoy que ce soit une lecture pour toute sorte de Gens, elle ne seroit pas utile à chacun. En ce qui est du langage, il le faut rendre fort & solide, & luy donner aussi de l'agrément. Il y a tant d'enseignemens pour l'Histoire en plusieurs endroits, qu'il n'est pas besoin d'en mettre icy davantage. Pour traiter cette matiere plus à fonds, & avec plus d'utilité, il faudroit que ce fust en particulier, & que le dessein fust appliqué à l'Histoire de nostre Nation, qui a grand besoin d'estre consideréé, & qu'on la fasse un peu plus reguliere qu'on ne l'a veuë jusques à present.

On divise les Histoires par Livres *Proposition extra-*

O ij

ordinaire pour l'ordre des Histoires. ou par Chapitres, par les vies des Rois & des autres Princes, par la durée des Republiques, & des autres manieres de Gouvernemēt, par la suite des guerres, ou autres entreprises, & par Années ou Campagnes. Il n'y a rien à critiquer en cela. En ce qui est de l'ordre entier, il faut debiter icy une pensée rare & nouvelle: Quelqu'un a declaré, Qu'il luy sembloit plus à propos de faire une Histoire en retrogradant, que de la commencer dans un Siecle fort reculé; Que c'est de mesme que voulant trouver l'origine d'une Riviere, on remonte par son Canal jusques à sa source; Qu'aussi est-il plus naturel de commencer par les choses presentes & connuës que par les choses passées & obscures; Que faisant ainsi ses recherches à rebours, on trouve la raison insensiblement de beaucoup de choses qui sont arrivées, & que si cette proposition semble absurde d'abord, c'est qu'on est accoustumé à voir le contraire: Neantmoins nous nous tenons à l'ancienne Regle comme à la plus commode: Cette autre n'a esté avancée que pour un Paradoxe,

& afin que son exemple donnast du divertissement si on en vouloit faire l'essay. Il faut se representer que suivant l'ancienne Coustume un Historien décrivant les choses depuis leur origine, en parle comme les ayant veuës toutes effectivement, ou les ayant leuës quelque part, & les ayant apprises par cœur; Son Histoire est comme une Carte étenduë, laquelle on peut regarder facilement d'un bout à l'autre, & depuis les Siecles anciens jusques à celuy-cy. Pource qu'il se trouve des Gens qui écrivent consecutivement dans chaque Siecle, on suit leur travail d'ordinaire, ne faisant qu'un corps continu de ces divers membres, & prenant l'Histoire depuis la fondation d'un Estat: Mais ceux qui voudront soustenir la nouvelle Methode, diront que le Corps des Historiens particuliers leur peut de mesme servir, & que marchant sur leurs pas, s'ils ne remontent d'une année à l'autre, au moins apres un dernier Regne, ils peuvent écrire le Regne penultiéme, puis l'anti-penultiéme, & ainsi en remontant du Fils au Pere, ou du Successeur au Predecesseur ; Que cela paroistroit fort agreablement écrit, & fort raisonnablement ; Que dés qu'on auroit veu cela en quelques endroits, on ne le trouveroit non plus estrange que l'Ecriture Hebraïque qui est au rebours de la nostre, & dont les Livres commencent au dernier feüillet. De proposer cecy, c'est debiter des opinions curieuses pour nous montrer que la bigearrerie de l'Esprit humain luy peut faire conduire les choses en toutes manieres : Concluons que l'ordre qui va depuis l'origine jusques au progrez, est certainement plus aisé à suivre pour les Historiens & pour les Lecteurs, & qu'il est plus intelligible que si on nous donnoit une Narration tissuë de divers evenemens renversez la pluspart c'en dessus dessous.

Si les Histoires peuvent estre commencées par le milieu.

En ce qui est de commencer les Histoires par le milieu, ou par quelque autre endroit, cela n'est permis qu'aux Histoires fabuleuses & aux Romans, qui feignent tout ce qui leur plaist : La raison de cét ordre peut estre, que la Narration qu'on veut faire, paroist davantage en ce lieu ; Que comme c'eſt le principal de tout ce qui ſe raconte, les affaires precedentes n'en eſtans que l'acceſſoire, elles ſont rapportées apres avec quelque grace, ou bien l'on ſe perſuade que quelqu'un ayant ſouhaité qu'on commençaſt à luy raconter quelques avantures par un certain endroit qui luy plaiſt, quoy que ce n'en ſoit pas la premiere origine, c'eſt ce qui en fait changer l'ordre : Mais il faut donc travailler à cecy ingenieuſement, découvrant les choſes petit à petit ſans aucune affectation, & comme ſi cela ſe faiſoit par une ſuite naturelle. Or s'il eſt beſoin de garder une regle fort exacte aux Narrations entierement feintes, ſi l'on vouloit ordonner une vraye Hiſtoire de pareille ſorte, & la commencer par le milieu, il ſeroit neceſſaire d'y obſerver un grand Art pour la faire trouver raiſonnable & judicieuſe.

Puiſque nous ſommes venus inſenſiblement à parler des Romans, il faut reconnoiſtre qu'ils ſont de ces Ouvrages qu'on fait exprez pour eſtre agreables. Nous les avons compris ſous le

Des Romans.

Titre des Narrations, pource qu'on divise les Narrations en vrayes & en fausses. On doit reconnoistre qu'encore que les Romans ne soient que fiction, ils peuvent estre en tout une Image de l'Histoire, excepté dans la licence qu'ils prennent pour l'ordre, lors que leurs avantures sont commencées par le milieu, & quelquefois par la fin. Si l'on veut pourtant faire des Narrations bien regulieres dans un Roman, on les peut commencer toutes par l'origine des choses, & ne leur faire parler que de Guerres, d'Ambassades, de Traitez de Paix, de Murmures & de Revoltes de Peuples, de Changemens de Religion, & d'autres semblables incidens, y meslant des Dialogues, des Lettres, & des Harangues, où l'on fera entrer les meilleures maximes de la Morale & de la Politique ; Mais pource que les Livres de Fiction servent à l'entretien des jeunes Gens qui se veulent divertir de tout ce que l'imagination se peut figurer de plus agreable, on y met principalement des avantures d'Amour, des Intrigues de

Courtisans, des Fortunes de Voyageurs, avec des accidens surprenans & merveilleux. Quand le Roman est entierement d'invention, il peut estre reglé à la fantaisie de l'Autheur, lequel en fait comme le Sculpteur, qui donne telle forme qu'il luy plaist à la matiere soûmise à son travail ; Mais si un Autheur prend son sujet de quelque Histoire ancienne ou moderne, comme cela est assez en vogue, il ne luy est pas permis de changer les actions fondamentales ; On peut bien adjoûter à la verité, non pas la corrompre, autrement ce seroit s'opposer à tout ce que les Historiens en ont écrit. Ceux qui l'entreprennent n'acquierent de la reputation que devant des Gens qui ignorent la bien-seance des choses. Il y a mesmes des Fables si anciennes & si autorisées, qu'il n'est pas permis de les changer, si ce n'est par quelque Invention galante, qui vaille bien celle de l'Antiquité. Nous condamnons les Livres de nostre Siecle, qui pour avoir plus d'autorité & de credit, prennent pour leur sujet l'Histoire pretenduë d'un Prince ou d'une Princesse de nostre Nation, & qui mesmes en portent les noms. Si on ne faisoit qu'adjoûter de bonnes actions à celles qu'on croit veritables, cela pourroit estre souffert à cause du bon exemple qu'on en recevroit; mais aujourd'huy on n'épargne point la memoire des Personnes anciennes; On leur attribuë des injustices, des impudicitez, & des lâchetez, qui apportent du scandale. On devroit empescher cecy à cause de l'injure que cela fait à ceux qui tirent leur origine de ces Personnes Illustres: On peut bien composer de beaux Romans sans se servir de ces mensonges punissables: On fait de ces Livres de plaisir qui pour mieux imiter l'Histoire, sont rendus les plus vray-semblables qu'il est possible. Il faut que ce qu'on y raconte, paroisse si faisable & si agreable tout ensemble, que le Lecteur prenne cela pour vray, ou souhaite que cela le soit, estant fasché lors qu'on luy dit que ce n'est que fiction. Quand l'Autheur d'un Roman a obtenu cecy, on peut bien dire qu'il a gagné le prix; Sa gloire est encore plus grande, si estant au bout de la carriere, on a regret qn'elle n'est plus longue, & qu'il n'y a encore quelque suite à de si belles Narrations pour fournir d'une nouvelle lecture ; Mais ne nous laissons pas si fort transporter à ces especes d'enchantemens, que nous méprisions pour eux l'étude solide & utile.

Du bon Stile, & de la vraye Eloquence.

CHAPITRE III.

LE bon Stile est l'une des parties de la bonne maniere d'écrire, laquelle est souvent prise pour le Tout ; Elle consiste à bien regler les paroles & les pensées, ce qui appartient à toute sorte de sujets. Les paroles doivent estre conformes à l'usage receu entre les personnes d'esprit & de qualité. Pour les Discours ordinaires, il ne faut point se servir de mots estrangers, ny de ceux qu'on trouve si vieux qu'à peine les peut-on entendre : Dans

Du bon Stile.

la Vie Civile, il faut suivre la mode pour le langage autant que pour les autres choses. Les figures du Discours doivent estre fort raisonnables & bien appropriées au sujet que l'on traite, & mesmes il est bon qu'elles soient usitées en quelque sorte, afin de ne point étonner les esprits par leur nouveauté. Avec cela si les pensées sont d'une invention exquise; Si on a soin d'estre fourny d'argumens naturels & demonstratifs, qui sont les nerfs & la force du Raisonnement, & si on y apporte un bon ordre, on verra que toutes les parties se donneront un secours reciproque les unes aux autres, & que par ce moyen il se fera des Ouvrages qu'on estimera veritablement eloquens. Cét honneur ne leur est point accordé quand ils sont remplis de figures contraintes & de pointes affectées, mais quand ils contiennent precisément ce qui se peut dire sur la matiere qu'on se propose; Car les matieres sont comme les moules, où ce que l'on met est estimé bien fait, lors qu'il y trouve justement sa place.

Du bon Stile. Ch. III.

Entre les Ouvrages les plus simples, nous considerons premierement les Discours dogmatiques, ou qui enseignent quelque chose : Ils doivent estre d'un Stile naïf qui est leur vray ornement. Pource qu'il y a divers Poinćts à traiter dans les instructions des Sciences & des Arts, lors qu'on les entreprend, on ne doit pas faire comme ceux qui n'ayans à parler que d'un seul sujet, l'amplifient de comparaisons, d'exemples & d'allegations ; Les Livres Universels, & ceux qui parlent de beaucoup de choses, seroient par ce moyen d'une longueur excessive : Leur excellence consiste dans la force des raisons, non pas dans leur nombre. Leur langage naturel qui paroist simple aux esprits vulgaires, est plus difficile à observer que ces langages enflez dont la pluspart du Monde fait tant d'estime. Pour accomplir de tels Ouvrages, il est fort aisé de se servir de deux ou trois figures de Discours qu'on aura mesmes dérobées quelque part, & d'y employer quelques mots élevez qu'on trouve par tout ; C'est pourquoy nous

Des Discours Dogmatiques, & du Stile naturel.

voyons que les Autheurs qui ont inventé des Stiles metaphoriques, hyperboliques, & d'autres Stiles bigearres, ont eu des imitateurs en quantité, mais qu'il ne s'en trouve presque point qui se soucient d'imiter le bon Stile, soit pour la description naturelle des choses du Monde, soit pour la Narration coulante & agreable de quelques Histoires, ou pour des Discours libres de Moralité & d'œuvres meslées, comme il y en peut avoir d'assez raisonnables dans ce Siecle. Il est de ces choses comme de toutes les autres qui appartiennent à la Nature, que l'Art ne sçauroit imiter, s'il ne suit les traces de la Nature mesme. L'artifice des hommes ne fera pas produire tout seul un épy de bled, mais il le fera avec le grain naturel qu'il fera germer dans la Terre apres l'avoir bien cultivée. Cela nous fait connoistre l'excellence d'un Stile naïf propre à chaque sujet, lequel on ne sçauroit acquerir sans se revestir des purs sentimens de la Nature. Nous sçavons que si peu de gens le recherchent, ce n'est pas seulement parce qu'ils n'y sçauroient atteindre, mais parce que les ignorans y trouvent moins de goust qu'aux faux ornemens que le caprice a inventez; Pour les Hommes sages, ils font plus de cas des beautez naïves du Discours qui ont des charmes tres-connus pour eux, & inconnus au vulgaire. L'excellence du bon Stile & son principal caractere, consistent en ce que les choses qu'on y voit, semblent y estre venuës d'elles-mesmes, & que les mots s'y soient volontairement soûmis aux choses qu'ils expliquent.

De la diversité du Stile.

Il n'y a personne qui juge plus sainement de cecy que le Grand S. Augustin dans sa Doctrine Chrestienne, où parlant de la diversité des Stiles, il montre quel doit estre le Stile grave digne des sujets relevez; Il allegue un certain passage d'une Epistre de S. Cyprien, où il y a des descriptions de lieux champestres avec des paroles enflées, & il dit, " Que ceux qui aiment " ce langage, croyent que les Au- " theurs qui ne s'en servent point, " ne s'abstiennent de parler de la " sorte, qu'à cause qu'ils n'y sçau-

,, roient parvenir ; mais que le Saint
,, Docteur ayant écrit une fois de ce
,, Stile, faisoit connoistre qu'il en pou-
,, voit user quand il vouloit, & qu'il l'a-
,, voit à mépris, puisqu'il ne s'en estoit
,, point servy autre part. Cecy doit tirer d'erreur quelques hommes de nostre Siecle, qui se persuadent que le Stile naturel dont se servent les bons Ecrivains, doive estre mis au dessous du Stile fardé & enflé, qu'ils appellent pompeux & magnifique, & qu'ils tiennent pour le haut Stile ; Il faut qu'ils sçachent, Qu'il y a le Stile bas, le mediocre & l'élevé ; mais que la vraye élevation n'est pas connuë de nos Rhetoriciens vulgaires. Ce Stile élevé n'est point celuy qui est soûtenu par des paroles extraordinaires, & par des pensées qui tiennent du prodige; Tout y doit estre solide & grave, & convenable au sujet. Outre les trois sortes de Stiles, j'en establis aussi un qui est commun à tous, lequel on peut appeller Transcendant : C'est le Stile naturel propre aux choses basses & aux hautes. En ce qui est des choses basses, il les décrit naïvement & veri-

tablement, sans pourtant abaisser sa dignité; & pour les choses hautes, il ne les exprime point par l'enflure & par des ornemens vains, mais par la force & la netteté des paroles; C'est en cela que se trouve l'Elegance du Discours avec la vraye & parfaite Eloquence.

Ceux qui exaltent l'Eloquence fausse qui est la plus commune, ne considerent pas qu'elle ne consiste qu'en des déguisemens & des superfluitez; Que les Metaphores y sont si souvent redoublées, qu'une mesme chose sera representée par plusieurs paroles de differente signification, comme par un fleuve, un arbre, ou un astre, & que la pluspart des pointes y sont formées par des comparaisons que l'on dit estre accourcies, où l'on va chercher les choses les plus éloignées & les plus incroyables pour les joindre à ce que l'on propose; Que l'on fasse l'Anatomie des écrits de ceux qui de leur temps ont esté estimez les Roys ou les Princes du Langage, & de ceux qui taschent de les imiter, on verra que tout ce qui éclate

De la fausse Eloquence, & de la vraye.

dans leur Stile, ne consiste qu'en ces faux ornemens, sans qu'on y remarque aucune force d'erudition & de doctrine, & qu'une mesme chose y estant comparée à vingt autres tout de suite, ou exprimée en vingt façons, toute leur Eloquence n'est qu'une vaine amplification ; Un bon Ecrivain diroit en trois periodes ce qu'ils mettent en douze pages, & il se feroit mieux entendre en s'expliquant plus nettement : Au reste comme ils manquent de la Science du raisonnement & du bon ordre, il n'y a gueres de ces Gens-là qui osent entreprendre un Livre entier, où s'ils eu ont entrepris quelqu'un, c'est plûtost un monstre qu'un corps : Neantmoins comme un certain bon-heur & quelque rencontre du temps, leur ont fait acquerir plus de reputation que d'autres, il se faut garder d'en estre seduit. C'est un abus ancien que quand un homme écrit avec quelques pointes agreables, ou qu'il se sert des mots qui ont le plus d'usage à la Cour, on dit que c'est le meilleur Ecrivain du Siecle, & l'on fait marcher apres luy les plus doctes, & ceux qui ont une Eloquence ferme & solide : Mais il faut sçavoir qu'il est de cecy comme de la Peinture; Qu'un Homme sçache composer de belles couleurs, & les mélanger adroitement, il n'est pas bon Peintre pour cela, s'il ne sçait comment on employe toutes ces couleurs pour representer les divers Corps du Monde; Tout au plus il ne sera propre qu'à representer la bigearrerie du jaspe & du porphire, comme cela se fait quelquefois par hazard : Ainsi est-il de ceux qui n'ont que les fleurs du langage, & les simples couleurs de l'Eloquence, dont ils nous forment des Lettres fantasques, ou des Discours sans commencement & sans fin, qui ne sont que les fragmens de ce qu'ils promettent, & de ce qu'ils ne donneront jamais, n'estans pas capables de produire des Ouvrages plus achevez. En vain l'on s'estonnera de ce que nous disons ; il est besoin de declarer une chose si veritable. Ce n'est pas tout que de sçavoir écrire ; Il faut avoir dequoy écrire. Quelques-uns ont la diction assez belle, mais ils

manquent d'invention pour l'employer, & d'ordre & de jugement pour placer les choses; Voila pourquoy nous pouvons soûtenir hardi-
" ment ce Paradoxe, Qu'encore qu'un
" homme sçache écrire elegamment &
" eloquemment, il se peut faire pour-
" tant qu'il ne soit pas bon Ecrivain. On voit en effet qu'outre la proprieté des mots, & les plus beaux ornemens du Discours, plusieurs autres qualitez sont necessaires; Si au lieu des figures les plus raisonnables, on ne trouve dans des Ouvrages que des figures monstrueuses, & si cela contient des propositions inutiles plustost que des choses solides, alors la condition en est pire; Cependant toutes ces manieres d'écrire déguisées par les fleurs du langage, & offusquées par l'abondance des paroles, n'ont pas manqué de plaire durant nos Siecles: Cecy a donné dans la veuë de nos Provinciaux, & de tous ceux qui n'ont estudié qu'à demy, qui sont en plus grand nombre que d'autres; Il s'est fait des Sectes pour defendre les nouveaux Stiles avec des imitateurs en quanti-

té, dont quelques-uns ont surpassé leur modele en ce qu'il avoit de particulier & d'assez passable, les autres n'en ont pris que ce qu'il avoit de pire: De certains Autheurs ont donc fait des fous sans nombre, car c'est une folie de croire qu'on écrit bien pour avoir imité quelques façons de parler nouvelles, sans avoir aucun fonds de doctrine, & sans la conduite du jugement. Ceux qui sont fort sages ne prennent de la nouveauté que ce qu'elle a de bon: Ils ne s'attachent pas mesme à un seul Autheur; quoy qu'ils en ayent choisi un des plus supportables pour leur principal objet. La Copie ne pouvant pas toûjours surpasser l'Original, ny mesme l'égaler, il seroit mal-aisé d'atteindre à la perfection par cette voye. Il faut voir des Livres de differentes mains, afin d'imiter les graces des uns & des autres pour en faire un amas accomply; Ainsi l'on peut parvenir à cette souveraine Eloquence que nous cherchons.

Il faut avoüer que plusieurs se sont fort trompez, lors qu'ils ont pensé

Des differentes manieres

d'écrire selon les Siecles.

avoir acquis la plus excellente maniere d'écrire, & estre les meilleurs Autheurs du Monde. L'abus a esté pareil pour ceux qui leur ont attribué ces belles prerogatives: Nous l'avons assez reconnu, si nous avons bien compris quelle est la bonne maniere d'écrire, & quelle est la mauvaise; Nous avons pû mesme remarquer quels sont les Autheurs qui manquent aux principales Regles, & ce que d'autres ont de meilleur, sans qu'il ait esté besoin de les nommer: Toutefois afin que rien ne soit déguisé, voyons quelque chose de ce qu'on peut rapporter de particulier touchant quelques Autheurs des Siecles derniers: Nous n'avons rien à dire de Villehardoüin, du Sire de Joinville, de Jean de Meun, de Froissard, d'Alain Chartier, & des autres, dont à peine le langage est entendu aujourd'huy, sans quelques annotations qui les expliquent. Nous laissons à decider s'ils parloient bien chacun selon leur temps; En ce qui est de ceux qui sont venus depuis, le langage de Claude de Seissel n'est pas fort approuvé, & pour celuy d'Amyot dont les Traductions ont esté tant estimées, encore y trouve-t'on à reprendre. Ce seroit estre fort simple ou fort injuste de le blasmer pour quelques mots qui aujourd'huy paroissent trop vieux, puisqu'ils avoient cours de son vivant : Il faut estre plus subtil pour le critiquer. On peut dire qu'il ne tourne pas bien ses periodes ; qu'il les fait quelquefois beaucoup plus longues qu'il ne devroit ; qu'il n'use pas bien des articles & des particules du Discours, & que sa construction n'est pas fort correcte. Il suivoit en cela l'usage de son temps qui ne demandoit pas une plus grande politesse, parce qu'on couchoit les periodes selon qu'elles venoient à la plume, sans y établir un autre ordre. C'estoit comme ces Architectes peu experts, qui ayans fait un Corps de logis, où il manque une Chambre ou un Cabinet, les bastissent auprès sans garder aucune regularité ny symmetrie. Plusieurs Ecrivains qui sont venus depuis Amyot, n'ont pas pris d'avantage de peine pour mieux écrire, & d'autant que cela ne dépendoit que de leur soin ayans assez de capacité, on les reprend de ce qu'ils n'ont pas fait ce que d'autres ont fait apres eux. Le Stile de Renoüard qui a traduit les Metamorphoses, à ce compte-là n'est pas encore des plus polis, non plus que celuy de quelques autres Ecrivains. Nous ne parlons point de ceux qui voulans adjoûter des ornemens au Stile, & paroistre fort sçavans, ont fait d'estranges grotesques, comme l'Autheur du *Soldat François*, & de *l'Avant-Victorieux*. L'Historien Matthieu a esté encore plus coupable, parce que les Discours particuliers sont faits d'un tel Stile qu'il plaist aux Autheurs qui se peuvent dire libres, sans qu'on leur doive prescrire aucune Loy; au lieu que les Histoires ont des regles certaines qu'il ne faut point passer, lesquelles sont principalement de n'y rien écrire que ce qui appartient au sujet : Neantmoins Matthieu allegue pour exemple les choses anciennes & fabuleuses: Il fait que Jupiter, Mercure, & Hercule joüent leur personnage dans l'Histoire de France ; il y fait venir aussi

aussi tous les Illustres Grecs & Romains, à quoy il joint des façons de parler fort basses, & des figures tres-licentieuses; C'est dommage qu'apres sa mort, quand on a imprimé ses Ecrits, on ne luy a rendu ce bon office de corriger un peu ces choses; car au reste il y a des endroits bien forts dans ses Livres, qui témoignent qu'il estoit Homme de grande litterature. De son temps il y a eu des Ecrivains à la Cour qui ont fort corrompu le langage, comme Nerveze & d'autres qu'il n'est pas besoin de nommer, lesquels se sont servis d'Antitheses, d'allusions, d'equivoques, & de plusieurs traits les moins subtils de la Rhetorique, qui estoient de faux brillans dont les Gens d'alors se laissoient ébloüir. Malherbe & Coëffeteau ont travaillé depuis à purifier la Langue, & à la fortifier, & incótinent apres on a voulu y apporter quelques ornemens. On a mis en credit une sorte d'Eloquence, où l'on n'allegue pas simplement les exemples & les autoritez des Anciens, mais on tire leurs bons mots de leur place sans rien

P

citer, & on y joint des figures qui déguisent agreablement les choses.

Du Stile de M. de Balzac.   C'est ce qu'on pretend qu'a fait M. de Balzac, se servant adroitement des passages de quelques Autheurs, & des Apophtegmes illustres qu'il a enchassez dans ses Ecrits, & qu'il a entremelez de figures d'Orateur, qui ont excité l'admiration de tout le Monde pour la nouveauté de ce Stile. Il est certain que son Genie estoit si fertile, qu'on ne sçauroit luy contester qu'il n'ait avancé beaucoup de choses qui estoiét de sa seule production. On a pensé dire comme une observation bien fine, Que ce qui faisoit que ses Discours plaisoient tant, c'estoit que la pluspart ils estoient plus Comiques que serieux, & que ses pointes estoient des railleries, ou des paroles Satyriques. Mais il ne nous importe de ce qu'il a raconté de quelques personnes, puis que maintenant on ne s'en plaint plus; Le tout pouvoit aussi estre vray, ou bien cela n'estoit allegué que par divertissement, & cela ne conclud rien pour le fait de son Eloquence. Il suffit de remonstrer à ceux qui ne sont pas entierement persuadez de la valeur de ses Ecrits, qu'en quelques endroits il a des Discours agreables pour tout le Monde, & que leur caractere est puissant & ingenieux; Que ses periodes sont bien tournées, & capables de persuader ce qu'il desire; Qu'il a fait plusieurs Lettres qui sont telles qu'elles ne sçauroient estre mieux; & pour ce qui est de ses autres Ouvrages, qu'il s'y trouve des raisonnemens qui n'ont rien qui les surpasse pour leur netteté & pour leur force, & leur maniere charmante de s'exprimer. D'un autre costé on nous peut repartir que ses expressions sont un peu affectées, & que plusieurs de ses Discours sont des amplifications continuelles; Qu'il multiplie par trop ses comparaisons, comme s'il avoit crainte de n'avoir pas assez insinué dans les esprits ce qu'il a envie de leur faire comprendre. On a dit cecy en parlant de quelques-uns de ses Traitez: Mais on devroit croire qu'il n'y a pas donné la derniere main; Que ce sont des materiaux preparez pour des Ouvrages plus parfaits qu'il pouvoit composer

un jour ; Que pour sçavoir l'opinion qu'il avoit de la belle & bonne maniere de parler & d'écrire, il ne faut que voir un Traité qu'il a fait, *De la grande Eloquence à Menandre*, & qu'il a possible voulu faire paroistre en ce lieu qu'il possedoit cette grande Eloquence dont il parloit. Voyons comment il décrit luy-mesme la fausse Eloquence & la vraye ; Cela nous est necessaire, puisque c'est de ce sujet que nous nous entretenons. En parlant de la fausse Eloquence, il dit,
" Que c'est une faiseuse de bouquets,
" & une tourneuse de periodes, qu'il
" n'ose nommer Eloquence ; Qui est
" toute peinte & toute dorée, qui n'a
" soin que de s'ajuster, & ne songe qu'à
" faire la belle ; Qui par consequent est
" plus propre pour les Festes que pour
" les combats ; Qu'elle n'est soustenuë
" que d'apparence, & n'est animée que
" de couleur; Qu'elle est creuse & vuide
" de choses essentielles, bien qu'elle
" soit douce & resonnante de tons
" agreables ; Que si elle se déborde
" quelquefois, ses torrens ne font que
" passer, & ne laissent apres eux que de

l'écume ; Qu'elle ressemble à ces «
vents qui n'emmenent que les pailles «
& les plumes, & s'écoulent au pied «
des arbres & des murailles sans les «
toucher ; Qu'il ne la faudroit estimer «
gueres davantage que l'Art qui enseigne à faire des Confitures, ou celuy «
qui travaille à la composition des parfums: Apres plusieurs autres Discours
entremeslez, cet Autheur vient à dire, Que l'Eloquence n'est pas pourtant le spectacle des oisifs, & le passetemps du menu peuple ; Qu'un Orateur est quelque autre chose qu'un «
Danseur de corde & qu'un Baladin ; «
Que la vraye Eloquence est bien differente d'une Causeuse des Places publiques ; Qu'elle ne s'amuse point à «
cueillir des fleurs & à les lier, mais «
que les fleurs naissent sous ses pas, «
aussi bien que sous les pas des Deesses ; Qu'en visant ailleurs, & faisant «
autre chose, & en passant païs elle les «
produit ; Que sa mine est d'une Amazone plustost que d'une Coquette ; «
Qu'elle ne cherche pas dans ses Discours des fredons effeminez, & une «
mollesse compassée. Apres, cet Au- «

P iij

theur continuë de montrer les effets de la grande Eloquence, mais toûjours avec un stile semblable. Il y a aussi un endroit du Socrate Chrestien, où parlant d'une certaine Paraphrase du Livre d'un Prophete, il dit, Qu'elle n'est que la broderie d'un Stile figuré; Que cela s'appelle en la langue de la raison, Friser & parfumer les Prophetes; Que c'est donner des habillemens de Theatre à des personnes serieuses, les enerver, & les faire changer de sexe; Que les cizeaux, les marteaux & les tenailles, les dislocations & les ruptures se voyent & se sentent dans chaque Vers; Qu'il n'y en a pas un qui ne gemisse & ne semble crier misericorde sous les divers coups qu'il a receus; Qu'il n'y a point d'apparence de vouloir polir & civiliser le S. Esprit, d'entreprendre de reformer son stile & sa maniere d'écrire; Que de charger les Prophetes d'Epithetes & de Metaphores, c'est les charger d'Alchymie & de Diamans de verre; Que pensant les parer pour la Cour & pour les jours de Ceremonie, on les cache comme des Mariées de Village sous des affiquets & des bijoux. Jugeons de cecy comme il nous plaira, mais il faut confesser qu'il y a là des descriptions fort vives, & qui pourroient servir à tout autre effet qu'à ce qu'un esprit malin souhaiteroit. Ecoutons pourtant tout le Monde : Beaucoup de Gens nous representent que cet Autheur s'est servy icy par tout des Metaphores qu'il semble condamner, & que mesmes il en donne plusieurs differentes pour une mesme chose, & que cela est plus capable d'ennuyer que d'instruire. On trouve aussi que ces sortes de Discours sont remplis de choses vaines plûtost que de Doctrine, comme leur titre & leur sujet le faisoit esperer. Pour ce qui concerne l'Eloquence, & mesme la grande & la merveilleuse ; Que tout ce que cet Autheur en dit, n'est pas selon les regles les plus exactes du Bien-dire; Qu'il ne faut que voir la difference qu'il y a entre ce Traité & l'Institution de l'Orateur par Quintilien : Toutefois il s'est trouvé des Gens qui ont opposé nostre Autheur moderne à toute l'Antiquité. On luy disputoit au commencement le titre d'Orateur, à cause que n'ayant fait que des Lettres, on ne croyoit pas que toutes les forces de l'Eloquence y fussent déployées; mais depuis ayant donné des preuves de soy dans des Livres complets, il n'a point laissé douter de sa capacité. Nous avons son Prince & son Aristipe qui sont faits sur un sujet choisi : Le Socrate n'est qu'un ramas d'Opuscules aussi bien que ses Oeuvres meslées. Mais il a assez montré dans quelques Ouvrages de longue haleyne, que quand le sujet le meritoit son travail & ses soins le rendoient autant propre à des desseins reglez, qu'à des Discours libres. Pour conclurre ce qu'on doit penser de luy, il faut dire, Que si les Critiques cherchoient des defauts dans ses Oeuvres, sans penser à leurs beautez, ils auroient un tort extreme ; Que parmy ses Metaphores & ses Hyperboles, il a des expressions si nobles & si belles qu'aucun autre Autheur n'en peut avoir qui les surpassent; Qu'on a eu assez de peine à l'imiter d'une maniere ou d'autre, & que plusieurs Ecrivains de son temps luy ont dérobé chacun quelque piece. On a disputé en plusieurs lieux lequel valoit le mieux du Stile de M. de Voiture, ou de M. de Balzac; mais certainement ce sont des Beautez differentes, dont chacun jugera selon son humeur.

Entre les principaux Imitateurs de M. de Balzac, il y en a qui ont écrit de Politique, les autres de matiere Pieuse, les autres de Morale & d'Histoire, ou bien ils n'ont fait que des Lettres & des Recueils meslez; Mais si quelqu'un d'eux le suit ou l'égale en quelque maniere d'écrire, il ne le peut pas suivre en tout. Il est vray qu'ils se reservent chacun la gloire de leurs inventions propres qui divertissent assez le Monde, & qui peuvent aussi donner de l'instruction. Pour nous fournir l'exemple d'un nouveau Stile, un Autheur s'est avisé de faire des Reflexions Morales & Politiques, & quantité d'autres Ouvrages d'un Stile particulier à quelques Italiens, comme au Comte Malvezzi, qui est de Periodes courtes, où le sens est soudain coupé avec des pointes peu acerées.

Des Imitations de M. de Balzac, & de quelques autres Stiles.

Ce Stile est ennuyeux & remply de bagatelles. D'autres Ecrivains se servent de plusieurs Stiles pour en faire un meslangé, & en beaucoup d'endroits ils paroissent fort extravagans. On a sujet de s'étonner de ces Gens qui veulent inventer de nouvelles manieres d'écrire, comme s'ils estoient plus capables que tous les Anciens ; Il faut qu'ils avoüent que les Grecs ny les Romains n'ont rien fait de semblable, lors que leur Eloquence estoit le plus en vogue ; Que ny les Oraisons de Demosthene & de Ciceron, ny celles d'Isocrate, ne sont point pleines de figures extraordinaires, mais que leur langage est aisé & naturel sans aucune affectation. C'est bien pis de se servir de ces sortes de Stiles à des Pieces Historiques comme ont entrepris quelques-uns de nos nouveaux Ecrivains. Dans tous les Discours de vive voix, & dans tous les Ecrits on cherche l'Elegance & l'Eloquence, mais chacun ne les trouve pas.

Où se trouve la vraye Eloquence.

Vous nous demanderez enfin où est la vraye Eloquence ? Je ne veux pas estre si difficile à contenter, que ceux qui disent qu'elle ne se trouve nulle part ; Que tous les Hommes sont sujets à faillir, & que la perfection accomplie ne se peut rencontrer ; Que les uns ont la Diction bonne sans avoir de rares pensées ; Que les autres ont des pensées excellentes, mais ils ne sçavent comment les placer : Il y a plus de raison de dire, que ceux-là parlent bien & écrivent bien, qui parlent & écrivent convenablement sur les sujets qu'ils traitent, & qu'il s'en peut trouver de chaque sorte ; Que nous avons de bons Harangueurs & de bons Ecrivains, & que l'Art dont ils se servent, est plus aisé à découvrir qu'à pratiquer ; Que ce qui est propre à chaque Sujet & à chaque genre de Discours, a esté icy assez discuté pour un si petit lieu. Nous voyons mesmes que la pluspart des Hommes ne se mettent guere en peine de la Science & des raisonnemens dont les bons Discours doivent estre remplis ; Ils croyent estre assez bien fournis de tout, & ils

P vj

pensent que pour le premier agrément qui touche l'esprit, il ne faut qu'avoir des paroles qui soient des plus à la mode : mais il faut s'informer jusques où va leur raison.

DU NOUVEAU LANGAGE FRANCOIS.

Chapitre IV.

C'EST une chose certaine que pour faire croire qu'on parle bien & qu'on écrit bien, il est besoin de se servir des façõs de parler qui sont le plus en usage: Il y en pourroit avoir de si mauvaises, que ce seroit manquer de jugement de s'en servir. L'usage est ordinairement suivy en tout ; mais ceux qu'on croit les Maistres en matiere de Langage, demeurent d'accord qu'il y a un bon usage & un mauvais usage ; C'est dequoy

Des changemens de la Langue Françoise en divers temps.

on peut difputer maintenant, pour ſçavoir quels mots doivent eſtre rangez de l'un ou de l'autre coſté. C'eſt une queſtion aſſez ordinaire de s'informer s'il eſt bon d'uſer de mots & de termes nouveaux, ou s'il ſe faut tenir aux anciens. Certainement ſi l'on n'innovoit rien dans le Langage, il y auroit de la commodité en cela; pource que les anciennes Ecritures ſeroiẽt toûjours entenduës, & que les Etrangers n'auroient pas tant de peine à apprendre noſtre Langue: mais je croy qu'il eſt impoſſible d'empeſcher ce changement qui s'accorde à la viciſſitude des choſes du Monde: Voyons ce qu'on en peut dire, puiſque de certains Livres imprimez depuis peu, ont donné occaſion à cette recherche. Nous ſçavons que le Langage des anciens François, qui eſtoit moitié Allemand, s'eſt inſenſiblement changé en un Langage qui tient du Grec, du Romain, & de l'Italien. Il s'eſt trouvé auſſi que du temps de Hugues Capet, on ne parloit plus comme ſous Charlemagne ; Depuis Capet juſques à Jean de Meun, qui eſtoit sous le regne de Philippe le Bel, & depuis Jean de Meun jusques à Alain Chartier ; Depuis Alain Chartier jusques à Ronsard & à Malherbe, & depuis encore jusques à ce temps-cy, on a veu divers changemens que les Autheurs & tout le peuple ont faits, à quoy il auroit esté inutile de s'opposer. Il est vray que jamais il n'y eut une telle licence, comme celle qu'on a prise depuis quelques années. Cela ne se fait plus insensiblement, mais tout exprés & par profession. Ce ne sont pas toûjours les Hommes sçavans qui choisissent les mots qui nous manquent ; la pluspart du temps ce sont des Femmes, qui s'estimans fort habiles pour avoir leu quelques Romans & quelques Poësies, font tous les jours des mots nouveaux & des façons de parler nouvelles, & si tost que deux ou trois autres Dames les ont entenduës, elles les redisent sans cesse, croyant qu'elles ne peuvent mieux faire que de se conformer à celles qu'elles estiment des Miracles d'Esprit & de suffisance. Apres cela quelques jeunes Hommes parlent de mesme, non seulement pour leur plaire à toutes, mais pour faire connoistre qu'ils frequentent le grand Monde, & qu'ils n'ont point de termes bas & bourgeois. Il arrive encore que si les Seigneurs qui sont en credit à la Cour, ont gardé quelques mots de leur Province, toute la Noblesse s'y accoustume, & n'en dit plus d'autres pour se faire estimer d'eux. Nous avons des exemples de tout cecy. Depuis que les Italiens ont esté receus en France sous les Rois Charles VIII. Louys XII. François I. & Henry II. ils ont fait changer plus d'un tiers de la Langue Françoise ; Quelques-uns d'entre eux ayans eu du commandement dans les armées, les termes militaires s'en sont ressentis : *Fantassin, Infanterie, Sentinelle, Caporal, Lanspassade, Escarpe, Contrescarpe, Embuscade, Esquadron*, sont des mots Italiens. Il y en a beaucoup d'autres ausquels on ne prend point garde.

D'un Livre de Henry Estienne. On trouve un Livre imprimé en l'an mil cinq cent quatre-vingt trois, attribué à Henry Estienne, dont le Titre est, *Deux Dialogues du nouveau*

Langage François Italianizé, ou autrement déguisé entre les Courtisans du temps. L'Autheur y pretend montrer que presque tout le Langage François s'est formé sur celuy d'Italie, non seulement pour les mots empruntez, mais pour ceux qui ont receu de l'adoucissement, ou quelque prononciation nouvelle. Il dit que de son temps on prononçoit *chouse* & *grousse*, & que par tout où il y avoit des *oi*, on mettoit l'*e* au lieu, tellement qu'on prononçoit & écrivoit, *prononcet, écrivet, c'estet, il venet, il paresset, il estet Francés, il estet Anglés*, & ainsi du reste ; On estoit seulement fort empesché pour le mot de *Roy*, qui ne pouvoit souffrir un pareil changement. Cette façon de prononcer a continué jusques aujourd'huy, & j'admire aussi ce que dit le mesme Autheur, qu'alors on employoit les mots de *divin*, & de *divinement* à toutes choses ; Que l'on disoit, *il parle divinement bien, il chante divinement bien, il danse divinement bien*, & qu'aujourd'huy on dit encore, *il parle divinement, il chante divinement, il danse divinement*. Henry Eſtienne adjoûte, *Il ſçait railler divinement bien, Voila un Cheval qui va divinement bien*, & il fait entendre qu'on employoit ce mot de *divinement* en pluſieurs actions indignes, ce qu'il eſtime une grande prophanation. On eſt plus reſervé en ce Siecle, & pourtant la meſme façon de parler s'eſt conſervée depuis ſi long-temps, car il y a prés de cent ans que le Livre dont nous nous entretenons a eſté fait, & nous remarquons qu'il n'y a que le mot de *bien* qui ait eſté retranché, parce qu'on ne dit plus, *il parle divinement bien*, & qu'on ſe contente à cette heure-cy de dire, *Il parle divinement*.

De Ioachim du Bellay, de Ronſard, & des autres Poëtes de leur temps.

Environ le temps d'Henry Eſtienne on eut encore ſujet de ſe plaindre des Autheurs qui imitoient trop Petrarque. Joachim du Bellay a compoſé une Piece contre ceux qui Petrarchiſoient, & ce n'eſtoit pas ſeulement pour les penſées que l'on déroboit au Poëte Italien, mais pour les mots nouveaux dont on uſoit qui eſtoient accommodez ſelon la phraſe Italienne. Ronſard, Jodelle, du Bartas, &

plusieurs autres Poëtes de leur temps, ont bien eu envie de faire changer de forme au Langage François, & de le rendre à moitié Grec, comme on pretend qu'il vient aussi de Grece en partie. Ils ne nommoient ny les Dieux, ny les Hommes, que par des noms d'origine, empruntez de divers lieux, & de diverses choses. Ils appelloient Apollon *Patarean & Tymbrean*, ils parloient de *l'Onde Aganipide*, & des *Pierides Sœurs*, de sorte qu'à tous coups ils avoient besoin de Commentaire. Ils usoient de mots composez, comme *Porte-fléches*, & *Porte-flambeau*, & d'autres qui n'ont pas tant de grace dans la Langue Françoise que dans la Grecque. Ils ne manquoient point de diminutifs à la mode des Italiens, comme *doucelette, tendrelette, mignardelette:* Mais quelques Poëtes qui vindrent depuis y apporterent des corrections absoluës; Ils bannirent les mots Grecs qui alloient rendre nostre Langue non intelligible. Les mots composez & les diminutifs furent quittez pour approcher davantage de la pureté, & tout ce qui avoit esté pratiqué jusques alors, commença d'estre estimé belle Pedanterie ; Les Gens de la Cour voulurent que la Langue Françoise se passast de toute autre. On ne pût empescher pourtant qu'il ne luy demeurait plusieurs mots des autres Langues, & quelques autres pris des Arts par Metaphore ou autrement, comme de la Guerre, de la Chasse, & de la Navigation : Il faloit bien que nostre Langue se rendist propre à exprimer toute sorte de choses. Les Ecrivains de Prose & de Vers s'en servirent comme ils la trouverent, à l'exception de ce qu'ils changerent ou augmenterent, comme cela ne demeure guere en semblable estat.

De Malherbe & de Coeffeteau.

Malherbe, sur tous les autres, se mesla de faire des retranchemens, & de condamner tous les mots dont il croyoit qu'on se pouvoit passer, & qui à son avis, sentoient un peu le vieux. Ce qu'il a changé ou adjoûté n'a guere paru, pource qu'il n'a gueres écrit, mais ses opinions & ses conseils ont esté suivis par plusieurs Autheurs de son Siecle. Quant à luy qui vouloit donner des Loix aux autres, on luy a trouvé dans sa Prose un langage assez pur, mais on l'a estimé fort foible. On luy en a fait reproche en quelque lieu, & cela se confirme dans ses Traductions & dans ses Lettres. En mesme temps Nicolas Coeffeteau Evesque de Marseille a écrit d'un Stile plus fort, mais on l'a pourtant repris de quelques mots qu'il a affectez ; de son *Comme ainsi soit*, avec lequel il commence des Chapitres & des Periodes, dans son Livre des Passions, & dans quelques autres Ouvrages ; De parler toûjours dans son Histoire Romaine, *de tenir les Resnes de l'Empire*; D'avoir dit *Contracter un mal d'yeux*, & *s'immoler à la risée publique*, & d'user souvent des mots de *monstrueux*, de *prodigieux*, de *monstrueusement*, & de *prodigieusement*, en des occasions où il n'estoit pas besoin de tant d'exageration. Ce sont des accoustumances dont les Ecrivains ont peine quelquefois á se défaire : C'est comme le *furieusement* & le *terriblement* qu'on a employez par tout en nos derniers Siecles. Les personnes de bon jugement ont bien sceu se garder de telles fautes. Depuis les Autheurs se sont servis diversement de nostre Langue ; On a veu quel progrez elle a fait avec eux, & avec tous ceux qui se r[...]nt de bien parler, soit en partic[ulie]r, soit en public.

Du Cardinal de Richelieu. Diverses locutions ont esté changées aussi bien que les mots simples, dont l'on peut donner quelques exemples. Autrefois l'usage ordinaire vouloit qu'on parlast ainsi, *Ie luy ay dit qu'il allast au Louvre ;* mais on reforme cecy en disant, *Ie luy ay dit d'aller au Louvre.* D'asseurer infailliblement par qui ce changement s'est fait, cela n'est pas possible ; on peut seulement attribuer cecy à la Cour. Comme tout le Royaume de France se forme sur la Cour de son Roy, les Courtisans ont plus de pouvoir sur le Langage que tous les autres Hommes, & parce qu'ils sont de diverses Provinces, ils nous apportent des Dialectes differens. Le grand Cardinal de Richelieu auroit eu peu de credit, s'il n'avoit point donné cours à quelques façons de parler, comme celles que nous venons de dire, soit qu'elles fussent de Poitou & d'Anjou, ou qu'il les inventast de nouveau. On luy attribuë encore le *pour qu'il voulust*, & le *pour qu'il fasse*, & autres termes semblables; Aussi l'Historien Du Pleix pretend bien montrer qu'il rapportoit les paroles propres de ce Cardinal, touchant l'opinion qu'il avoit de ceux qui avoient fomenté l'animosité de la Reyne-Mere contre luy ; Il asseure dans son Histoire, qu'il luy a oüy dire, Qu'en ce qui estoit du Cardinal de " Berulle, il l'avoit toûjours connu trop " homme de bien *pour qu'il pûst croire* " qu'il eust voulu avoir part à une telle " méchanceté. Depuis ce temps-là " beaucoup de Gens ont parlé de la mesme maniere. Voila comment la Syntaxe & l'ordre des mots cedent quelquefois à un nouvel usage. Ce fut un Grammairien de mauvaise humeur & peu Courtisan, qui dit un jour à un Empereur, Qu'encore qu'il estimast " beaucoup son pouvoir, il ne croyoit " pas qu'il pûst donner le droit de Bour- " geoisie Romaine à un mot estranger. "

Les grands Rois & les grands Ministres n'ont qu'à témoigner d'aymer un mot, & à s'en servir souvent, pour faire que tous les Courtisans s'en servent de mesme, & tout le peuple aprés eux. On ne s'estonne donc point de ce qui a esté fait pour les mots ordinaires du Cardinal de Richelieu.

De M. de Balzac. Nous ne doutons point aussi que quand ceux qui font imprimer des Livres, sont bons Autheurs & fort renommez, ils ne mettent en credit quantité de façons de parler nouvelles; car si elles sont extraordinaires, on les remarque davantage; Ce qui n'est pas commun a accoustumé de plaire, & l'on le trouve meilleur venant de bon lieu. Quand les premieres Oeuvres de M. de Balzac furent mises au jour, tant de Gens aymerent son Stile, qu'on entendoit par tout des Periodes entieres de ses Lettres. Ses plus agreables façons de parler furent suivies; Son *A moins que* fut trouvé si beau, qu'on s'en servit par tout. Si on y vouloit prendre garde, on trouveroit que cét Autheur a fait mettre en usage plusieurs autres façons de parler;

LANGAGE FRANÇOIS. Ch. IV. 361
parler; Auſſi on n'a jamais taſché d'imiter aucun tant que luy.

Quelques Romans celebres ayans eſté mis au jour, ont beaucoup contribué à nous donner un nouveau Langage. L'Illuſtre Demoiſelle qui les a compoſez, ayant eu l'amitié & la frequentation de quantité de Dames de la Cour & de la Ville des plus ſpirituelles, & qui prenoient plaiſir comme elle à enrichir noſtre Langue, elle employoit dans ſes Ouvrages les termes dont elles ſe ſervoient quelquefois dans leurs converſations, & nous ne doutons point que des Hommes de ſçavoir & de merite, n'y puſſent avoir quelque part. Il y a quantité de mots dans le Cyrus & dans la Clelie, qui ſelon l'opinion des plus grands Liſeurs, n'avoient point encore eſté veus dans des Livres imprimez. Il n'y a que les mots d'*enjoüement*, & d'*enjoüé*, qui ont déja eſté attribuez à Montagne. Pour l'*evaporé* qui eſt aſſez agreable, il eſt à l'imitation d'*ecervelé* & d'*eventé*, le premier ſignifie n'avoir point de cervelle; *eventé*, veut dire qu'on a pris le vent

Des Romans de Cyrus & de la Clelie.

Q

ou l'essor ; *Evaporé* a esté formé là dessus, pour signifier que la cervelle s'est évanoüie, s'estant subtilisée en vapeur. Les mots d'*attachement*, *d'engagement*, *d'empressement*, *d'emportement*, *d'accablement*, de *personne accablante*, de *pretexter*, de *precautionner*, d'*insulter*, de *donner un certain tour aux choses*, & *d'avoir l'esprit bien tourné*, se trouvent par tout dans ces Ouvrages-là, avec plusieurs autres mots qui en dépendent, dont l'on peut attribuer l'invention ou l'arrangement à la personne qui y a mis la main, & si on luy en dispute l'honneur, qu'on nous montre quelque Livre fait auparavant les siens, où ces mots se rencontrent.

D'un Discours sur l'Academie Françoise.

Dans le *Discours sur l'Academie Françoise, pour sçavoir si elle est de quelque utilité au public*, imprimé en l'année 1654. nous trouvons cecy :
» En ce qui est des mots nouveaux, on
» tient de vray que l'Academie en a
» quelques-uns par lesquels elle veut
» qu'on reconnoisse ses Confreres ou
» Aggregez : Il y a long-temps qu'*Intrigue*, *Conjoncture*, *Insasse*, *Ajuster*,

LANGAGE FRANÇOIS. Ch. IV.

Propreté, & autres mots assez utiles, « sont receus par tout; Aujourd'huy l'on « met en credit, *Exactitude, Gratitude,* « *& Quietude*; On ne parle que d'estre « obligé *indispensablement*, & par une « necessité *indispensable*; On ne dit « plus un *Transport d'Esprit*, on dit un « *Emportement*. On forme à toute heu- « re plusieurs noms nouveaux, tels « qu'*amusement, accablement, & aban-* « *donnement*; Il faut dire, *Que l'on a* « *l'esprit bien tourné*; *Que l'on donne cer-* « *tain tour aux choses*; *Que l'on les fait* « *de la belle maniere*; *Que l'on dit cela* « *tout franc, & que l'affaire dont il s'a-* « *gist est de la derniere consequence*. Il « faut parler aussi de *Sentimens tendres* « *& delicats*, & dire, *Qu'un raisonne-* « *ment est fin, & que l'on raisonne juste*. « Il y a ensuite, Qu'entre ces mots nou- « veaux, ou ces façons de parler nou- « velles, on en trouve assez qui donnent « quelque sujet de Censure, mais quoy « qu'on en puisse dire, que cela s'est « trouvé fort autorisé. Il y a en un au- « tre endroit, Que comme à un certain « langage on connoist les habitans, ou « les originaires de chaque Province; «

Q ij

,, aussi à chacun de ces mots on connoist
,, ceux qui ont coustume de se trouver
,, chez de certaines Dames, & d'avoir
,, part à leur conversation ; Qu'on con-
,, noist les mots de l'Hostel d'Amaran-
,, the, & ceux de l'Hostel de Sylvie, &
,, que c'est chez elles qu'on apprend le
,, vray langage de la Cour, & d'où l'on
,, tire le bel usage. Voila une confirmation de ce que nous venons de dire : Nous voyons par là que des Hommes sçavans ont inventé plusieurs belles manieres de parler, mais que des Dames de bel esprit s'en sont aussi mélées, & y ont reüssi merveilleusement, de telle sorte que ce sont elles qui ont donné l'origine à plusieurs mots dont nous nous servons.

Des Loix de la Galanterie, prises d'un Recueil de Pieces agreables.

Il faut joindre à cecy les Extraits de quelques autres Livres qui ont parlé du nouveau Langage. Dés l'année 1644. en suite des Jeux de l'Inconnu, on imprima un Recueil de Pieces agreables, dont la premiere estoit, *Les Loix de la Galanterie*, qui pour former le langage d'un Galand, luy ordonnoient de ne pas manquer d'user de mots nouveaux dans les Compagnies; Parce que dans la Seconde Edition en l'An 1658. sous le nom de *Recueil de plusieurs Pieces en Prose, les plus agreables du temps*, 1. vol. quelques mots furent adjoûtez, il faut prendre de là cette Piece. Voicy comme elle est :

Il est besoin de vous prescrire icy « des Loix pour le Langage, qui est « l'instrument de l'Ame, dont il faut se « servir dans la Societé. Vous parlerez « toûjours dans les termes les plus po- « lis dont la Cour reçoive l'usage, « fuyant ceux qui sont trop pedantes- « ques, ou trop anciens, desquels vous « n'userez jamais si ce n'est par raille- « rie, d'autant qu'il n'y a qu'au Stile « Comique ou Satyrique qu'il soit per- « mis de se servir d'un tel langage. Vous « vous garderez sur tout d'user de Pro- « verbes & de Quolibets, si ce n'est aux « endroits où il y a moyen d'en faire « quelque raillerie à propos, car si vous « vous en serviez autrement, ce seroit « parler en Bourgeois, & en langage des « Halles. S'il y a des mots inventez de- « puis peu, & dont les Gens du Monde « prennent plaisir de se servir, ce sont «

,, ceux-là qu'on doit avoir inceſſam-
,, ment à la bouche : Il en faut faire
,, comme des modes nouvelles des ha-
,, bits, c'eſt à dire qu'il s'en faut ſervir
,, hardiment, quelque bigearrerie qu'on
,, y puiſſe trouver, Il ne ſe faut point
,, ſoucier de ce qu'en peuvent dire les
,, Grammairiens & les faiſeurs de Li-
,, vres. Par exemple en loüant un Hom-
,, me, il ne faut pas eſtre ſi mal-aviſé
,, que de dire, *Il a de l'eſprit*, ce qui ſent
,, ſon vieil Gaulois : Il faut dire, *Il a*
,, *eſprit*, ſans ſe ſoucier de ce que l'on
,, vous objecte que vous oubliez l'arti-
,, cle, & que l'on pourroit dire de meſ-
,, me, *il a folie*, ou, *Il a prudence*; car
,, il y a des endroits où cela peut avoir
,, meilleure grace qu'en d'autres. Tou-
,, tefois on peut dire encore mainte-
,, nant, *Cét homme a de l'eſprit*, pour-
,, veu qu'on y adjouſte *infiniment*, &
,, meſmes cela ſe repete ainſi avec affe-
,, ctation, *Il a de l'eſprit infiniment, &*
,, *de l'eſprit du beau Monde, & du*
,, *Monde civiliſé*, ou bien l'on dira, *Il*
,, *a de l'eſprit furieuſement*, car il faut
,, ſçavoir que ce mot de *furieuſement*,
,, s'employe aujourd'huy à tout, juſ-

ques-là mesmes que dans l'un de nos "
Romans les plus celebres, il y a, "
Qu'une Dame estoit furieusement belle. "
Ce mot est tres-propre pour signifier "
tout ce qui est excessif, & qui porte les "
uns ou les autres à la furie. En par- "
lant de la naissance de quelqu'un, on "
doit dire, *Il est bien Genteil-homme*, & "
qui prononce ce mot autrement, ne "
sçait pas que la plufpart de ceux qui "
sont veritablement Nobles, se nom- "
ment ainsi eux-mesmes. Vous vous "
servirez encore des façons de parler "
qu'on a apprises des gens de Langue- "
doc, de Guyenne, ou de Poictou, "
pource que cela est energique & sert à "
abreger le Discours, comme de dire, "
Ie l'ay envoyé à l'Academie pour qu'il "
s'instruise ; Ie luy ay dit d'aller au "
Palais ; Ie l'ay sorty de son mal-heur. "
Il faut aussi parler tres-souvent, *de* "
justesse, de conjoncture, d'exactitude, "
de gratitude, d'emportement, d'acca- "
blement, d'enjoüement ; & dire, *Qu'on* "
donne un certain Tour aux choses, "
Qu'on les fait de la belle maniere, Que "
cela est de la derniere consequence, Que "
l'on a des sentimens fins & delicats. "

Q iiij

» *Que l'on raisonne juste, Que l'on a de*
» *nobles & fortes expressions, Qu'il y a*
» *du Tendre, ou de la Tendresse en quel-*
» *que chose* ; & se servir de plusieurs
» Termes, lesquels sont d'autant plus
» estimables qu'ils sont nouveaux, &
» que des Hommes d'importance s'en
» servent ; de sorte que qui parleroit
» autrement, pourroit passer pour Bour-
» geois, & pour un homme qui ne voit
» pas les honnestes Gens. Il faut bien
» aussi se garder de dire, *qu'on a traité*
» *quelqu'un en Faquin*, Il faut dire,
» *Qu'on l'a traité de Faquin*, Car à ce
» peu de mots, on connoist si un Hom-
» me sçait les coustumes & le langage
» des Galands & polis qu'il faut obser-
» ver, si on veut estre bien receu parmy
» eux.

De plusieurs Livres des Precieuses.

Vous voyez-là encore une partie des façons de parler qu'on veut aujourd'huy faire passer pour nouvelles. Si on lit les Oeuvres de Voiture, & quantité d'autres Ouvrages faits ensuite de Prose & de Vers, & principalement ce qui est Comique & Burlesque, on y trouvera des pensées & des paroles de nouvelle invention. Vers ces temps-là on fit imprimer quatre Volumes d'un Livre intitulé, *La Precieuse, ou le Mystere des Ruelles*; De certaines personnes y estoient introduites, lesquelles parloient & agissoient autrement que les autres. Ce Livre donna sujet à une Comedie Italienne de ce nom, laquelle fut imitée en François, sous le titre *des Fausses Precieuses*; Celles-cy tenoient quelque chose du nouveau langage, ou d'un langage choisi. Il y eut aussi *le Dictionaire Historique, Poëtique, & Geographique des Precieuses*, Livre d'une invention tres-galante, mais tres-mal executée, parce que ceux qui ont composé cét Ouvrage, ayans travaillé sur de faux Memoires, ont donné plus ou moins d'âge aux Dames qu'elles n'avoient; ils leur ont attribué des qualitez qui ne leur convenoiët pas, & ont raconté leurs avantures au plus loin de ce qui en est arrivé. Outre cecy, l'insolence estoit horrible, d'aller faire imprimer des Clefs qui expliquoient tous les noms empruntez, pour plusieurs personnes connuës. Nous n'alleguons ce Livre que parce qu'il eſt remply de pluſieurs façons de parler tout extraordinaires. On a imprimé à part, *Le Dictionaire du Langage des Precieuſes*, où l'on trouve de ſemblables termes, qui ſont fort pleins d'emphaze & de periphrazes qu'on peut eſtimer ridicules, Auſſi croit-on qu'on a enchery ſur la verité, & que s'il y a là quelques mots dont ſe ſervent de certaines perſonnes, les autres ont eſté inventez à leur imitation. Nous ne voulons point faire fraude : On a parlé des Precieuſes comme ſi c'eſtoit quelque nouvel Ordre de femmes & de filles qui fiſſent plus les capables que les autres en leurs Diſcours & en leurs manieres d'agir ; mais nous n'en avons jamais veu aucune qui ait voulu avoüer d'en eſtre, & quoy que quelques-unes tinſſent beaucoup des Couſtumes qu'on leur attribuoit, elles ſe ſont tenuës cachées à cauſe de la guerre qu'on leur a faite. Or quoy qu'on ait aſſez amplement écrit pour montrer de quel langage uſoient les pretendus Galans, & les Dames qu'on eſtimoit Precieuſes, cela n'a point détourné

LANGAGE FRANÇOIS. Ch. IV. 371
quantité d'autres Gens de se servir du mesme langage en parlant & en écrivant. Pource qu'il y a quelques termes en cecy qui sont assez bien trouvez, on s'est encouragé d'en inventer d'autres ; On les a aussi placez dans des Livres comme estant les plus belles manieres de parler dont l'on puisse user.

Le Stile fastueux des Romans Heroïques estant un peu radoucy, le premier Livre qui a esté écrit d'un Stile digne d'approbation, a esté la petite Nouvelle de la Princesse de Montpensier, où de vray il n'y a point de ces mots nouveaux dont on se sert en Discours familiers, mais cela est accommodé à l'air d'une personne de qualité qui écrit de mesme qu'elle parle, & qui parle toûjours fort bien & fort agreablement. On a voulu faire quelques Nouvelles ou Historiettes à son imitation, mais les unes ont esté renduës trop libres dans le recit de leurs avantures, & les autres ont esté remplies d'un langage extraordinaire : On ne parvient point par là à faire quelque chose qui soit estimable.

De la Nouvelle de la Princesse de Montpensier.

Q vj

De l'Histoire de la Comtesse de Selles.

On a veu depuis *l'Histoire de la Comtesse de Selles*, qui est le premier Livre qui se soit emancipé, pour user de quelques termes dont on se sert maintenant dans la Cour & dans la Ville. S'il y a eu quelque autre Ouvrage qui ait esté écrit ainsi dés lors, ou auparavant, il n'estoit donc point imprimé, & cela pouvoit estre mis avec les Pieces Curieuses, & avec quantité de Lettres & de Billets, qui depuis l'exemple de Voiture, ont toûjours esté remplis de toute sorte de Quolibets & de Proverbes. Nous observerons que l'Histoire de la Comtesse de Selles ayant suivy le langage à la mode, on y trouve qu'une Dame parlant de ce qu'elle a fait pour son Amant, dit, *Qu'Elle n'a rien à se reprocher sur son Chapitre; Qu'il ne se mette plus sur le pied d'Amant; Qu'il luy avoit donné des Plaisirs & des Festes; Qu'il avoit fait une raillerie un peu forte; Qu'il avoit donné dans le Panneau; Qu'elle estoit entestée de luy; Qu'elle avoit l'esprit delicat & insinuant.*

Il y a beaucoup plus de façons de parler hardies & nouvelles, dans

LANGAGE FRANÇOIS. Ch. IV. 373
le Livre intitulé : *Les Histoires amou-* *Des A-*
reuses des Gaules, ou, *Les Amours de* *mours de*
la Cour de France, attribué à M. de *la Cour de France.*
Rabutin, qui a couru long-temps en
manuscrit : Il parle souvent du *Chapi-*
tre de plusieurs Gens ; Il dit, *Qu'une*
Dame promet de mettre quelqu'un sur
un pied honneste, Il parle d'*esprit in-*
sinuant, *Qui a du penchant & de la*
pente à quelque chose, *& qui obeït à*
son Etoille. Il faudroit transcrire icy
les Livres entiers pour voir tous leurs
beaux mots, & toutes leurs diverses
applications. Celuy-cy est tellement
plein de ces manieres de parler qu'on
estime Galantes, que c'est en partie
ce qui l'a fait estimer. Il ne faut plus
s'estonner si les hommes & les femmes se servent aujourd'huy d'un langage qu'ils tiennent pour excellent,
puisqu'ils apprennent dans des Livres
imprimez que les personnes de qualité
ont pris plaisir à parler ainsi. On est ra-
vy de voir qu'on ait entrepris d'écrire
de mesme que l'on parle, croyāt qu'on
y pourra apprendre comment il faut
parler. Voicy encore ce Langage autorisé, non point dans des Livres d'a-

mourettes, comme par cy devant, mais dans un Livre docte & serieux.

Des Entretiens d'Ariste & d'Eugene.

Il a paru au jour un Livre intitulé, *Entretiens d'Ariste & d'Eugene*, qui est composé de six Dialogues ou Entretiens, dont le second est *de la Langue Françoise*, & on y trouve une longue Liste des mots nouveaux. On s'est réjoüy d'une telle recherche, qui est mesme accompagnée de plusieurs Observations curieuses. Puisque nous sommes sur ce sujet, il faut dire les pensées que cela donne ; Ce n'est pas faire deshonneur à un Livre que de s'occuper à y faire des Commentaires ou des Annotations ; c'est montrer qu'il en vaut la peine. Nous trouvons que l'Autheur exalte fort la Langue Françoise au dessus des autres Langues de l'Europe. Il prouve que la Langue Espagnole n'a que de l'enflure & du faste, & que la Langue Italienne n'a que des galanteries & des mignardises ; Que l'une & l'autre de ces deux Langues tirent leurs beautez de leurs Antitheses, de leurs Hyperboles, & de leurs Metaphores ; & là dessus il en fournit des exemples. Il est vray que pour juger du prix des Langues eſtrangeres, on pourroit bien alleguer les meilleurs Autheurs de chacune: Mais il faut croire qu'en ce qui eſt de la Langue Eſpagnole par forme de divertiſſement, on a mieux aymé alleguer un Autheur qui excellaſt dans le Stile hyperbolique attribué à la Nation, tel qu'eſt le Seigneur Laurens Gratian, Gentil-homme Arragonois; C'eſt luy qui dans ſon Livre *du Heros*, appelle un grand Cœur, *un Cœur geant*. Il donne à ſon Heros *un Archi-cœur*, c'eſt à dire un Maiſtre Cœur, ou un Cœur ſouverain; On ne voit point ailleurs ce mot Grec employé qu'à quelques mots de reſpect, ou par raillerie à *Archifou*. Le meſme Autheur trouve place pour ſix Mondes dans le cœur d'Alexandre; C'eſt faire tort à ce Conquerant Univerſel, de n'avoir pas marqué des logis dans ſon Cœur pour autant de Mondes comme Epicure s'en pouvoit imaginer. A dire vray, ce Laurens Gratian doit eſtre le Nerveze, ou le La Serre de l'Eſpagne. Il ſe peut faire neantmoins que s'il eſt extravagant dans

ses pensées, il ne laisse point de parler purement sa Langue : Mais de quelque sorte que ces Langues estrangeres soient reglées, on a assez prouvé l'avantage que la nostre a sur elles en toutes façons. On croit qu'on s'étudie tous les jours à l'embellir, & à retrancher quantité de vieux mots inutiles & embarassans. On trouve dans les Entretiens d'Ariste & d'Eugene, Que si le bon-homme Henry
» Estienne vivoit encore, il sçauroit
» mauvais gré à Messieurs de l'Acade-
» mie, d'avoir fait le procez à *iceluy* &
» à *icelle*, & d'avoir condamné absolu-
» ment *ains, jaçoit, & comme ainsi soit*
» *que.* Je ne sçay pourquoy on nomme plûtost icy Henry Estienne qu'un autre de l'Antiquité, si ce n'est pource qu'il a composé aussi des Dialogues sur le nouveau Langage de son temps, mais ce n'a pas esté pour en faire estime, au contraire, ç'a esté pour se moquer agreablement de quelques mots extraordinaires qu'on mettoit en credit ; Il ne se plaint point mesme qu'on ait retranché des vieux mots : Quoy que de tout temps il y ait eu des

mots dont on a cessé de se servir, cela estoit alors insensible, & les grands retranchemens sont venus depuis. Ce n'est pas pourtant l'Academie qui a retranché, *ains*, *jaçoit*, & plusieurs autres mots : Beaucoup de Gens les avoient quittez avant que cette Compagnie fust établie ; Il est vray qu'elle a autorisé ces sortes de corrections. Pour parler d'une Personne qui s'est mise fort en colere en ce temps-là contre ces retranchemens de mots, il faloit parler de la bonne Demoiselle de Gournay, qu'Ariste l'un des Personnages des Entretiens dont il est question, a mise au rang des Illustres & des Filles d'esprit. Certainement elle a bien merité cecy ; Au dessus de son sçavoir je voudrois mettre encore sa generosité, sa bonté & ses autres Vertus qui n'avoient point leurs pareilles : Il faut avoüer pourtant qu'elle gardoit toûjours quelque animosité contre les nouveaux Autheurs de son siecle, mais c'estoit avec raison, puisqu'il y en avoit entre eux qui ne prenoient plaisir qu'à luy faire piece. Ceux qui l'ont veuë autrefois sçavent qu'elle avoit des emportemens horribles quand elle parloit des Gens de la nouvelle Bande, ou de la nouvelle Caballe, & que c'estoit là son foible. Elle pourroit donner grande matiere de discourir touchant la Langue, autant pour ce qu'on luy en a oüy dire, que pour ce qu'elle en a écrit. Ceux qui ne sont pas assez vieux pour avoir eu sa conversation, doivent avoir recours à son Livre appellé : *Les Avis & les Presens de la Demoiselle de Gournay*. Ils y trouveront plusieurs Chapitres du Langage François, entre autres le Chapitre *des Diminutifs*, & quelques-uns touchant la Poësie où elle veut remettre en credit les mots composez à l'imitation des Grecs, & faire toûjours subsister sans aucune exception, le Langage de Ronsard. Il ne s'est dit aucun mot d'Elle sur ce sujet dans les Entretiens; Il n'importe, puisque nous avons assez d'autres raisons d'en estre satisfaits. Il faut prendre des Autheurs ce qu'il leur plaist de nous donner.

On pretend nous faire voir que si nostre Langue se purifie par le retran-

chement de quelques vieux mots que *Des mots*
nostre usage condamne ; d'un autre *nouveaux rapportez*
costé elle s'enrichit tous les jours de *par Euge-*
plusieurs mots nouveaux, ou de quel- *ne.*
ques mots anciens employez d'une
nouvelle maniere ; Afin qu'on n'en
doute plus, on trouve une enumera-
tion de ces mots nouveaux dans les
Entretiens d'Ariste & d'Eugene. Voicy comment Eugene en parle. On «
nous apprend, dit-il, qu'on dit à cet- «
te heure elegamment, *On n'y entend* «
point finesse. Il y entend finesse; Finesse
d'esprit, faire le fin, Avoir le goust
fin, Penser finement des choses, &
c'est le fin de l'affaire. On voit apres,
Qu'exactitude, emportement, habi-
leté, plaisanterie, pruderie, brusque-
rie, Connoisseur, Desinteressement,
Contre-temps, Intrepide, intrepidité,
ferocité, feliciter, pester, disculper,
insoûtenable, incontestable, insur-
montable, sont des termes assez nouveaux. Que l'on parle *d'avoir égard,*
& d'avoir des égards, de parler juste,
de raisonner juste, de chanter juste,
d'un Discours juste ; de raillerie deli-
cate, de pensée delicate, de delicatesse

d'esprit, de delicatesse de la Langue, & de raisonner delicatement, de ménager les esprits, & de ménager une affaire. On rapporte que *Tourner* & *Tou*[r] estoient inconnus il y a quelques années dans la signification qu'ils on[t] maintenant : Que l'on dit, *Tour d*[e] *visage*, *Tour de vers*, *Tour d'esprit*[;] *Qu'un tel homme donne un beau Tou*[r] *à tout ce qu'il dit* ; *Qu'il a l'espri*[t] *bien tourné* ; *qu'il écrit d'un tour ga*[l]*land* ; *que la conversation tourna su*[r] *le serieux* ; & ensuite on dit, *I'ay u*[n] *grand fonds de paresse* ; *Ie fay un gran*[d] *fonds sur vôtre parole*, *faites fonds su*[r] *moy*, *Ie connois son fonds*. Qu'on dit encore, *prendre ses mesures*, *il ne gard*[e] *point de mesures* : *Faire des honnestetez*, *faire des amitiez*, *faire des avances*, *Compter là dessus*, *s'attirer de l'estime* ; *Entrer dans le sens de quelqu'un* ; *Donner là dedans*, *Se déchaîner*, *Estre entesté de quelqu'un*, *Faire figure dans le Monde*, *Estre sur c*[e] *pied là*, *Estre content de soy*, *Se sçavoir bon gré*, *Se faire honneur*, *Se faire des plaisirs*, & *se faire des affaires* ; & puis qu'on se sert souvent de ce[s]

LANGAGE FRANÇOIS. Ch. IV. 381
terme, *Cela est fort*, & des mots de *Trop*, & *Assez*. La pluspart de ces mots, & quelques autres trouvent leur employ dans les Entretiens. Il y a aussi des raisonnemens sur quelques-uns, mais il faut que nous parlions de tous en general, y comprenant les mots des Livres precedens, dont plusieurs sont les mesmes qu'Eugene a proposez ; Les ayant considerez en un lieu, ce sera autant de fait pour un autre.

Il me semble que c'est agir methodiquement d'examiner toutes les sortes de mots nouveaux, selon le temps de leur origine. De commencer par ceux qu'Henry Estienne a alleguez, cela n'est gueres necessaire, parce que s'ils estoient nouveaux de son temps, ils sont devenus vieux en ce temps-cy. Plusieurs mots Italiens ont esté naturalisez François, & on les a trouvez de bon service. La prononciation de *si*, comme si c'estoit un *é*, ne s'est pas renduë si generale, qu'on nous l'a voulu faire, mais elle passe de la prononciation à l'Ecriture pour quelques mots sans difficulté, tellement que

Examen des mots nouveaux pris des Romans & d'autres lieux.

beaucoup de Gens disent & écrivent, *Parêtre*, & ainsi de quelques autres. Pour l'adverbe *Divinement*, son application frequente ayāt cessé pour quelque temps, elle s'est renouvellée en ce temps-cy assez mal à propos, parce qu'on employe quelquefois ce mot de *Divinement*, pour des actions tres basses, qui non seulement ne tiennent rien de la Divinité, mais qui à peine sont dignes de l'hôme. Pour parcourir tout ce qui a esté rapporté de nos anciés Auteurs, Ronsard & ses partisans n'ont point esté suivis pour leurs mots Grecs & leurs mots composez, ny pour leurs Diminutifs. Malherbe Coeffeteau, Balzac, & quelques autres que nous ne nommons point, ont mis en credit de certains mots dont l'on se sert encore: On n'a pas pourtant retenu tous ceux qu'ils ont inventez. Le mot d'*épine* estoit particulier à Malherbe pour signifier *de la peine, de la tristesse, ou du soin*. Il a dit en quelque lieu, *Il avoit cette épine dans l'esprit*. Ou bien, *On luy oste cette épine de l'esprit*, mais on ne l'a point imité en cette Metaphore, qu a paru irreguliere. Nous avons connu quelques-uns de ses Disciples, & de ceux de Coeffeteau, qui quand ils ont commencé d'écrire, affectoient de se servir des termes les plus extraordinaires de leurs Maistres ; On s'en moqua un peu dés ce temps là, & on leur remonstra, que ce n'estoit pas la belle imitation des Heros, de ne sçavoir que cracher ou tousser comme eux, & qu'il les falloit imiter dans leurs actions loüables ; Ils s'abstindrent donc de quelques façons de parler dont ils avoient usé, & ç'a esté possible la cause que personne ne s'en est servy depuis. Pour nos Romans modernes, ils ont eu de fort beaux mots qui ont amplifié la Langue ; Le Discours sur l'Academie, & celuy de la Galanterie en ont déja fait quelque discussion ; Nous y adjoûterons quelques remarques ; Nous sçavons qu'entre les premieres façons de parler changées, on a dit, *Il l'a traité de faquin*, au lieu de dire, *Il l'a traité en faquin*. On a dit, *Il a esprit*, au lieu qu'auparavant on disoit, *Il a de l'esprit*. Maintenant on dit, *Il est bel es-*

prit, au lieu qu'on difoit, *Il a de l'ef-prit*, ou bien, *C'eſt un bel eſprit*. Ceux qui parlent ainſi, imitent le langage de quelques eſtrangers, mettant une particule pour une autre, ou oſtant un Article ou un Pronom, afin d'avoir quelque choſe de nouveau dans leur Langage. Pour parler meſmes d'une Dame qui a de l'eſprit, c'eſt mal parler de le dire de cette ſorte, ou de dire, *C'eſt un bel eſprit*. Il faut dire maintenant, *Elle eſt bel eſprit*, ainſi qu'on diroit d'un Homme. On peut aſſeurer que c'eſt faire une Qualité & une Dignité du Titre de Bel Eſprit: C'eſt faire que toute la Perſonne ne ſoit que ſon attribut, puiſqu'on dit, *Il eſt bel Eſprit*, au lieu de dire, qu'on a bel Eſprit. On trouveroit pluſieurs changemens ſemblables, ſi on y prenoit garde ſoigneuſement. De ſe plaindre de telles irregularitez, ce ſeroit vouloir aller contre un Torrent qui emporte tout avec ſoy. Les mots *d'exactitude* & de *gratitude* ſont fort en uſage. Comme on a tiré *gratitude* d'*ingratitude*, on a tiré *quietude* d'*inquietude*. Quelques-uns diſputent
encore

encore pour ce dernier, mais il est certain que de bons Autheurs s'en sont servis. Puisque le nom composé estoit en usage, il estoit juste que le simple y fust aussi. D'ailleurs on a voulu former de nouveaux composez negatifs, en y adjoûtant l'*in* comme aux Anciens. Nous avons *indispensable*, & l'adverbe *indispensablement*, qui ont paru si beaux d'abord, qu'il sembloit qu'un Sermon ne fust pas d'un bon François, si le Predicateur ne s'estoit servy de ces mots quatre ou cinq fois pour le moins. *Inmanquable* & *inaccoustumé*, sont assez doux : Ils pourront aussi estre retenus ; mais il y a de ces mots si rudes & de si mauvais son, qu'encore qu'on les ait employez dans quelques Livres, on a peine à les recevoir ; Comme par exemple *incontradiction*, qui n'est pas necessaire, puisqu'on peut dire *consentement*, pour signifier mesme chose, & *inintelligible*, auquel on peut encore suppléer en plusieurs façons. En ce qui est de l'Adverbe *Furieusement*, & des autres mal appliquez, s'il s'en rencontre, on ne peut pas s'empescher de les condamner ; Ils ne sçauroient avoir esté mis quelque part à contre-sens, qu'avec dessein de se mocquer des personnes ignorantes qui se servent de ces mots hors de propos. Quant aux Adverbes nouveaux que l'on compose tous les jours, comme *amusement, abandonnement*, & les autres, ils sont trouvez bons estant bien placez. Les mots de *Tour d'Esprit*, & d'*Esprit bien tourné*, sont assez approuvez par l'usage. C'est une Metaphore prise de ceux qui tournent le bois, l'ebeyne & l'yvoire. Pour les choses qui sont *de la derniere consequence*, il faut prendre garde qu'on use diversement du mot de derniere; On entend quelquefois par ce mot le superlatif, & ce qui est dans l'extremité, pour estre important, comme quand on dit, *C'est une affaire de la derniere consequence*. Mais si l'on disoit de quelqu'un, *C'est un homme de la derniere condition*, alors on mettroit cèt homme dans l'extreme bassesse. Pour *un homme de la premiere qualité, Vn ame du premier Ordre, Vne Etoile de la premiere grandeur*, cela signifie toûjours ce qu'il y a de premier & de plus élevé. En ce qui est de *raisonner juste*, d'*avoir des sentimens fins ou tendres*, tout cela passe pour bon, & l'on s'en peut servir en toutes sortes d'occasions. De dire, *Qu'on se mettra sur le Chapitre de quelqu'un*, c'est un terme dont l'on se sert dans la conversation, mais je ne pense pas qu'il faille s'en servir de mesme dans un Livre serieux, où l'on explique toutes choses selon la lettre; On auroit raison de croire qu'on iroit tirer tout ce qu'on voudroit dire du Chapitre de quelque Livre. Si on pense toûjours user de ces sortes de mots, pourquoy ne dira-t'on pas aussi-tost, *Qu'on se mettra sur l'article d'un tel homme*, que de dire, *Qu'on se mettra sur son Chapitre?* Autrefois on disoit, *On l'a bien mis sur le Tapis*, à l'imitation de ce qu'on dit, *Mettre une affaire sur le Tapis*; Ces façons de parler sont receuës, mais elles sont un peu basses; Il en faut chercher d'autres pour un Discours relevé. Quand on dit, *Que l'on a donné une Feste à une Maistresse*, on parle aussi

R ij

tres-ballement ; C'est parce qu'aux Festes de village on y danse, on y joüe, on y fait grand'chere ; On se sert ainsi de leur nom ; Mais n'y a-t'il point d'ailleurs quelque prophanation de se servir du nom des jours particulierement dediez au Service de Dieu, pour signifier des Assemblées de Volupté? On ne pense point à tout cecy. Parce qu'on a trouvé ces termes-là dans des Livres agreables, on en a usé aveuglément sans y faire aucune reflexion. On les prend pour de beaux mots tres-nouveaux, mais que dira-t'on si l'on montre qu'ils sont dans l'Historien Froissard, qui parle des Festes que le Roy d'Angleterre faisoit pour la Comtesse de Salsbery? On se sert encore du mot de Feste pour toutes les réjoüissances magnifiques. Entre les autres façons de parler qu'on a tirées des Romans, il y en a qui sont excellentes, comme de parler d'*esprit insinuant*, & d'*avoir du penchant ou de la pente à quelque chose*, & d'autres dont l'occasion se presentera de parler sur les Entretiens d'Ariste & d'Eugene qui vont estre nostre objet.

On voit là un assemblage de mots qui ont grand cours, & desquels il faut croire que les gens du Monde font beaucoup d'estime. Nous sçavons que la pluspart ont déja eu leur place dans des Livres, comme dans le Cyrus & dans la Clelie, dans l'Histoire de la Comtesse de Selles, & dans les Amours de France, & que le Discours sur l'Academie & les Loix de la Galanterie imprimées il y a long-temps, ont aussi fait mention de quelques-uns ; Neantmoins tout ce Langage plus nouveau alors que maintenant, n'a point brillé en ce temps-là comme en celuy-cy, non seulement parce que ces mots à la mode sont aujourd'huy en plus grande compagnie, mais parce qu'ils sont joints à des Discours serieux & agreables. Ce sont six divers Entretiens qui parlent *de la Mer, du Langage François, du Secret, du Bel Esprit, du Ie ne sçay quoy, & des Devises.* Ce qu'on y trouve de particulier, c'est que plusieurs façons de parler nouvelles sont employées dans tout l'Ouvrage, ce qui montre comment il s'en faut servir ; Et certainement on ne

Des Entretiens d'Ariste & d'Eugene.

sçauroit trouver en aucun lieu un langage qui convienne mieux au sujet. Puisque ce sont des Entretiens familiers entre deux Amis, qui paroissent estre des personnes du grand Monde, il n'y a rien de plus convenable que de les avoir fait parler comme l'on parle maintenant. Tout ce qu'ils disent est tres-beau & tres-curieux.

Des sentimens de Cleante sur les Entretiens d'Ariste & d'Eugene.

On s'est fort estonné de ce qu'on y a cherché quelques Sujets de Censure dans un Livre intitulé, *Les Sentimens de Cleante*. Celuy qui l'a fait s'est fasché sans doute de ce qu'Ariste & Eugene n'ont pas donné leur approbation à quelques mots d'un Livre devot, aussi bien comme ils pretendent que leurs mots nouveaux doivent être fort estimez. Je me persuade assez qu'il faut avoir quelque indulgence pour les Gens de bonne intention, qui ont plûtost dessein de nous apprendre à bien vivre qu'à bien parler, & que mesme il y a de certaines paroles dans les Livres de Pieté, qui parce qu'elles sont extraordinaires, impriment mieux le respect dans l'esprit du peuple. Je consens à cecy, & pourtant je m'eſtonne qu'eſtant queſtion du Langage que Cleante veut defendre, il n'ait point penſé à celuy du Livre qu'il attaque. Cela ſe connoiſt en ce que ſa Critique s'étend ſur toute autre matiere : Il trouve à reprendre en ce Livre, à cauſe qu'on y parle de l'Etoile de noſtre grand Monarque ; Il demande à l'Autheur des Entretiens s'il eſt devenu Aſtrologue, & s'il croit à l'Aſtrologie, & il luy aſſeure que ce n'eſt pas le fait d'un bon Chreſtien. Voila une preuve certaine que Cleante n'a pas reconnu quel eſt le principal caractere du Livre dont il s'agiſt, qui eſt d'eſtre écrit à la mode de ce Siecle. Les delicateſſes du Langage ne ſont pas connuës de chacun ; Cleante ne ſçait pas que parmy les Gens du Monde, le nom d'*Etoile* eſt aujourd'huy employé dans les Diſcours ſans que l'on penſe à l'heure de la naiſſance, ny aux faiſeurs d'horoſcopes ; C'eſt comme de dire, *La Fortune, le Sort, le Deſtin, ou la Deſtinée* ; Les Payens faiſoient des Divinitez de cecy, leſquelles ils adoroient, & ils en croyoiët dépendre ; mais pour les Chreſtiens,

R iiij

quand ils en parlent, ils entendent par là ce qui leur arrive, & ce qui a esté reglé par la souveraine Providence. Il en est ainsi du nom d'*Etoile*, par lequel on veut signifier la mesme chose, & que de certaines personnes font entrer dans leurs Discours insensiblement. Je me souvien de m'estre un jour trouvé chez une des plus sçavantes Dames qui soit à Paris, lors que trois Demoiselles de Province la vindrent visiter; Comme elle usa de ce mot d'*Etoile* peut-estre sans y penser, les Provinciales qui sans doute estoient des Precieuses de Campagne, creurent que pour bien parler, il faloit parler comme celle qu'elles tenoient pour leur Souveraine; Trouvans aussi ce mot d'*Etoile* fort beau, elles le redirent si souvent, qu'il prit envie aux Hommes qui estoient là de le redire aussi, de sorte qu'alors nous parlâmes autāt d'Etoiles que si nous eussiôs fait la reveuë generale du Globe celeste, & qui auroit retenu tout ce qui se dit en cette conversation, on en auroit fait une Relation fort agreable: Mais serieusement parlant, le mot d'*Etoile* s'est si bien mis en credit, que beaucoup de Gens de consideration s'en servent: Vous le trouverez dans les *Memoires de la Guerre de Paris*, composez par un Homme de haute qualité. Il y a ces mots à la seconde page, *Comme c'est l'Etoile de nôtre Nation de se lasser de son propre bonheur.* On voit là ce mot d'*Etoile* dans la mesme signification que nous luy donnons. Ne faut-il pas juger que c'est à dire le Destin, & si vous voulez, le Genie ou l'inclination de la Nation Françoise? Voila le mot d'Etoile qui occupe une Place importante. L'Autheur des Entretiens est trop sçavant dans nostre Langue pour employer des mots & des façons de parler qui ne soient point déja bien receus. On ne voit rien de plus correct & de plus exact que son Ouvrage. Puisqu'il fait des leçons sur le Langage François, il n'a garde d'y manquer. Il a montré qu'il sçavoit parfaitement les maximes des Academiciens les plus éclairez. Cleante parlant de ce qui se trouve dans le premier Entretien, dit toûjours, *le flux*

R v

& reflux, mais il s'abuse un peu quand il parle ainsi à l'antique, puisque nôtre Autheur a toûjours dit, *le flux & le reflux*, n'ayant garde d'oublier l'article, parce que selon les Loix de l'Academie on ne s'en doit passer en aucun lieu: Neantmoins les Philosophes font icy la Loy aux Grammairiens; Ils pretendent qu'en ce qui est de ce mouvement de la Mer, par lequel elle s'en va & revient infailliblement, on en peut parler avec un seul article pour les deux mots, comme s'ils n'exprimoient qu'une mesme chose, & puis ce terme de *flux & reflux* est un terme receu & autorisé, qui se trouve dans tous les Livres de Physique, notamment dans le Livre de Claude Duret, qu'il a fait sur le flux & reflux de la Mer. Si l'on veut parler autrement, cela peut estre cause qu'on fera une faute en Grammaire, comme quand Ariste dit, *L'an 1650. le flux & le reflux cessa un iour entier aux Costes de Flandres.* Si le flux & le reflux ont chacun leur article, on en fait deux choses separées, & par consequent il faut dire *cesserent.*

Si on avoit dit, *le flux & reflux cessa*, cecy auroit esté plus supportable, parlant de ce mouvement comme estant unique ; mais pour accommoder l'affaire, croyons que si nous ne trouvons point là, *cesserent*, indubitablement c'est une faute de l'Imprimeur qu'on a manqué de corriger. Pour ce qui est de decider absolument s'il faut dire *le flux & reflux*, ou *le flux & le reflux*, cela ne sera pas terminé en ce lieu-cy. On peut defendre l'Autheur des Entretiens en beaucoup d'autres endroits, comme en tous les lieux où l'on luy reproche d'avoir montré quelque presomption, c'est en des manieres de parler qui sont presque communes à toute sorte de Gens. J'admire pourquoy on se plaint de celuy qui donne par tout tant de loüanges aux grands Seigneurs de nostre Siecle, & à tous les Auteurs de sa connoissance. Ordinairement les Auteurs vains & presomptueux ayment moins la loüange que la Satyre, mais on ne voit rien icy de semblable. Tout le reste des Sentimens de Cleante n'est point de nostre fait : Il arrive que noſtre deſſein n'eſt icy que d'examiner un certain langage dont la Critique n'a point parlé. Pour continuer, il faut avoüer qu'au commencement nous apprehendions trop le travail, croyant que le Livre des Entretiens contenoit quantité de mots mal-aiſez à retenir, qui nous alloient donner beaucoup de peine : Mais nous voyons que la pluſpart ne ſont que ceux qui nous ont déja eſté indiquez dans le Diſcours ſur l'Academie Françoiſe, & dans les Loix de la Galanterie, qui nous en ont donné les premiers avis, & que les meſmes mots ſe trouvent auſſi diſperſez dans quelques Romans. Puiſque nous ſommes accouſtumez à les oüir, ils en ſeront plus aiſez à obſerver. Pour ce qui eſt d'*entendre fineſſe*, & de *faire le fin* ; Cela s'eſt preſque toûjours dit, & les perſonnes du plus bas étage le diſent. *Fineſſe d'eſprit, Penſer finement, & avoir le gouſt fin*, ſont plus nouveaux, *Exactitude & emportement*, ont déja eſté conſiderez. *Habileté* n'eſt pas ſi nouveau que *Groſſiereté*, qui ſe dit à cette heure, & eſt inventé depuis peu. Pour *Plaiſanterie*, on le trouve

Suite des mots des Entretiens.

fort commun. *Pruderie* & *Brusquerie* sont des mots barbares, pour signifier la preud'hommie & l'humeur brusque; Je m'étonne qu'on n'y ait joint, *Quitterie*, pour signifier l'accident qui arrive de deux Amans qui se quittent. C'est un mot des Precieuses, qui vaut encore moins que les precedens: On ne considere pas que tous ces mots ont esté inventez par des femmes, & qu'elles les ont dits par plaisir, ainsi que *Minauderie*, pour representer les actions d'une personne qui fait force mines & gestes. On a dit aussi *façonniere* & *façonnier*, pour une personne qui fait beaucoup de façons. Quant au mot de *Connoisseur*, ou de *Connoisseux*, c'est un terme tres-foible pour estre employé à tout ce que l'on pretend. Je croy que *le Connoisseur* est celuy qui se mesle de connoistre les choses, & que celuy qui les connoist bien est *le Connoissant*: Mais quand on dit: *Les Connoisseux*, au lieu *des Connoisseurs*, je le trouve de la derniere bassesse. C'est parler de mesme que les gens du peuple, qui finissent en *eux* tous les mots terminez en *eur*, comme quand ils difent, *un Brodeux, un Doreux, un Laboureux*, au lieu de *Brodeur, Doreur*, & *Laboureur*. Il est vray que par accoustumance les Sçavans peuvent parler ainsi, mais de l'écrire & de s'en servir mesme en ce qui est imprimé, comme ceux qui depuis peu ont mis *les Connoisseux* dans leurs Livres, c'est une affectation de la nouveauté qui ne paroist point supportable à quelques personnes. *Desinteressement* est un mot fait sur le Verbe *Desinteresser*. On en peut faire quantité de semblables sur plusieurs Verbes selon leur disposition. Pour *contretemps*, il y a plusieurs années qu'on le dit, & il a mesme servy de titre à une Comedie de Moliere. *Intrepide & intrepidité* sont des mots qui ont esté souvent dits pendant la Guerre de Paris de 1649. & de 1652. en parlant d'un grand Magistrat qui paroissoit toûjours intrepide lors qu'il se presentoit au peuple; Pour representer son asseurance & sa fermeté, on se servoit du mot Latin, n'en pouvant trouver un plus significatif. *Ferocité* estant encore Latin, il n'y a eu de mesme qu'à changer sa terminaison pour le faire François. Il y en a quantité d'autres qu'on peut changer, lesquels ont déja esté mis en usage lors qu'on a commencé de traduire les mots Latins pour enrichir nostre Langue. *Feliciter* est un beau mot, & bien inventé pour signifier qu'on se réjoüit avec quelqu'un du bon-heur qui luy est arrivé. Ce mot n'est ny des plus nouveaux, ny des plus vieux. *Pester* est un Verbe derivé du nom de *Peste*, pour signifier qu'on est tellement en colere, qu'on ne cesse de jurer par ce nom. Entre tous les mots qu'on veut faire passer pour nouveaux, j'ay admiré que *disculper* ne le soit pas tant qu'on s'imagine ; Dans le Dictionnaire du vieil Langage fait par Borel, on trouve *Descolper*, qui signifie *Excuser*. C'est le mesme mot, bien qu'il y ait quelques Lettres de difference selon la prononciation de ce temps-là. Villehardoüin, l'un de nos plus anciens Autheurs, est cité comme ayant usé de ce mot, ce qui montre son ancienneté ; mais on ne voit aucune apparence qu'il ait conservé son usage depuis tant d'années ; C'est pourquoy nous l'estimons nouveau ou renouvellé, & que depuis peu on l'a traduit du Latin, sans avoir pensé à l'Autheur qui s'en est autrefois servy. Pour *insoûtenable, incontestable, insurmontable*, il ne faut pas dire seulement que ce sont des mots nouveaux, mais que c'est une nouvelle maniere d'en composer ; car on en fait quantité d'autres de cette sorte, comme depuis peu on dit, *inmanquable*, & quelques autres mots dont j'ay déja parlé. Nous suivons à peu prés l'ordre des mots, comme ils se trouvent dans les Entretiens. Le mot d'*avoir égard*, est ce me semble assez vieux ; pour *avoir des égards*, il est fort extraordinaire : On ne dit jamais *J'ay un égard pour cét homme-là*, faisant d'*égard* un nom au singulier ; Pourquoy le veut-on mettre au plurier ? *Egard* suffit pour tous les deux, c'est un nom indeclinable. Je ne dy rien de *parler juste*, & de tout ce qui dépend *de la justesse*, non plus que *du tour d'esprit*, d'*avoir l'esprit fin*, & de tout ce qui dépend de la finesse ny des autres mots qui ont esté déja observez ailleurs que dans les Entretiés. On parle apres de *raisonner delicatement*, de *ménager les esprits*, & *ménager les affaires*; cela paroist fort bien dit, & fort à propos. Pour ce qui est de *faire fonds* sur quelque chose, & tout ce qui s'ensuit, ce sont encore de semblables figures qu'il faut approuver quand l'usage les reçoit. Je ne m'accōmode point pourtant du *grand fonds de paresse*, pource que la Metaphore nous doit faire imaginer quelque chose de reel & de possible; Comme qui diroit, *I'ay un grand fonds d'amitié*, on se represente que cette amitié est quelque chose dont on fait amas, car mesme il y peut avoir grand nombre d'amitiez, puisqu'on dit, *Il m'a fait mille amitiez*; Mais il n'y a pas plusieurs paresses dont on fasse fonds. La Paresse est une habitude, non point une chose qu'on puisse amasser pour en faire fonds & magazin. *Prendre ses mesures, Ne point garder de mesures, Faire des avances, Faire des honnestetez & des amitiez, Compter là dessus, & S'attirer de l'estime*, ce sont des termes qu'on estime assez bons : Neantmoins il faut prédre garde que les Metaphores ne doivent point blesser l'imagination. Quand on parle d'*entrer dans le sens de quelqu'un*, on se figure d'entrer dans quelque Palais, ou dans quelque autre Edifice, mais au contraire c'est le sens & la pensée de quelqu'un qui entrent en nous. De dire, *Donner là dedans*, pour signifier qu'on se range à quelque avis, c'est en parler comme si on donnoit dans quelque barricade, au lieu que cela se peut faire paisiblement & sans violence. Il y a pourtant des occasions où cela est dit fort proprement, à cause de l'impetuosité qu'on témoigne, & en d'autres temps nous nous accoûtumons à l'usage. Pour *se déchainer*, je croy qu'il ne se peut dire qu'en mauvaise part ; C'est une figure prise d'une beste farouche déchainée, ou plustost d'une Furie; car on a accoustumé de dire, *Une Furie déchainée. Estre entesté d'un homme ou d'une femme*, c'est les avoir toûjours en la teste ; C'est ce qu'on disoit autrefois, *En estre coiffé*; C'est aussi ce qu'on dit, *En estre infatué*, c'est

à dire en bon François, *En estre fou.*
Cela se dit aussi de toutes sortes d'affaires, dont l'on peut estre entesté & infatué. La signification de ces mots est aisée à trouver. Ce n'est pas comme *d'Engoüé*, qui est dit par quelques Gens pour exprimer mesme chose, & qui est un terme tout à fait barbare. Quand on dit d'un homme, qu'*il fait figure dans le Monde*, ou *à la Cour*, c'est à dire qu'il y sert d'ornement, comme une Statuë placée dans la niche de quelque Palais. *Estre sur ce pied-là*, est mis apres fort à propos, parce que c'est encore une Metaphore prise d'une Figure ou Statuë mise sur un pied d'estal. Lors qu'un homme ne se laisse point abattre par la Fortune, on dit, Qu'*il est toûjours sur ses pieds*, mais on ne parle icy que d'un pied. L'usage veut aussi qu'on dise, *Il a pris pied*, & apres on a appliqué cecy à toutes choses. On a dit, *Il s'est mis sur le pied d'Amant, Il s'est mis sur un pied honneste, Il s'est mis sur le pied de bel esprit*. On a de belles imaginations de cecy: On croit que d'*estre sur le pied d'Amant*, c'est se soûtenir

sur un pied, ayant l'autre levé & tout prest à marcher pour le service de la personne aymée; Que d'*estre sur un pied honneste*, c'est de faire souvent la reverence; & pour *le pied de bel esprit*, c'est estre posé sur un Cube, comme le Sage, ou cōme le Mercure des Anciēs. Pource que ceux qui se mettent sur le pied de bel Esprit, pensēt bien meriter cette qualité, on dit qu'ils sont fort contens d'eux-mesmes, & qu'ils se remercient souvent de ce qu'ils sont. D'estre content de soy-mesme, cela n'est pas tant mal, si c'est pour quelque action loüable, mais si l'on vient jusques à se remercier soy-mesme, c'est veritablement ce qu'on peut appeller Gaillard; C'est faire de soy deux Personnes differentes. Voila bien pis, si l'on dit, *Qu'on se sçait bon gré d'estre bel esprit*, car cela ne dépend pas de nous d'avoir de l'esprit, ou d'estre bel esprit, c'est Dieu qui nous fait ce don. Ceux qui ont ces sortes de fantaisies sont des presomptueux qui pensent que tout ce qu'ils font est tres-excellent. J'ay oüy parler d'un de nos pretendus beaux Esprits, qu'on dit estre si content de sa personne, que tous les jours il remercie Dieu de l'avoir fait si accomply qu'il est; Encore a-t'il de la reconnoissance : Au lieu que celuy qui se sçait bon gré de quelque chose, est persuadé d'avoir quelque pouvoir de s'estre fait ce qu'il est. Ce sont ces sortes de Gens qui croyent estre des Hommes à alleguer pour exemple, & à citer pour Autheurs ; Ils doivent avoir inventé le terme de *Selon Moy*, pour se citer eux-mesmes les premiers, comme on dit, *Selon Platon, selon Aristote.* Que diroit maintenant le sage & docte Paschal, s'il estoit encore au Monde, & qu'il entendist cét orgueilleux mot de *Selon Moy*, luy qui a déja dit dans le Livre de ses *Pensées*, que le mot de *Moy*, est haïssable, & que c'est un terme de l'amour propre, d'où viennent toutes les passions & tous les vices. Pour *se faire honneur de quelque chose*, cela n'est point mal dit, mais il faut prendre garde si l'effet de la chose merite cette parole. *Se faire des plaisirs & se faire des affaires.* Cela est bien selon les regles du Discours, &

cela peut estre bien encore pour le reste. Voyons ce que c'est que le mot de *Fort*. Quand on entend reciter quelque chose de remarquable que quelqu'un a fait ou a dit, pour montrer son affection ou sa haine envers une autre personne, ou qu'on rapporte quelque chose qui donne de la surprise, les Gens du Monde disent ordinairement, *Cela est fort*, & mesmes il y a maniere à le bien dire ; Car il faut dire cecy en penchant la teste de costé avec suffisance ou severité, & d'un ton entierement precieux ; mais cela n'est pas toûjours dit bien à propos, quoy qu'on y donne diverses explications. Pour le mot de *Trop*, par exemple on dit, *Cét Homme ne sçait pas trop ce qu'il veut*, mais je vous asseure qu'en cette façon de parler, il n'y a rien de trop que ce *trop* : Quand on diroit seulement, *Cét homme ne sçait pas ce qu'il veut*, cela se feroit fort bien entendre. De dire aussi, *Ie crains que vous ne preniez pas trop de plaisir à la Musique qu'on vous prepare*, Cherchons-en l'explication, & voyons si c'est parler juste. Prendre trop de plaisir à quel-

LANGAGE FRANÇOIS. Ch. IV. 407
que chose, c'est faire quelque chose par excez, & en cela il y auroit du mal : Ce qu'on fait par excez est nuisible. Il semble pourtant qu'on souhaite que cela soit, puisqu'on dit qu'on craint bien que cela ne soit pas. Ce sont des ambiguitez sur lesquelles nous ne decidons rien. Le mot d'*assez* est employé plus regulierement que celuy de *trop* ; Ils sont tous deux de bons mots ; Il n'y a qu'à prendre garde à la maniere de s'en servir. Plusieurs autres mots des Entretiens ont esté laissez, parce qu'ils ne sont pas fort communs, & qu'il n'y a rien à dire ny pour eux, ny contre eux.

Que l'on juge comme l'on voudra de toutes ces façons de parler, celuy qui en a donné la Liste, & qui s'en est mesme servy en quelques endroits, ne l'a fait que pour nous montrer comment on parle aujourd'huy dans le Monde ; Il se servira d'un autre langage selon les sujets. Il a de la capacité pour tout ce qu'il desirera entreprendre, & l'on le connoist assez par les Ecrits. S'il y a eu icy quelque contrarieté pour les mots qu'il a rappor-

De quelques autres mots à la mode.

cela ne le touche aucunement, puisqu'ils ne sont pas de son invention, & qu'il n'a fait que les proposer. Comme il en a condamné quelques-uns qu'il a abandonnez au Peuple, il nous a donné l'exemple de quitter ce qui ne nous est plus propre. Il n'a pas mesme rapporté tous les mots nouveaux qui ont cours aujourd'huy, tant parmy les hommes que parmy les femmes, peut-estre parce qu'il l'a negligé, & qu'il se veut appliquer à de plus grandes choses. Afin de fournir icy un petit Supplément, nous remarquerons ce qui nous viendra dans la Memoire. On dit, *Il connoist bien le Terrein*. C'est un terme pris des Fortifications. On dit, *Il est en passe de faire quelque chose dans le Monde*; C'est une Metaphore prise du Jeu de Mail & de celuy du Billard, où pour gagner il faut mettre dans la passe. Il y a des mots dont les Hommes les plus habiles usent, parce qu'ils les trouvent beaux, & qu'ils sont fort à la mode. On dit, *Envisager*; *Il a fait cecy en veuë d'une telle chose*. Le mot d'*envisager* est assez ordinaire, mais on l'applique

LANGAGE FRANÇOIS. Ch. IV. 409
l'applique à trop de choses: On dit, *Envisager son ennemy*, *Envisager la mort*, *Envisager les perils*; En cette derniere occasion, cette façon de parler ne paroist pas si bonne, pource qu'il se faut imaginer que la chose dont l'on parle ait un visage; Nos ennemis ont un visage, & nous donnons aussi un visage à la mort, mais pour les perils & les autres choses, nous ne les concevons pas ainsi. Neantmoins le visage est la face, & l'on dit aussi la face des choses, mais c'est à sçavoir si on peut dire pourtant, *Envisager les choses*. Au reste, ce Siecle est bien éclairé, car on n'y entend parler que de *Lumieres*; On met par tout ce mot aux endroits où l'on auroit mis autrefois l'*esprit* ou l'*intelligence*, & il arrive souvent que ceux qui se servent de ce mot l'appliquent si mal, qu'avec toutes leurs lumieres, on peut dire qu'ils ne voyent goutte. Nos Eloquens à la mode sont aussi tous gens de mine; Ils ne parlent d'autre chose: Ils disent, *Vous avez bien la mine de faire une telle chose*; ou, *J'ay bien la mine de cecy ou de cela*. De le dire à un au-
S

tre, cela se peut souffrir s'ils connoissent les gens à leur Physionomie, & s'ils observent bien toutes leurs grimaces; Mais de le dire d'eux-mesmes, je voudrois donc qu'ils se regardassent dans un Miroir au mesme temps qu'ils parlent, pour sçavoir quelle mine ils ont. Quelques Gens disent, *Ie me fay un cal contre tout ce qui me peut arriver.* C'est une Metaphore prise des os rompus, où, quand ils sont bien remis, il se fait un cal plus dur que l'os n'avoit accoustumé d'estre. On dit qu'un Ministre d'Estat un peu hay des peuples, ayant oüy parler de ce qu'on publioit de luy, disoit, *Ie me suis fait un cal contre les improperes.* Le mot de *Talent* ne s'est pas toûjours dit avec la signification qu'on luy donne aujourd'huy; C'est à dire, proprement, selon les anciens, une somme d'argent qui valoit dix-huit cent livres de nostre monnoye; mais quand on dit, *Cet homme a un beau talent,* cela signifie, Qu'il a une excellente faculté pour bien reüssir à quelque chose, & cela s'entend pour un don de la Nature, & quelquefois

LANGAGE FRANÇOIS. Ch. IV.
pour un effet de l'Art. Cela peut avoir
esté pris de l'Evangile où le bon serviteur fait bien valoir les Talens que
son Maistre luy a donnez. On voit
aujourd'huy beaucoup de Gens qui
pour parler de ce qu'ils font en particulier, disent, *Quand je suis dans mon*
Domestique. Cette façon de parler est
nouvelle. On auroit dit autrefois,
Quand je suis avec mes Domestiques;
mais par *Domestique*, on entend tout
ce qui est de la Maison, de la Famille,
ou du ménage. Quelques-uns aussi
prononcent, *Mon Domestic*, pour
faire de ce mot un mot particulier,
qui ait aussi une signification particuliere. Les Gens d'épée voulans parler
du courage & de la valeur, ou d'une
certaine vertu de Brave, qu'ils croyent
leur estre particuliere, disent, *C'est*
la Bravoure; qui est un mot Gascon
ou Perigourdin si l'on veut; mais il
n'est nullement François, & pourtant
nous le trouvons dans des Romans de
M. de la Calprenede, & en d'autres.
On dira aussi d'un Soldat qui s'est
trouvé à une affaire, Qu'il a *passé*
mille mousquetades. Cela est *de gala* ou

S ij

ment pour montrer le mépris que les Gens de Guerre font du peril. De dire qu'ils essuyent des mousquetades, c'est comme si les ayant receuës, il ne faloit faire autre chose qu'essuyer ses habits, de mesme que quand on a jetté dessus quelque ordure. On dit *essuyer les perils*, & cela s'appliqueencore à toutes sortes de mal-heurs & d'incommoditez, tant l'on donne de vigueur aux mots depuis qu'ils ont commencé d'avoir cours. Dans les Entretiens d'Ariste il y a, *Nous sommes en danger d'essuyer l'Orage*, car il y a quelque chose à essuyer & à seicher, apres qu'on a esté exposé au vent & à la poussiere, & enfin a la pluye, comme cela arrive dans la tempeste & l'orage. Il y a un mot qu'on peut joindre facilement au precedent, c'est qu'on dit, *Cela ne fait que blanchir*, pour signifier qu'une entreprise n'a pas eu un bon succez. Il seroit mal-aisé de trouver l'origine de cette façon de parler, à moins que de sçavoir en quelle occasion on s'en est servy premierement. Ce peut estre une Metaphore prise d'une chose qui

LANGAGE FRANÇOIS. Ch. IV. 413
blanchit quand elle est frappée, comme feroit une muraille; Les Hommes de Guerre appliquent cela à des coups qu'on reçoit sur quelque cuirasse à l'épreuve, qui ne font que blanchir l'endroit qu'ils touchent plûtost que de les percer. Nous avons encore à remarquer qu'aujourd'huy tous les Hommes de Mer appellent leurs Vaisseaux des Bastimens. On les peut appeller ainsi quand ils sont au Port, & qu'on les bâtit, mais apres qu'ils sont bastis, c'est un Navire, une Galere, ou une Chaloupe, & l'on est enfin contraint de recourir à ces mots pour les distinguer quand on en parle. Il arrive dans les Villes qu'ayant appellé des Bastimens les Edifices où l'on travaille encore, lors qu'ils sont achevez, c'est une Eglise, un Palais, ou une Maison. Il semble aussi que cela n'est pas bien d'appeller encore un Bastiment le Vaisseau qui vogue sur la Mer ; Mais allez dire à ceux qui usent de ce mot qu'ils ne parlent pas correctement, ils vous diront que vous n'y entendez rien, & que tous les Gens qui s'y connoissent parlent comme eux. Les

Relations de Guerre ne disent-elles pas une *Eminence*, ou une *Hauteur*, pour signifier une Butte, un Tertre, une Colline, ou une Montagne? Ne passons pas si loin que les termes qu'on met en usage dans les Professions. Arrestons-nous aux Discours qu'on peut tenir dans la Vie ordinaire, lesquels on peut apprendre principalement chez les Dames. Elles se persuadent de bien parler quand elles disent des paroles qui sont fort à la mode. La pluspart se servent de toute sorte de mots sans en considerer la signification: Elles disent, *car enfin* dés le commencement de leur Discours; Elles disent, *De bonne foy*, sans sçavoir pourquoy elles le disent, & si c'est mieux dit, *Qu'en bonne foy*; Il suffit qu'elles l'ayent oüy dire à d'autres, & qu'elles sçachent que c'est un mot nouveau. Elles disent *seuremant* & jamais plus *asseurément*, bien que tous ces deux mots soient necessaires, & d'une signification differente, de sorte que si on ne se servoit que de *seurement*, on ne se feroit pas entendre. Par exemple, si nous disions,

Que seurement le Messager portera nos Lettres seurement. On auroit peine à en trouver l'explication: Il faut dire, *Qu'asseurément*, ou certainement *le Messager portera nos Lettres seurement*, ou *avec seureté*. J'ignore la raison pourquoy on a retranché les deux premieres Lettres d'*asseurément*, si ce n'est pour obeïr à la regle de Vaugelas, qui est d'oster du langage tout ce qui s'y trouve de superflu, comme de dire, *Plus*, au lieu de *Tant plus*, & *dans* au lieu de *dedans*, mais cela n'est bon qu'au cas qu'on ne change point la signification des mots. *Asseurément* est un Adverbe affirmatif, & *Seurement*, est un Adverbe positif, qui ne signifie pas tant que l'autre. D'un autre costé on a augmenté depuis peu les emplois du mot *uniquement*; On a eu pitié de ce que cét Adverbe si agreable qu'il est, ne servoit qu'avec le Verbe *Aymer*, pour dire *Aymer uniquement*; On a voulu étendre sa Jurisdiction sur toutes les choses dont l'on parle comme seules, afin que luy seul servist aussi pour plusieurs choses; On dit donc, *C'est uniquement la raison pourquoy cela s'est fait*, au lieu de dire, *C'est l'unique Raison*, *C'est la seule Raison*, ou *la vraye Raison pour laquelle cela s'est fait*. On adjoûtera encore, *L'homme qui paroist icy est uniquement sçavant*, pour dire, *Il n'y a que luy de Sçavant*. Si on trouve quelque commodité à ces façons de parler, je suis d'avis qu'on les garde: C'est assez pour nos Gens du grand Monde quand ces paroles ne leur serviroient en les prononçant, qu'à faire connoistre ce qu'ils sont. C'est comme les mots qui servent de signal dans les Conjurations & dans les Ligues qui font connoistre de quel party on est. On doit bien deffendre les mots quand ils commencent d'entrer en credit: Il arrive toûjours que quelqu'un prend plaisir à s'opposer à leur cours. Toutes les Nouveautez surprennent à l'abord: Le mot de *Se piquer de quelque chose*, est en usage il y a plus de quarante ans, & neantmoins il s'est passé quelque temps qu'on le trouvoit heteroclite. Un Gentil-homme disant une fois à une Demoiselle, Qu'il avoit oüy asseurer qu'elle se piquoit de faire des Vers. Elle luy repartit, Pardonnez-moy, Monsieur, Je ne me pique que de mon aiguille. C'estoit mettre le mot de piquer dans sa propre signification, mais on l'a receu enfin pour ce qui touche l'esprit, aussi-bien que pour ce qui touche le corps. Si cette Demoiselle trouva sujet de faire une raillerie sur un mot nouveau, d'autres contesteront asprement pour le garder avec tous les semblables. Quelques Gens vous asseureront, qu'on a toûjours parlé comme cela, mais c'est de leur temps, & il n'y a que deux ou trois ans qu'ils voyent le Monde. On pourroit répondre à plusieurs qui forment de semblables Disputes, Qu'ils ne connoissent pas la chose dont ils parlent, & qu'on croira d'eux ce qu'un certain Homme se persuadoit d'un Advocat de la nouvelle reception, qu'on luy avoit donné pour conduire ses affaires. Il disoit, Qu'il ne luy estoit point propre, pource qu'il estoit plus jeune que son procez: Aussi les jeunes Gens ne peuvent rien asseurer de certain de ce qui est arrivé au Monde avant leur naissance, ny des mots qui sont plus vieux qu'eux, & qu'ils ont toûjours entendus. J'ay enfin à les advertir, & tous ceux qui veulent parler à la mode, qu'ils doivent sçavoir ce que c'est que ce Langage, & quels avantages ils en reçoivent.

De l'utilité des mots nouveaux, ou des mots à la mode.

Nous voyons que beaucoup de Gens font aujourd'huy grand cas des mots nouveaux, ou des mots à la mode. Ils observent ce Langage dans leurs Entretiens, ils en usent dans leurs Billets & dans les Lettres qu'ils écrivent à leurs amis; & de plus quelques Hommes qui communiquent leurs pensées au public par l'impression, remplissent leurs Livres de ces façons de parler nouvelles & choisies. Cependant quoy que ceux qui embrassent une nouvelle Doctrine, & qui la veulent établir dans le Monde, soient obligez premierement d'en donner les principes, on ne voit point que ces Gens-cy se soient mis fort en peine de montrer les fondemens de leur Science, afin de rendre raison de ce qu'ils pratiquent. Nous voulons les soulager en cela, & apprendre au public ce qui donne tant de credit au Langage dont ils se servent. Il faut se representer qu'il y a en France deux Langages à la mode en mesme temps qui sont fort usitez, & sont comme les jargons que plusieurs se sont faits en diverses professions. L'un de ces Langages est pour le Peuple, & l'autre pour les Gens de Qualité, & pour ceux qui les hantent. Les Gens du Peuple ont de certains termes dont ils usent à tous propos, qui sont les Quolibets & les Proverbes, lesquels plusieurs confondent ensemble, à cause que les mesmes Personnes se servent des uns & des autres. Nous appellons des Proverbes de certains Preceptes anciens qui sont alleguez selon les Sujets ; & pour les Quolibets, ce sont des termes figurez, mais assez grossiers qu'on attribuë à tout ce qu'on veut selon la signification que l'usage leur donne. Ceux qui n'ont autre Science que celle-là sont bien contraints d'en user, non seulement pour appuyer les Discours qu'ils tiennent, mais pour les rendre plus agreables à ceux à qui ils parlent. Or les Gens du grand Monde ayans observé cecy, n'ont pas voulu estre moins privilegiez que les moindres du peuple. Ils ont employé tous leurs soins pour avoir de ces mots de bon secours dont ils ont si souvent besoin, mais ils les ont voulu galands & relevez. Nous devons croire que les Hommes du Siecle passé ont eu les leurs que nous ne connoissons plus, s'estant confondus avec les autres dans les Livres. Pour les mots de ce Siecle nous en sçavons une bonne partie, & nous voyons combien ils sont profitables, puisqu'on s'en sert à tous propos. On nous veut persuader qu'on ne les ayme que pour leur excellence, & qu'on ne s'en sert que pour montrer que l'on voit les Gens de Qualité, puisque l'on parle comme eux; Mais c'est aussi qu'il y a une commodité tres-grande à sçavoir une trentaine de mots ou de façons de parler qu'on employe en toute sorte de sujets, & dont chacun se contente à cause qu'ils sont à la mode : Sans cela on seroit long-temps à chercher comment l'on pourroit exprimer ce qu'on auroit à dire. Il n'appartient qu'aux Hommes sçavans, de rapporter toûjours en paroles tres-propres ce qu'ils veulent faire entendre; Les autres se servent des premiers mots qu'ils peuvent rencontrer. Voila le secret de ce qui concerne nos beaux mots: Toute l'estime qu'on fait d'eux ne vient que du profit qu'on en reçoit. Cela est commode de dire, *Je m'en vay me mettre sur un tel Chapitre. Vous vous mettrez sur ce pied-là. J'ay bien la mine de ne rien sçavoir d'une telle chose*; avec plusieurs autres façons de parler qui vous exemptent d'en chercher de plus significatives. Cecy a le mesme effet que les Quolibets du Peuple; On peut dire aussi que ce sont les Quolibets galans, ou les Quolibets du beau Monde, mais on a raison de craindre qu'à la fin ils ne passent au Peuple comme beaucoup d'autres: Toutefois on s'en sert tant qu'ils sont en credit. Les Livres d'Observations sur la Langue Françoise, ne nous ont pas declaré cette utilité; Il suffit que nous la reconnoissons maintenant; Nous voyons que cela nous fait grand plaisir d'avoir de ces mots à la mode, parce qu'il s'en trouve mesme qui tous seuls signifient tout ce qu'on veut. Il y a quantité de Gens qui lors qu'ils ne peuvent exprimer quelque chose par un mot propre, usent du mot de *Machines*, ils disent, *Il faut faire des Machines pour cela, & que ce sont là des Machines*. Les autres se servent par tout du mot d'*Affaires*; Ils signifient par là toutes les choses dont ils ne peuvent trouver le nom : Les femmes en parlant de leurs bijoux & de leurs façons de s'habiller, diront, *On porte à cette heure de certaines affaires*. Quelquefois les Hommes employent aussi le nom d'*Affaires*, & quelques autres, pour des choses fort dissemblables, soit pour des étoffes, des meubles, des édifices, & des differentes actions de la vie. Tout cela est *Affaire* ou *Machine*. Soit Homme ou Femme, s'ils sont accoustumez aux nouvelles façons de parler, ils ont encore une maniere tres-commode de faire une Narration : C'est qu'apres avoir mis un premier Verbe à l'Indicatif, ils achevent toute leur periode par des Participes. Ils vous raconteront ainsi la façon de vivre d'un Galant-Homme. *Il est*, diront-ils, *de la meilleure Compagnie du Monde, recevant tous ses amis avec un accueil merveilleux, ne leur parlant que de ce qui leur peut plaire, & leur offrant tous les services dont il se trouve capable; Au reste, quand il est avec les Dames, toûjours chantant, toûjours dansant, & toûjours ayant le bon mot à dire.* Nous n'avons point sujet de nous fascher contre cette belle varieté de Langage. On ne s'en sert que quand on le veut, & quelques personnes le font pour se divertir. Si cela se montre utile à ceux qui auroient peine à parler d'une autre sorte, nous ne croyons pas qu'ils en abusent. Ils ne doivent pas estre si avant dans l'erreur, que de pretendre qu'avec ces seules façons de parler, ils passeront pour fort eloquens, puis que la pluspart de ce qu'ils disent peut contrevenir aux bonnes regles des Sciences. Nous prenons garde icy pourtant de ne point faire des reproches inconsiderez aux plus apparens du grand Monde: Ceux-là parlent

comme il leur plaist, & quand ils ont
dit un mot nouveau, cela fait l'usage,
& mesme le bel usage. En vain l'on
soûtient que le jugement doit guider
ceux qui inventent les mots; Qu'ils en
doivent faire l'examen avant que de
les publier, & que s'ils en usent autrement, à la fin ils pourront gaster
toute la Langue : Parmy eux ce qui
leur plaist se trouve le plus raisonnable ; Ils pensent estre les Maistres de
l'usage, & par consequent estre au
dessus des Academies qui ne font que
suivre cét usage. Ils forment des Verbes sur les Noms, & des Noms sur les
Verbes, sans s'informer ce que c'est
qu'un Nom & qu'un Verbe, & qui en
voudroit parler, passeroit peut-estre
chez eux pour Pedant. Mais exa-
minons cecy en general sans interesser
personne ; Quelle merveille y a-t'il
d'user de ces mots nouveaux, & mesmes de les inventer? Comme la pluspart du temps ce sont des Personnes
sans estude qui s'en meslent, que ne
feroit donc point un habile Homme
s'il en vouloit prendre la peine ? Il in-
venteroit une cinquantaine de mots

en une journée, & il les feroit mesme passer dans l'usage, pourveu que quelques personnes qui voyent le Monde fussent de complot avec luy. Cela seroit meilleur qu'un Langage qu'on met quelquefois en vogue sans ordre & sans raison. Si on l'augmentoit chaque jour, on en formeroit bien-tost un Jargon qui vaudroit moins que celuy des Precieuses, où l'on trouvoit au moins des termes agreables & relevez, au lieu que dans ce dernier il y a des termes bas & rampans. Encore faut-il faire voir la verité ; Nous gardons le meilleur pour la fin. Entre les Discours des Precieuses, on trouve, *Qu'un certain Homme a fait une Poësie bien châtiée ; Que la conversation d'un autre n'est qu'un Torrent de bagatelles ; Que cet Amant soupire ceremonieusement ; Que c'est un Soupirant d'Office ; Qu'il a l'Ame paralitique ; Qu'il a laissé mourir la conversation ; Qu'un autre s'est dépris de la foiblesse des Sens & des impuretez de la matiere ; Qu'il voit les troubles du Monde du haut de sa Vertu ; Qu'une des*

Precieuses appelloit le Mariage : *L'amour finy & l'Abysme de la Liberté*; Qu'un autre disoit, Que sa Compagne avoit donné dans l'*Amour permis* (qui estoit le Mariage) & qu'elle ne sçavoit comment elle avoit pû se resoudre à brutaliser avec vn homme ; Que c'estoit qu'elle vouloit laisser des traces d'ellemesme, c'est à dire des Enfans ; Qu'vn jeune Cœur n'avoit qu'vn goust vert & des plaisirs informes ; Qu'il faloit mitonner les plaisirs ; Que lors qu'vne telle Precieuse avoit esté mariée, elle avoit dit vn Ouy façonné, & vn Ouy qui luy avoit fait de la peine ; Qu'vne autre avoit le Ris fin, Qu'elle & son Amie rioient d'intelligence ; Qu'il restoit du vuide à leur curiosité ; Qu'elles avoient vne certaine secheresse de reconnoissance pour ceux qui les servoient, & que pourtant il y en avoit vn qui entroit chez l'vne d'elles sans Prelude, & qu'on pouvoit l'appeller vn *Galand de plein pied* ; Qu'il aymoit mieux le *Teste à Teste* que le *Chorus* ; On pourroit dire, Que c'estoit vn *Galand fieffé*; mais ce terme a esté mis entre nos mots à la mode. Vous avez veu en cecy quelques façons de parler tirées des Livres des Précieuses; On en a bien pû entendre d'autres chez des Dames qui ont pris plaisir à parler en ce Langage. On le trouvera plus pompeux que le dernier Langage à la mode. Si l'un est fait à l'imitation de l'autre, on les pourroit joindre ensemble. Pour nous consoler, on nous accorde que la pluspart des mots nouveaux sont pour les Discours familiers, & qu'on les reservera mesme si l'on veut pour le Stile Comique. Nous n'adjoûterons donc plus de foy à ceux qui nous veulent faire croire que pour deux ou trois méchans mots qu'on a mis en credit, nostre Langue va estre dans sa perfection, & que les mots qu'on a retranchez ne nous rendent point plus pauvres, parce qu'on en remet d'autres en leur place : Cela seroit bon si on en inventoit qui eussent la mesme signification que les anciens; mais on n'a point cette prevoyance. Les mots sont abolis ou inventez plûtost par hazard que par choix. Nous aurions à demander que cela se fist desormais par des Gens capables, & avec une circonspection entiere. Il se trouve encore des Protecteurs de l'Antiquité qui se moquent de tous les changemens qu'on veut faire, & qui soûtiennent hardiment " ce Paradoxe, Que le Langage Fran- " çois estoit aussi accomply dans les " Écrits d'Alain Chartier sous le Regne " du Roy Louys XI. que le nostre le " peut estre en ce temps-cy. Ce n'est pas qu'on parlast aussi elegamment qu'on fait à cette heure. Nous sçavons que le choix des mots, la maniere de les arrenger & de dresser les periodes, sont aujourd'huy tout autres qu'ils n'estoient autrefois: Mais en ce qui est des mots seuls, ils avoient dans cét ancien temps leur bonté particuliere: Quelques-uns estoient tous François, & nous en avons pris au lieu qui ne sont qu'écorchez du Latin; C'est une imperfection à une Langue d'emprunter tout des autres. Cecy peut former des difficultez pour exercer les esprits: Neantmoins laissons la Langue comme elle est, & la fixons si nous pouvons: Aussi bien nous avons veu que le Langage qu'on nous a voulu donner pour nouveau, a déja esté mis en credit, il y a quelques années. Si on veut continuer de s'en servir, nous ne sommes pas capables de l'empescher; je n'ay rien dit d'aucun de nos mots à la mode, que pour en faire un Examen divertissant: Je n'ay pas dessein de les condamner contre les sentimens de ceux qui les estiment. Nous n'avons seulement qu'à souhaiter que la celebre Compagnie qui a droit de pourvoir à ces choses, retranche les mots qui ne luy paroistront pas recevables, & qu'elle adjoûte ceux qui manquent, afin que de tous ensemble, elle compose cét excellent Dictionnaire qu'on nous a fait esperer.

FIN.

Extrait du Privilege du Roy.

PAR Lettres patentes du Roy, données à Paris le quatriéme jour de Fevrier 1647. Signées, Par le Roy en son Conseil, RENOÜARD. & seellées du grand Sceau: Il est permis au Sieur *** de faire imprimer, vendre & debiter par tel Imprimeur ou Libraire qu'il voudra choisir, *Le Traité de la Connoissance des bons Livres, ou Examen de plusieurs Autheurs*, en un seul Volume, ou en plusieurs, & ce pour le temps & espace de sept ans, à compter du jour que chaque Volume ou Traité sera achevé d'imprimer: Et defenses sont faites à tous Libraires & Imprimeurs, & autres personnes, de les imprimer, vendre & distribuer, à peine de trois mille livres d'amende, & de confiscation des Exemplaires contrefaits, ainsi qu'il est plus amplement porté par lesdites Lettres.

ET ledit Sieur *** a cedé & transporté le present Privilege à ANDRÉ PRALARD, Marchand Libraire à Paris, pour en joüir suivant l'accord fait entr'eux.

Regiſtré ſur le Livre de la Communauté des Marchands Libraires & Imprimeurs, le 12. Ianvier 1663. Signé I. DV BRAY, Syndic.

Achevé d'imprimer pour la premiere fois le 17. jour d'Octobre 1671.

Les Exemplaires ont eſté fournis.

www.ingramcontent.com/pod-product-compliance
Lightning Source LLC
Chambersburg PA
CBHW051825230426
43671CB00008B/843